Björn M. Keuter

Bidirektionale Abbildung zwischen
Geschäftsprozessmodellen und
IT-Kommunikationssystemen

Bidirektionale Abbildung zwischen Geschäftsprozessmodellen und IT-Kommunikationssystemen

von
Björn M. Keuter

Dissertation, Karlsruher Institut für Technologie (KIT)
Fakultät für Wirtschaftswissenschaften, 2014
Tag der mündlichen Prüfung: 25. Februar 2014
Referenten: Prof. Dr. Andreas Oberweis
                Prof. Dr. Karl-Heinz Waldmann

Impressum

 Scientific
Publishing

Karlsruher Institut für Technologie (KIT)
KIT Scientific Publishing
Straße am Forum 2
D-76131 Karlsruhe

KIT Scientific Publishing is a registered trademark of Karlsruhe
Institute of Technology. Reprint using the book cover is not allowed.

www.ksp.kit.edu

Print on Demand 2014

ISBN   978-3-7315-0259-3
DOI   10.5445/KSP/1000042938

Bidirektionale Abbildung zwischen Geschäftsprozessmodellen und IT-Kommunikationssystemen

Zur Erlangung des akademischen Grades eines

Doktors der Ingenieurwissenschaften

(Dr.-Ing.)

von der Fakultät für Wirtschaftswissenschaften

des Karlsruher Instituts für Technologie (KIT)

genehmigte

DISSERTATION

von

Dipl.-Inform. Björn M. Keuter

Tag der mündlichen Prüfung: 25. Februar 2014

Referent: Prof. Dr. Andreas Oberweis

Korreferent: Prof. Dr. Karl-Heinz Waldmann

Vorwort

Der Kern dieser Arbeit besteht aus einer neuartigen Methode zur Vereinbarung von Zielen der graphischen Geschäftsprozessmodellierung, die bisher oft als gegenläufig betrachtet werden. Diese Ziele zeigen sich in der Frage, wie Personengruppen mit verschiedenen Kenntnissen und Erfahrungen Prozessmodelle als Kommunikationsmittel verwenden und dabei desgleichen eine teil-automatisierbare IT-Unterstützung der so beschriebenen Prozessabläufe erhalten können. Die natürliche Sprache dient als Drehpunkt der Methode. Das Thema konnte ich während meiner Tätigkeit als wissenschaftliche Mitarbeiter am Institut für Angewandte Informatik und Formale Beschreibungsverfahren (AIFB) der Fakultät für Wirtschaftswissenschaften des KIT abgrenzen, untersuchen und mit Erfahrungen aus Projektarbeit und Lehre ergänzen.

Hierfür und für seine stets konstruktive Unterstützung möchte ich mich bei meinem Doktorvater, Herrn Prof. Dr. Andreas Oberweis, danken. Ebenso danke ich meinem Korreferenten, Herrn Prof. Dr. Karl-Heinz Waldmann, sowie den Mitgliedern der Doktorprüfung, den Herren Prof. Dr. Rudi Studer und Prof. Dr. Maxim Ulrich, für ihre hilfreichen Anmerkungen und Ratschläge.

Unterstützung habe ich in vielfältigster Form auch durch Familie, Freunde, Kollegen und betreuten Studierenden erhalten: Sei es in Geduld, Aufmunterung, Inspiration oder auch tiefgreifenden Diskussionen. Dafür danke ich von ganzem Herzen!

Inhaltsverzeichnis

6. Implementierung 159

Abbildungsverzeichnis

1. Einleitung

Dieses Kapitel weist anhand der Beschreibung der Ausgangssituation auf eine bisher nicht überwundene Grenze zwischen zwei grundlegenden Prinzipien von IT-gestützten Tätigkeiten hin. Auf der einen Seite ist das Prinzip der geschäftsprozessorientierten Vorgehensweise, das von einer hohen Strukturierung und häufigen Wiederholung von Tätigkeiten charakterisiert wird. Auf der anderen Seite ist das Prinzip der digitalen Kommunikation, durch das individuell gestaltbare Textinhalte für informationsverarbeitende Tätigkeiten übertragen werden. So wird in der Zielsetzung die Überwindung der Grenze zwischen den Prinzipien durch textuell abbildbare Sprache gefordert. Anschließend wird der Aufbau der Arbeit beschrieben.

1.1. Ausgangssituation

Zur Beschreibung komplexer Sachverhalte werden verschiedenste Modelle eingesetzt. Im betrieblichen Umfeld hat sich die Geschäftsprozessmodellierung etabliert, die eine Verlagerung der organisatorischen Gestaltung von Unternehmen weg von der Funktionsorientierung hin zur Prozessorientierung erreicht hat [BKR11]. Konsequenterweise wird das damit verfolgte geschäftliche Ziel mit betrieblichen Informationssystemen unterstützt, deren Anforderungen sich aus dem prozessorientierten Vorgehen ergeben. Grundlage hierfür ist die Verdeutlichung, Vereinheitlichung und Strukturierung der Prozesse, welche mit einer strukturierten Sprache modelliert werden. Zur Erreichung dieser Eigenschaften werden die erstellten Modelle in der Regel mit einer graphischen Notation erstellt oder zumindest davon begleitet. Methodisch sollten Geschäftsprozesse als Basis für detailliertere Prozessbeschreibungen dienen, welche in weiterer Folge die Entwicklung und Anpassung der Informationssysteme zur Unterstützung durch (Teil-)Automatisierung mit Workflows bedingen sollten [Wes12].

Aufgrund des strukturbeschreibenden Ansatzes der Prozessmodellierung entziehen sich selten wiederholende und insbesondere unstrukturierte Abläufe den Möglichkeiten einer tiefer gehenden prozessorientierten Betrachtung. Eine naheliegende mögliche Ursache hierfür ist die menschliche Kommunikation. Obwohl Informationssysteme seit vielen Jahren die

1

Kommunikation beispielsweise textuell zwischen Menschen unterstützen, können die Verbindungen zu den geschäftlichen Prozessen, welche sich aus den Inhalten der Kommunikation ableiten ließen, kaum automatisch unterstützen. Die Absprache zwischen Personen etwa ist in vielen Geschäftsprozessen eine zeitintensive Aktivität, welche mindestens zwei menschliche Ressourcen beschäftigt. Folglich liegt hier ein bis heute kaum beachtetes Verbesserungspotenzial mit Einfluss auf Zeit, Kosten und Qualität.

Informations- und Kommunikationssysteme unterstützen mit der Einführung von Groupwaresystemen (allgemein Computer Supported Cooperative Work [BaS89]) betriebliche Abläufe durch die direkte Übertragung der von Benutzern formulierten Inhalte zwischen den beteiligten Akteuren [EGR91]. Im Vordergrund der Unterstützung durch diese Systeme steht das gemeinsame Ziel einer Gruppe von Menschen [EGR91]. Die neueren Entwicklungen im Themenfeld der Social Software/Networks rücken die computerunterstützte Kommunikation zwischen Menschen verstärkt in den Mittelpunkt. Während die Koordination der Kommunikation sich durch Prozessbetrachtung einbinden lässt [DKO11], können die Inhalte dieses Informationsaustauschs jedoch auch hier selten einen Bezug zu den eigentlich betriebenen Prozessen herstellen. Somit liegt stetig wachsendes Wissen in den Systemen brach, welches prozessbezogen zu späteren Zeitpunkten Wiederverwendungen oder weitere Nutzung zur Analyse finden könnte.

Unter Prozessgesichtspunkten können die einzelnen Kommunikationsvorgänge erfasst werden. Dies beinhaltet jedoch nur generelle Informationen, dass Informationsaustausch stattfindet – es fehlen Bezüge zu den eigentlichen Inhalten und Ergebnissen des Vorgangs. Die Gestaltung von Kommunikation beinhaltet gewöhnlich einige kreative Aufgaben. Diese erfordern eine hohe Variabilität in den Prozessen, welche durch Standardisierung zu stark eingeschränkt werden kann [HaJ09]. Ebenso beschreibt van der Aalst 1998, dass es nicht möglich oder notwendig sei, kollaborative Prozesse explizit abzufassen [Aal98]. Kollaborative Prozesse sind dazu als Bezeichnung der Kommunikation und des Informationsaustausches zu verstehen. Auch die übergeordnete kollaborative Semantik wird nicht von aktuellen Standards adressiert [KLL09].

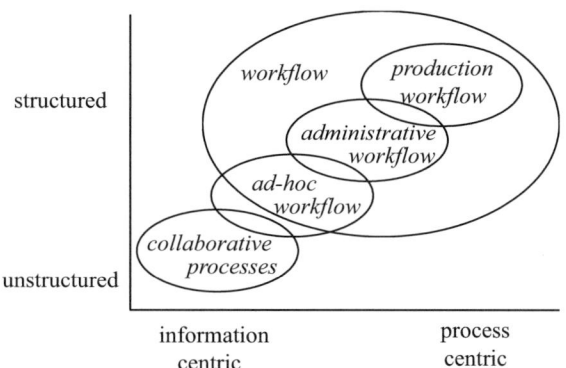

Abb. 1.1: Workflow-Prozesse gegenüber kollaborativen Prozessen [Aal98]

Eine andere Lücke zwischen der Kommunikation und dem Geschäftsprozessmanagement zeigt sich aus der umgekehrten Nutzung. Die graphischen Prozessmodelle werden u. a. dazu eingesetzt, um die damit beschriebenen Prozesse zu kommunizieren. Sie werden also selbst zum Inhalt der Kommunikation. Die durch IT-Systeme getriebene digitale Kommunikation ist hierfür nicht immer ideal. Einerseits sind Modellierungssprachen mit Kernfokus auf Vermittlung der Prozesse oft eingeschränkt in Analyse- und Ausführungsfähigkeiten [MTJ10]. Die Verwendung beliebiger – insbesondere statusloser – Kommunikationssysteme erschwert dies weiter. Andererseits ist die Interpretation von analysierbaren Modellierungssprachen abhängig von der Kommunikationszielgruppe [ReM11]. Die digitale Kommunikation wird jedoch auch mit teils unbekannten Teilnehmern (oder Gruppen) geführt, sodass die notwendigen Kenntnisse zur Verminderung von Interpretationsfehlern nicht in jedem Fall vorausgesetzt werden können.

Eine Prozessverbesserung heutiger IT-Kommunikationssysteme ist insbesondere aufgrund der ineffizienten Kommunikation, die u. a. als Informationsflut (Information Overload) [BaR09, BNS05] bezeichnet wird, notwendig. E-Mail-Kommunikation kann ebenfalls als Störfaktor auf die betrieblichen Prozesse einwirken [MaM10]. Verschiedene Strategien werden heute angewendet – eine Prozessbetrachtung bleibt leider oft aus. Beispielsweise existieren Ratgeber für den Umgang mit der Informationsflut, die mit Schlagwörtern wie Keeping, Management & Exploitation [Whi11] oder Focusing, Filtering & Forgetting [DeW11] Verhaltensregeln für Individuen aufzeigen. Ferner hat der Einsatz von (Enterprise) Social Networks bisher geringe messbare Verbesserungen erreicht [RHK13]. Neben den Sicherheitsbedenken können Social Networks die Informationsflut zudem verstärken [Dou10, BHK10].

Folglich bieten weder IT-Kommunikationssysteme eine allgemeine Unterstützung für Geschäftsprozessmodelle und ihre Bedeutung noch wird in der Geschäftsprozessmodellierung die digitale Kommunikation inklusive ihrer Inhalte besonders berücksichtigt. In dieser Betrachtung besteht ein grundlegender Gegensatz zwischen den kaum strukturierten informationsaustauschenden Tätigkeiten gegenüber den stark vorgegebenen prozessorientierten Tätigkeiten. Bei genauerer Untersuchung könnte eine Aufhebung des Gegensatzes neue Perspektiven sowohl für die Kommunikation als auch für das Prozessmanagement aufzeigen.

1.2. Zielsetzung

Ziel der vorliegenden Arbeit ist es, eine Verbindung zwischen der Modellierung von Geschäftsprozessen und den betrieblichen IT-Kommunikationssystemen zu gestalten. Diese Verbindung soll eine beidseitige Verbesserung erreichen. Das heißt einerseits, dass zur Modellierung von Geschäftsprozessen neuartige Realisierungen erreicht werden sollen, die bestehende, aber bisher nicht eingesetzte digitale Kommunikationskanäle einbeziehen. Dadurch können Geschäftsprozesse über Distanz modelliert und ihre Modelle auf für den Kommunikationskanal geeignete Weise besprochen und überarbeitet werden. Andererseits sollen die über die digitale Kommunikation geführten Aktionen in die Geschäftsprozessmodellierung verbessert einfließen können. Damit sollen Medienbrüche verringert und Mehrdeutigkeiten vermindert werden können. Dies soll im Weiteren zu einer zielgerichteten Kommunikation führen, die die Informationsflut aufgrund unklarer und unnötiger Kommunikation eindämmen kann.

Im Mittelpunkt der Arbeit stehen deutschsprachige Texte als Drehscheibe zwischen den Prozessmodellen und der digitalen Kommunikation. Es sollen die Kommunikationsinhalte entweder auf Textform heruntergebrochen werden oder bereits zu Beginn als Text vorliegen, wie es beispielsweise in einem Großteil der E-Mail-Kommunikation erfolgt. Weiterhin sollen graphische Prozessmodelle durch einen allgemein verständlichen Text vollständig repräsentiert werden. Die so erstellten Texte sollen universell je nach Einsatzgebiet zur Kommunikation, Prozessmodellierung oder Unterstützung der Prozessausführung verwendet werden. Hierzu ist die Untersuchung bestehender kommunikationsunterstützender Informationssysteme ebenso eine Grundlage wie die Möglichkeiten der Prozessmodellierung auf Basis menschlicher Sprachkonzepte, um Prozessmodellierung in etablierten Kommunikationssystemen zu integrieren.

Eine Hürde der Prozessmodellierung in kooperativ arbeitenden Gruppen liegt in der Vereinbarung der gemeinsamen Sprache. Je nach Einsatz und Aufbau der Gruppe ist es schwer, die immer passende Modellierungssprache in Bezug auf Vorerfahrung, Eindeutigkeit und Ausdrucksmächtigkeit zu finden, die auch von den Akteuren bereitwillig genutzt wird. Die Nutzung der deutschen Sprache kann eine Alternative für die eingesetzte Modellierungssprache anbieten und dennoch die von einigen Kommunikationspartnern gewünschte graphische Modellierung durch eine automatische Transformation erreichen.

Die deutsche Sprache als Abbildung der Prozessmodelle benötigt Einschränkungen und Regeln. Dies bedeutet, dass Satzformulierungen untersucht werden müssen und dass Regeln zur Beschriftung von Prozessmodellen erarbeitet werden müssen.

Zur Verdeutlichung der Verbesserungspotenziale ist die Beschreibung verschiedener Anwendungsszenarien eine Basis. Die Klassifikation der Verbesserungen führt zur Beschreibung der entstandenen Innovationen. Beispielsweise sind im geschäftlichen Bereich unternehmensübergreifende Kooperationen von schwach systemunterstützten Geschäftsprozessen betroffen, in denen die digitale Kommunikation eingesetzt wird. Um eine Bewertung der beschriebenen Verbesserungskonzepte zu erreichen, sollen prototypische Implementierungen erstellt werden.

1.3. Aufbau der Arbeit

Nach der Einleitung werden im *zweiten Kapitel* die für diese Arbeit wesentlichen Grundlagen beschrieben. Dies beinhaltet zunächst die Aspekte der Kommunikation mit Fokussierung auf die betriebliche und die digitale Kommunikation. Die E-Mail-Kommunikation als klassischer Repräsentant für betriebliche digitale Kommunikation wird ergänzend untersucht. Des Weiteren werden die zentralen Begriffe und Definitionen des Geschäftsprozessmanagements eingeführt. Anschließend wird der Stand der Technik zur Verbindung der Kommunikation und des Prozessmanagements anhand verwandter Arbeiten vermittelt.

Das *dritte Kapitel* leitet von den Grundlagen in die Verfolgung der Zielsetzung über. Dazu werden Annahmen und Anforderungen entwickelt, mit denen die Grundidee der Überführung von graphischen Prozessmodellen auf Petri-Netz-Basis ausgearbeitet wird. Die Untersuchung von bisherigen Textformaten und der intuitive Entwurf von Beschreibungen zu Prozessmodellen bilden den Startpunkt der Entwicklung eines systematischen Vorgehens. Konkrete Beispiele von Szenarien ermöglichen die Erarbeitung der Anwendungskontexte, die jeweils spezifische Anforderungen für die Grundidee erfordern. Anschließend werden drei

Grundlagen zur systematischen Konzeption betrachtet. Die erste Grundlage bildet die Bewertungen von Formulierungen zu deutschsprachigen Texten, mit denen Prozesse beschrieben werden. Die zweite Grundlage bildet die Regulierung von Inschriften in Prozessmodellen zur Vereinheitlichung. Die dritte Grundlage ist die Betrachtung der Techniken zur Transformation von Prozessen und Texten.

Darauf aufbauend kann im *vierten Kapitel* das Konzept zur Lösung der Zielsetzung gestaltet werden. Das Konzept beschreibt formal die Wandlung (Transformation) der graphischen Prozessmodelle in Textform und die Rückwandlung der Texte in graphische Prozessmodelle. Neben der formalen Darstellung wird das Konzept durch Beispiele erläutert. Anschließend wird der mögliche Umgang von Synonymkonstruktionen – also Alternativen der sprachlichen Formulierungen – gezeigt und untereinander abgewogen. Die Nutzung von Sonderzeichen für spezielle Anwendungsfälle wird erörtert. Die Veränderung der Satzgestaltung durch dynamische Prozesse wird gezeigt. Dabei offenbaren sich Möglichkeiten mit verschiedenen Vor- und Nachteilen. Aus der Gegenüberstellung der Gestaltungsmöglichkeiten wird die zweckmäßigen Verwendung gezeigt. Die Zergliederung weiterer prozessrelevanter Modellierungselemente erweitert das Konzept für den umfassenden Einsatz. Das Kapitel schließt mit einem Diskurs zur Vollständigkeit und Ausdrucksmächtigkeit des Konzepts.

Das *fünfte Kapitel* beschreibt eine empirische Untersuchung zu Formulierungen für Prozesstexte. Die Ermittlung von Rangfolgen präferierter Formulierungen zu einfachen Prozessmustern steht dabei im Vordergrund. Das Vorgehen der Untersuchung wird mit der Definition des Forschungsproblems begonnen. Daraufhin wird eine Online-Umfrage vorbereitet, indem zuerst mit einem Experteninterview eine Liste von verschiedenen möglichen Formulierungen aufgebaut wird. Die Ergebnisse der Online-Umfrage dienen der Umsetzung des Konzepts in Software.

Im sechsten Kapitel werden Implementierungen des Konzepts behandelt und damit dessen Funktionsfähigkeit bewiesen. Es werden Anforderungen, Architektur und die technische Umsetzung sowohl für eine Erweiterung eines Geschäftsprozessmodellierungswerkzeugs als auch eines IT-Kommunikationssystems gezeigt. Die Wiederverwendung spezieller Komponenten trotz der verschiedenen Plattformen und Programmiersprachen wird konkretisiert. Da das Lösungskonzept auch wegbereitend für innovative Anwendungsfälle sein soll, wird ein Entwurf für ein eigenständiges Werkzeug spezifiziert. Ein durch das Konzept ermöglichter Anwendungsfall wird durch die Anbindung von Spracherkennung zur Prozessmodellierung in einer dritten Implementierung vorgestellt.

Abschließend fasst das siebte Kapitel die Arbeit zusammen, nennt den Forschungsbeitrag, dessen Grenzen und gibt einen Ausblick auf zukünftige Fragestellungen u. a. zur Erweiterung, Verfeinerung und Übertragbarkeit des vorgestellten Konzepts.

2. Grundlagen der Kommunikation und des Geschäftsprozessmanagements

Digitale Textkommunikationssysteme, wie sie klassischerweise E-Mail-Systeme (siehe Kapitel 2.1.4) darstellen, werden häufig zur dynamischen[1] Zusammenarbeit eingesetzt, um schwach strukturierte, wenig routinierte und sich schnell ändernde Betriebsabläufe abzuarbeiten. Diese erzeugen für die Anwender den organisatorischen Arbeitsaufwand, sich selbst um den jeweiligen Prozessablauf kümmern zu müssen [Ber00]. Das beinhaltet unter anderem das Wissen, was bereits bearbeitet wurde, was noch in welcher Reihenfolge zu erledigen ist, wer an dem Prozessablauf noch beteiligt ist, aber auch, welche möglichen Alternativen zur Bearbeitung zur Verfügung stehen.

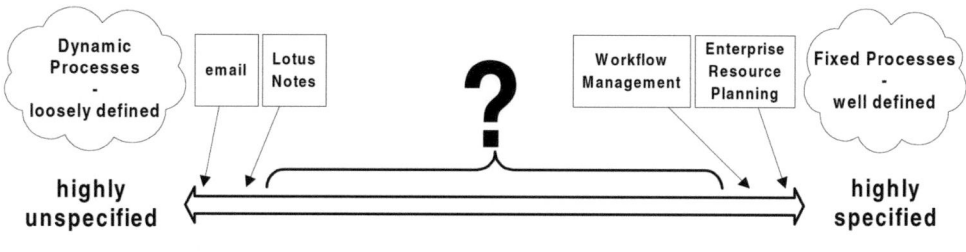

Abb. 2.1: Genauigkeitsgrenzen von Prozessen [Ber00]

Nichtsdestotrotz sind in der digitalen Textkommunikation Strukturen und Abläufe vorhanden, obgleich diese in wenigen Fällen mit Systemunterstützung durch Workflowmanagementsysteme verbessert werden. Beispielsweise können wiederkehrende Aufgaben über E-Mail-Kommunikation mithilfe von Vorlagen bearbeitet werden. In diesem Kapitel werden zunächst die Grundlagen der Kommunikation im Allgemeinen mit Fokussierung auf die digi-

---

[1] Die Dynamik zeichnet sich durch die wechselnden und zum Teil ungeplanten Kommunikationspartner aus.

tale Textkommunikation im Speziellen dargestellt. Eine Betrachtung der für diese Arbeit besonders bedeutsamen E-Mail-Kommunikation ist darin inbegriffen. Anschließend folgt eine Beschreibung der für diese Arbeit relevanten Aspekte des Geschäftsprozessmanagements. Daraus geht eine Überleitung hervor, die bekannte Verknüpfungen zwischen der digitalen Textkommunikation und der Prozessunterstützung über bestimmte Parameter und Eigenschaften aufzeigt. Dazu wird zuerst der Standpunkt der IT-Kommunikationssysteme beleuchtet. Alsdann folgt der Standpunkt der Prozessorientierung durch eine Übersicht verwandter Arbeiten, die Teilziele dieser Arbeit verfolgen. Diese Teilziele sind die Transformation von Prozessmodellen als kommunikationsorientierten Text und deren Gegenrichtung ebenso wie die lose Verbindung von Prozessmodellen mit Texten. Damit sind die Grundlagen eines allgemeineren Ansatzes zur Verbindung von digitaler Kommunikation mit dem prozessorientierten Vorgehen komplettiert.

2.1. Kommunikation

Bei intensiver Betrachtung ist Kommunikation mehr als der offensichtliche Austausch von Informationen.

Kommunikation wird in den Kommunikationswissenschaften mit Fokus auf menschliche Kommunikationsprozesse erforscht [Gri12]. Kommunikation als Begriff ist dabei nicht kohärent definiert. Zumeist werden die Definitionen für den jeweiligen Forschungsschwerpunkt angepasst. Eine allgemeine, aber auch nicht umfassende Definition für menschliche Kommunikation von Em Griffin lautet: „Communication is the relational process of creating and interpreting messages that elicit a response." [Gri12]. Die Definition betrachtet den Beziehungscharakter und eine Antworterwartung. Im Jahr 1970 trägt Frank Dance 95 verschiedene Definitionen zusammen und teilt diese in 15 Kategorien ein [Dan70]. Keine der darin beschriebenen Definitionen umfasst alle genannten Kategorien. Robert Craig beleuchtet mit einem gewissen Maß an Pragmatismus im Jahr 1999 sieben verschiedene Forschungsschwerpunkte der Kommunikationswissenschaften [Cra99]. Daraus ergaben sich weitere Diskussionen in den einzelnen Forschungsgruppen über die Einordnung der Kommunikationswissenschaften [Cra07].

	Communication theorized as
Rhetorical	The practical art of discourse
Semiotic	Intersubjective mediation by signs
Phenomenological	Experience of otherness; dialogue
Cybernetic	Information processing
Socio-Psychological	Expression, inter-action, & influence
Socio-Cultural	(Re)production of social order
Critical	Discursive reflection

Tab. 2.1: Die sieben Forschungsschwerpunkte der Kommunikationswissenschaften nach Craig [Cra99]

Die Gegenüberstellung der Forschungsschwerpunkte (vgl. Tab. 2.1) verdeutlicht die Aspekte der Kommunikationswissenschaften. In Bezug auf eine systemgestützte Verbesserung betrieblicher Abläufe liegt der Hauptfokus auf dem durch Craig bezeichneten kybernetischen Aspekt. Keiner der Aspekte sollte jedoch vollständig ohne Berücksichtigung der anderen Aspekte betrachtet werden. So nennt Craig folgende Argumentationen gegen den kybernetischen Aspekt aus Sicht der einzelnen Forschungsschwerpunkte [Cra99].

- Praktische Vernunft kann (oder soll) nicht auf formale Berechnungen reduziert werden (Rhetorische Argumentation).
- Die funktionalen Darlegungen ignorieren die Feinheiten einer Sprache (Semiotische Argumentation).
- Funktionalismus verfehlt die Darstellung der Bedeutung von enthaltener und bewusster Erfahrung (Phänomenologische Argumentation).
- Der Beobachter muss in einem System enthalten sein, sodass dieses unvorhersehbar wird (Kybernetische Argumentation).
- Die kybernetische Betrachtung ist zu rationalistisch, da sie beispielsweise den Einfluss von Emotionen unterschätzt (Soziopsychologische Argumentation).
- Die kybernetischen Modelle können nicht erklären, wie Bedeutung durch soziale Interaktion entsteht (Soziokulturelle Argumentation).
- In der kybernetischen Betrachtung dominiert das instrumentelle Motiv (Kritische Argumentation).

Demgemäß wird deutlich, dass die Einführung eines informationstechnischen Kommunikationssystems mit menschlichen Teilnehmern erfolgreicher durchgeführt werden kann, wenn nicht nur rein technische Aspekte berücksichtigt werden. Ein Schlüsselfaktor hierfür scheint die Flexibilität für den Ersteller, um weitreichende Aspekte der Kommunikation nicht vollständig auszuklammern.

2.1.1. Betriebliche Kommunikation und Kollaboration

Die Kommunikation innerhalb einer betrieblichen Organisation verfolgt die oft unstrukturierte Unterstützung zur Erreichung eines bzw. mehrerer geschäftlichen (Teil-)Ziele(-s). Die betriebliche Kommunikation unterscheidet sich abgesehen von den Zielen von der privaten Kommunikation zumeist nur in bestimmten Regeln wie der (beweisbaren) Nachvollziehbarkeit, der Fachsprache oder den möglicherweise vorgegebenen Abläufen. Aufgrund der zu unterstützenden Ziele wird die betriebliche Kommunikation zur Zusammenarbeit, also der *Kollaboration*, genutzt. Die betriebliche Kommunikation kann organisationsintern oder organisationsübergreifend durchgeführt werden. Durch die Entwicklungen der Globalisierung sind sowohl die Mitarbeiter als auch die Märkte häufig weit verteilt und entsprechend diversifiziert. Daraus ergeben sich besondere Ansprüche an die betriebliche Kommunikation [BaG10]. Der Einsatz von digitalen Kommunikationsmedien wie E-Mail nimmt Einfluss auf die Art der Formulierung in Bezug auf Formalismen [Gim00].

2.1.2. Digitale Kommunikation

Die über digitale IT-Systeme vermittelte elektronische Kommunikation (*digitale Kommunikation*) zwischen Menschen wird unter verschiedenen Forschungsfeldern der Sozialwissenschaften und Informatik beschrieben. Diese sind u. a. Computer-Mediated-Communication (CMC), netzbasierte Kommunikation, Telekommunikation, Telekooperation, E-Collaboration oder Computer-Supported-Cooperative-Work (CSCW).

Das Kernmerkmal der digitalen Kommunikation ist die Befähigung, weit voneinander entfernte Menschen miteinander zu verbinden, ohne dass größere Verzögerungszeiten vorhanden sind. IT-Systeme zur digitalen Kommunikation lassen sich in die zwei Klassen einordnen. Diese sind die Systeme der asynchronen Kommunikation, die zeitversetzte Kommunikation erlauben, und die Systeme der synchronen Kommunikation, die die Teilnehmer unmittelbar zum selben Zeitpunkt kommunizieren lassen. Zudem unterscheiden sich die Systeme in der Modalität der Interaktion. Diese sind zumeist die auditive (hörsprachliche)

Interaktion, textuelle Interaktion und visuelle Interaktion, welche auch miteinander kombiniert werden können.

Viele Systeme basieren auf Internetprotokollen und können entsprechend nicht nur organisationsintern, sondern auch internetweit genutzt werden. Des Weiteren können elektronische Kommunikationsmittel häufig unbekannte oder offene Empfänger und größere Empfängergruppen (multilateral) adressieren.

Beispiele für die digitalen Kommunikationsdienste sind E-Mail, Chat/Instant Messaging, Foren & Newsgroups, IP-Telefonie, Voicemail, Audio-Visuelle-Konferenzsysteme, Webseiten (Wikis, Blogs & Social Networks) und Kurznachrichten-/Statusdienste. Die Integration vieler digitaler Kommunikationsdienste mit vereinheitlichter Umgebung wird als *Unified Communications (UC)* bezeichnet [RiT09]. Im Idealfall berücksichtigen UC-Systeme neben möglichst vielen Kommunikationsdiensten auch Kontextinformationen, die die Geschäftsprozesse unterstützen. UC-Systeme werden derzeit innerhalb einer Organisation eingesetzt und können daher nur Benutzer derselben entlasten.

2.1.3. Strukturierungsgrade und Parameter der digitalen Textkommunikation

E-Mail, Chat/Instant Messaging, Foren und Kurznachrichtendienste sind vorwiegend textuell betriebene digitale Kommunikationsmedien (digitale Textkommunikation). Es sind Erweiterungen nutzbar, die auch zusätzliche Interaktionsformen einbinden können, welche jedoch nicht in jedem Fall anwendbar sind.

Die digitale Textkommunikation kann durch drei verschiedene Strukturierungsgrade unterschieden werden, die maßgeblichen Einfluss auf die Verarbeitung in Computersystemen haben:

1. Strukturierte Texte.
    a. Die Texte müssen vorgegebenen, eindeutigen Regeln eines IT-Systems entsprechen (z. B. Objekte oder Relationen).
    b. Informationen können direkt aus der Struktur entnommen und *automatisch* weiterverarbeitet werden.
2. Natürlich-sprachliche, d. h. unstrukturierte Texte.
    a. Texte sind frei und ohne Regeln eines IT-Systems erstellt und erlauben dem Verfasser einen hohen kreativen Freiraum.

b. Informationsverarbeitung (z. B. Textklassifikation) geschieht mit aufwendigen und nicht garantiert zuverlässigen statistischen Verfahren der Mustererkennung.

3. Semi-strukturierte Texte.

a. Es gibt identifizierbare Teile des Textes, die den Regeln des strukturierten Textes folgen. Bestimmte Bereiche können aber auch unstrukturierten Text enthalten.

b. Informationen können zu den definierten strukturierten Anteilen aus der Struktur entnommen werden, in den unstrukturierten Anteilen müssen aufwendige und möglicherweise unzuverlässige Verfahren der Mustererkennung eingesetzt werden.

Der Gestaltungsfreiraum von Texten ist im unstrukturierten Fall für den Verfasser grundsätzlich am größten, kann je nach Ausprägungsstufe aber auch bei semi-strukturierten Texten groß sein. Auf der Empfängerseite ist eine (Teil-)Strukturierung zumeist vorteilhaft für ein schnelles Verständnis, sofern die Strukturierung nachvollziehbar und wiederkehrend ist. Umgekehrt kann durch eine vorgegebene Struktur dem Verfasser Arbeitsaufwand gespart werden, sofern diese Struktur ebenso nachvollziehbar, wie auch mächtig genug ist, den Kommunikationsgegenstand ausreichend genau auszudrücken. Vollständig strukturierte Texte werden selten für die digitale Textkommunikation zwischen Menschen eingesetzt. Dies erscheint nicht notwendig, da solche Textstrukturen in der Regel dann zum Einsatz kommen, wenn Daten zur automatischen Weiterverarbeitung lediglich für ein IT-System erfasst werden sollen. Es können in der Benutzungsoberfläche Formulare zum Einsatz kommen, die bereits bei der Eingabe dem Verfasser zur Einhaltung der möglichen Strukturen Hilfestellungen geben.

Die unstrukturierte digitale Textkommunikation erlaubt hohe Freiheitsgrade in der Formulierung, sodass wenige Angaben nachweisbar vollständig, zuverlässig und automatisch auswertbar zur Verfügung stehen. Die hohen Freiheitsgrade drücken sich somit unmittelbar in einer schwachen beziehungsweise nicht erfassbaren Strukturierung aus. Dies kann Diskrepanzen zwischen den Informationsanteilen erzeugen, die *gebraucht* werden, die *erhalten* werden und die *verstanden* werden [OWS94]. Dennoch enthält die digitale Textkommunikation implizit und explizit ausgedrückte Parameter, deren Kenntnis für die Unterstützung von prozessorientierten Systemen genutzt werden kann. Häufig sind die folgenden Parameter erkennbar:

- Akteure/Adressierung
  - o Es können explizit genannte Namen, Pseudonyme und je nach System Adressen der am Kommunikationsakt beteiligten Akteure enthalten sein. Akteure können nur teilweise bekannt sein und lediglich durch Gruppenmitgliedschaften (wie z. B. Verteilerlisten) aggregiert angesprochen werden.
- Thema/Bezug
  - o Oftmals wird durch die explizite Angabe eines Betreffs der Bezug auf ein Thema knapp und nicht immer eindeutig hergestellt. Es können ebenso *Tagging*-Methoden[2] zum Einsatz kommen, die mit nur einem Wort den Bezug herstellen sollen.
- Kommunikationstiefe
  - o Die Kommunikationstiefe kann durch die temporale Folge der einzelnen Kommunikationsschritte, explizite Angabe wie im Betreff oder der zitierten Weitergabe des bisherigen Kommunikationsablaufs erkennbar sein.
- Intention
  - o Die in der Regel nur implizit vorliegende Intention beschreibt den verfolgten Zweck des Kommunikationsaktes. Die Intentionen liegen in der digitalen Textkommunikation in den drei Klassen: *zur Information, zur Bearbeitung, zur Reaktion/Entscheidung.* Die Intention kann gegebenenfalls aus einem Bezug abgeleitet werden.
- Priorität
  - o Die Bedeutung eines Kommunikationsaktes kann wichtiger oder dringender im Vergleich zu anderen Kommunikationsakten sein. Dies kann explizit durch Angabe im System, im Bezug oder frei im Text angegeben sein.
- Zeitaspekte
  - o Versende- und/oder Empfangsdaten sind in der Regel durch das Transportprotokoll vorhanden. Weitere Angaben können Antwortfristen oder Ablaufdaten sein und sich auf die Priorität auswirken.

---

[2] Eine zunehmende Verbreitung erhalten in Social Networks die *Hash-Tags*, die durch Twitter geprägt wurden.

- Weitere Ressourcen
  - o Beigefügte Anhänge können flexibel Informationen inklusive der Binärdarstellung enthalten. Je nach System können vordefinierte Anhänge automatisch verarbeitet werden (beispielsweise Kontaktinformationen oder Kalenderinformationen).
- Redundanz
  - o Es können die gleichen Inhalte mehrfach auch in unterschiedlichem Strukturierungsgrad abgebildet sein oder zur Rekonstruktion des Kommunikationsverlaufs bisherige Inhalte teilweise oder vollständig erneut übermittelt werden.

Neben der beschriebenen inhaltlichen Strukturierung spielt für die menschliche Verarbeitung auch die optische Strukturierung eine Rolle. Die Gestaltung der Texte (*Layout* und *Formatierung*) hat einen Einfluss auf die menschliche Wahrnehmung, der messbar durch Lesegeschwindigkeit und Verständnisbefragung ist. Beispiele für die Gestaltungselemente von Texten sind beispielsweise die Zeilenlänge [Dys04], Paragrafenlänge, Spaltenanzahl, Bündigkeit und Schriftart [BCM03].

Statistisch arbeitende Textanalyseverfahren versuchen, Aussagen über die Qualität von Texten zu ermitteln [GML04]. Der am besten untersuchte Aspekt dieser Analysen ist die Lesbarkeit, die mithilfe eines Indexes einen Text in verschiedene Schwierigkeitsklassen einteilt. Für die englische Sprache wird häufig das Flesch- und Kincaid-Verfahren [KFR75] eingesetzt, das in einem Text die Anzahl der Wörter, Sätze und Silben betrachtet. Im Deutschen werden vor allem die Wiener Sachtextformeln von Bamberger und Vanecek [BaV84] eingesetzt, die die Relation zwischen unter und über zweisilbigen Wörtern und über sechs-buchstabige Wörter zusätzlich betrachten. Letztlich lassen sich aus diesen Verfahren Empfehlungen für die Gestaltung der Texte ohne Betrachtung des eigentlichen Inhalts ableiten, die vor allem auf die Länge der verwendeten Wörter und Sätze abzielen. Der Ausschluss der Beachtung der inhaltlichen Bedeutung führte bisher zu einem geringen Einsatz der Textqualitätsanalyse in der digitalen Textkommunikation.

2.1.4. E-Mail-Kommunikation

Die E-Mail-Kommunikation als klassischer Repräsentant der digitalen Textkommunikation hat sich in vielen privaten und geschäftlichen Bereichen durchgesetzt. Praktisch jeder Internetbenutzer besitzt heutzutage mindestens ein E-Mail-Postfach, durch das der Zugang zu vielen Dienstleistungen im Internet erst erreicht wird. Aufgrund des hohen Verbreitungsgrads, der schnellen Auslieferung, geringer Kosten und der großen Gestaltungsfreiheit werden E-Mails vielfältig eingesetzt. Beispielsweise werden E-Mails neben der privaten Konver-

sation für eine Unterstützung von Bestellvorgängen, Veranstaltungsplanung, Arbeitsvertei-
lung, Bewerbungen, Produktdienstleistungen (Support) und vieles mehr verwendet. Der Einsatz von E-Mail-Kommunikation hat dabei die postalische Briefpost und Telefonie teilweise
abgelöst. Die inhaltliche Gestaltung der Texte hat sich gegenüber Briefpost verändert
[DüF13].

Karagiannis et al. haben 2009 das Verhalten von geschäftlichen E-Mail-Anwendern statistisch untersucht [KaV09]. Dementsprechend werden etwa um Faktor sieben mehr E-Mails
pro Person empfangen als gesendet. Des Weiteren wurde das Antwortverhalten untersucht.
Unter anderem wurde ermittelt, dass je höher die Anzahl der Empfänger eine E-Mail ist, des-
to unwahrscheinlicher eine Person darauf antwortet. Weitere Faktoren für die Antwortwahr-
scheinlichkeit sind die Anzahl bisheriger E-Mail-Kommunikationsvorgänge mit den gleichen
Akteuren, die hierarchische Entfernung im Unternehmen zwischen Verfasser und Empfänger, Zeitabstand zur letzten Aktivität oder die E-Mail-Größe.

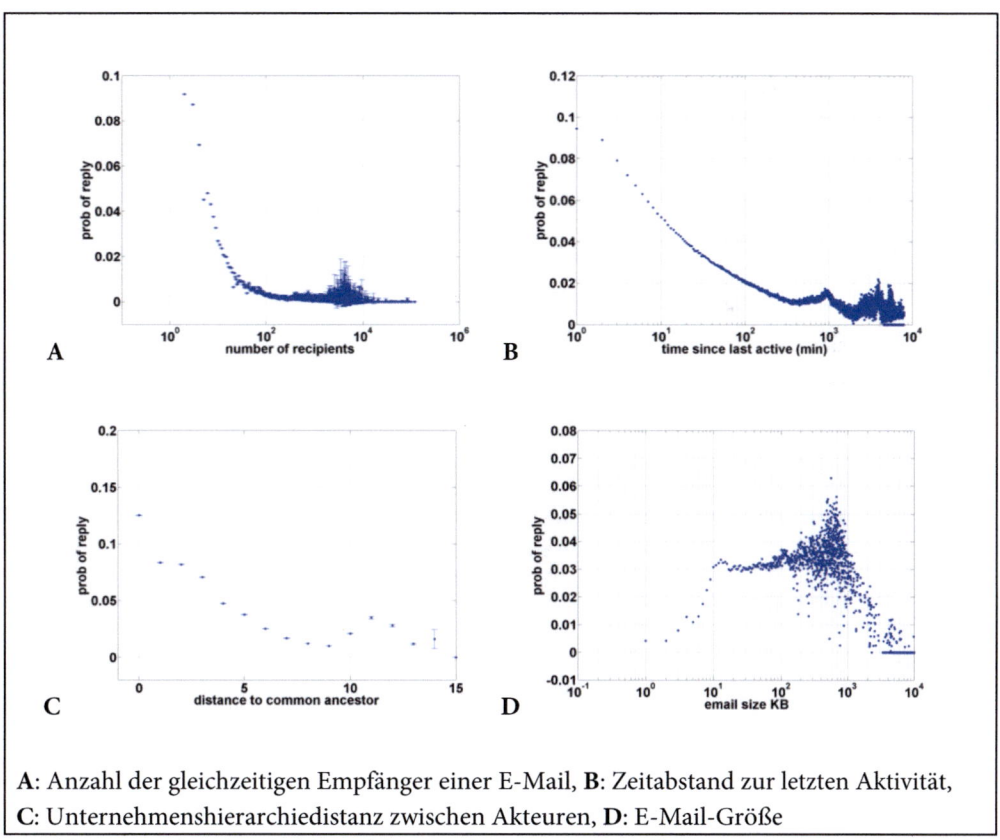

A: Anzahl der gleichzeitigen Empfänger einer E-Mail, **B**: Zeitabstand zur letzten Aktivität,
C: Unternehmenshierarchiedistanz zwischen Akteuren, **D**: E-Mail-Größe

Abb. 2.2: Wahrscheinlichkeitsfaktoren der Antworterstellung zu einer E-Mail [KaV09]

Die E-Mail-Kommunikation ist weitgehend statuslos. Der Versand einer E-Mail muss sich also nicht zwingend auf andere Kommunikationsvorgänge beziehen und integriert sich nicht automatisch mit anderen Systemen oder stellt Verknüpfungen zu Kontextinformationen her. Eine Ausnahme bildet die Betreffzeile, mit der in modernen E-Mail-Anwendungen die zusammengehörigen vergangenen E-Mail-Nachrichten in einer Thread-Ansicht dargestellt werden können. Sofern die Betreffzeile entsprechend gestaltet wird, kann der Kontext zu früheren Kommunikationsschritten hergestellt werden.

Die Statuslosigkeit und ein hohes Aufkommen an SPAM-E-Mails begründen zum Teil die lang währende Kritik an der E-Mail-Kommunikation [Den82]. Der Verfasser weiß nicht, wie eine E-Mail beim Empfänger behandelt wird, während ein Empfänger nicht die Umstände kennt, unter denen die E-Mail entstand [Ber97]. Die Integration der digitalen Textkommunikation mit sozialen Netzwerken zeigt eine bedeutende Abwanderung von privater E-Mail-Kommunikation hin zu den sozialen Onlinediensten, während jedoch geschäftliche Kommunikation diese Abwanderung bisher nicht zeigt [AcP12]. Diese Entwicklung ist naheliegend, da private Konversation sich mit den Inhalten von sozialen Netzwerken überschneidet und somit eine Verknüpfung mit anderen Informationen hergestellt werden kann. Dies ist allerdings nicht der Fall für geschäftliche Korrespondenz. Auch im geschäftlichen Umfeld wird die E-Mail-Kommunikation häufig als ineffizient betrachtet. Diese Ineffizienz wird mit den Begriffen *Information Overload* oder *E-Mail-Overload* bezeichnet [BaR09, BNS05]. Während die Überflutung durch SPAM inzwischen weniger als Problem wahrgenommen wird, zeigt sich, dass, wenn E-Mail als geschäftskritisches Werkzeug verstanden wird, der Umgang damit erleichtert wird [SCU11].

Industrieseitig werden alternative Lösungen zur Ablösung von E-Mail-Systemen entwickelt. Ein ambitionierter Ansatz stellte das System *Wave* von Google dar, das jedoch bereits ein Jahr nach der Veröffentlichung (2009) aufgrund mangelnder Akzeptanz wieder eingestellt wurde[3]. Das System wurde für die Open-Source-Entwicklung unter Apache-Lizenz freigegeben[4]. Ziel des Systems war die Integration und Erweiterbarkeit der digitalen Kommunikation ohne Medienbrüche.

---

[3] http://heise.de/-1050992
[4] http://incubator.apache.org/wave/

Der IT-Dienstleister *Atos* versucht seit 2011, schrittweise nach drei Jahren möglichst gänzlich ohne E-Mail-Kommunikation auszukommen[5]. Dazu sollen verschiedene Systeme die kollaborativen E-Mail-Funktionen übernehmen. Darunter fallen Werkzeuge zur Unterstützung von Dashboards, Wikis, Knowledge-Bases und Enterprise-Social-Networks.

Es ist zu erwarten, dass die E-Mail-Kommunikation aufgrund der Universalität trotz aller Schwierigkeiten noch über Jahre mindestens im geschäftlichen Umfeld im Einsatz bleibt. Nachfolgesysteme werden voraussichtlich wenigstens teilweise die digitale Textkommunikation fortführen.

2.2. Geschäftsprozessmanagement

Traditionell wurden in der Vergangenheit Organisationen[6] durch Arbeitsteilung in *funktionsorientierte* Teilstrukturen gegliedert. Mit höherer Produktkomplexität, wachsenden Organisationen und der Einführung von Informationssystemen erschwerten die funktionsorientierten Organisationsstrukturen Vorgangsverbesserungen oder Redundanzvermeidung. Es fehlte die Darstellung aller Zusammenhänge zur Bearbeitung von Gesamtaufgaben der Organisation. Die *Prozessorientierung* stellt hingegen Abläufe einer Organisation in den Vordergrund und verknüpft die zugehörigen Informationen miteinander.

Der organisatorische Wandel heutiger Unternehmen von einer funktionsorientierten zu einer prozessorientierten Ausrichtung ist durch die Bestrebung nach Dokumentation, Analyse, gesteuerter Ausführung und Verbesserung von Geschäftsprozessen entstanden. Die systematische Verfolgung dieser Ziele entspricht dem *Geschäftsprozessmanagement*.

Ein *Geschäftsprozess* ist nach Oberweis [Obe96] eine Menge von manuellen, teilautomatisierten oder automatisierten Aktivitäten, die in einer Organisation nach bestimmten Regeln auf ein bestimmtes Ziel hin ausgeführt werden. Den Aktivitäten sind Eigenschaften, d. h. Akteure, Ressourcen oder Orte, zugeordnet, über die die Aktivitäten untereinander zusammenhängen können. Die Unterscheidung eines Prozesses zu einem Geschäftsprozess liegt in der Bestimmung eines (betrieblichen) Zieles. Im Folgenden werden die beiden Begriffe synonym verwendet.

---

[5] http://atos.net/en-us/newsroom/en-us/press_releases/2011/2011_02_07_01.htm,
http://atos.net/en-us/about_us/zero_email

[6] Mit dem Begriff *Organisationen* sind Unternehmen (Betriebe) und öffentliche Diensteinrichtungen eingeschlossen.

Die zumeist graphisch erstellte Dokumentation von Geschäftsprozessen entspricht den *Geschäftsprozessmodellen*[7]. Das Vokabular und die Grammatik zur Erstellung von Geschäftsprozessmodellen nennt sich *Prozessmodellierungssprache*[8] (siehe Kapitel 2.2.1).

Auf Basis der Geschäftsprozessmodelle beruhen die wichtigsten Anwendungsfälle des Geschäftsprozessmanagements. Van der Aalst beschreibt 20 Anwendungsfälle des Geschäftsprozessmanagements und untersucht die Häufigkeit dieser in der wissenschaftlichen Literatur [Aal12]. Zusammengefasst bestehen diese Anwendungsfälle aus:

- der Erstellung des Geschäftsprozessmodells
  - o manuell, auf Basis von Ereignislogdaten, aus einer Auswahl, durch Verflechtung, durch Komposition, mit konfigurierbaren Bestandteilen, durch Konfiguration oder durch Verfeinerung,
- der Ausführung von Geschäftsprozessmodellen,
- der Aufnahme von Ereignislogdaten,
- der Laufzeitüberwachung oder -anpassung der Geschäftsprozessmodelle,
- der modellbasierten oder ereignisloggestützten Performanceanalyse,
- der Geschäftsprozessmodell-Verifikation,
- der ereignislogdatengestützten Konformitätsüberprüfung, oder
- der Ausbesserung, Informationsanreicherung oder Verbesserung von Geschäftsprozessmodellen.

2.2.1. Prozessmodellierungssprachen

Die Prozessmodellierungssprachen basieren auf einem vordefinierten Vokabular[9] und der dazugehörigen Grammatik[10]. Die damit erzeugbaren Geschäftsprozessmodelle können textuell oder graphisch dargestellt sein und unterschiedlich präzise Semantik erlauben. Dies bedingt im Weiteren Ausdrucksmächtigkeit, Eindeutigkeit und Verständlichkeit. Es wird zwischen drei Kategorien von Prozessmodellierungssprachen unterschieden [Aal09]:

---

[7] Modell wird als Synonym für Schema verwendet.
[8] Modellierungssprache wird als Synonym für Beschreibungsmodell oder Notation verwendet.
[9] Synonym zu Alphabet von Symbolen oder Wortschatz
[10] Synonym zu Verwendungsregeln, enthält die Syntax

- Formale Sprachen
  - Auf Basis von mathematisch-fundierten Modellen bieten diese Sprachen Eindeutigkeit und Analysefähigkeit. Beispiele sind Petri-Netze [Pet81], Markov-Ketten [Par62] oder Prozessalgebren [Hoa85].
- Konzeptionelle Sprachen
  - Typischerweise informale Sprachen, die eine hohe Benutzerorientierung aufweisen. Das erlaubt die (absichtliche) Modellierung von Sachverhalten auf mehrdeutige Weise oder die explizite Auslassung von (unwichtigen) Zusammenhängen. Beispiele sind BPMN[11], EPK [KSN92] oder UML-Aktivitätsdiagramme[12].
- Ausführungssprachen
  - Für Workflowsysteme spezialisierte formale Sprachen, um Prozesse auf Computersystemen ausführbar zu machen. Sind in der Regel XML-basiert. Beispiele sind XPDL und BPEL.

Die Unterscheidung zwischen formalen Sprachen und Ausführungssprachen kann in Zukunft wegfallen, sofern durch spezielle Interpreter formale Sprachen direkt in Computersystem ausgeführt werden. Eine automatisierte Transformation ist ebenso möglich [KoM05]. Die Ungleichheit zwischen formalen und konzeptionellen Modellierungssprachen begründet sich mit den verschiedenen Zwecken der Modellierung. Diese Zwecke sind [Obe96]:

1. Dokumentation
2. Analyse syntaktischer und inhaltlicher Aspekte
3. Entwurf von Anwendungssystemen
4. Ressourcenplanung
5. Überwachung und Steuerung
6. Ausführbarkeit in Workflow-Managementsystemen

Während 1., 3. und 4. in der Regel keine formale Semantik benötigen, sind für die anderen Zwecke formale oder zumindest semi-formale Sprachen notwendig. Demgegenüber steht die Einbindung verschiedener Benutzergruppen. Besonders die Zwecke mit hohen Interaktionsgrad zu den Prozessmodellen (1., 3. und 4.) werden durch konzeptionelle Sprachen abgedeckt. Die formalen Sprachen fordern von den Benutzern eine strikte und disziplinierte Mo-

---

[11] http://www.omg.org/spec/BPMN/2.0/
[12] http://www.uml.org/

dellierung, die für diese Zwecke möglicherweise übertrieben oder (zu) aufwendig erscheint. Wünschenswert bleibt dennoch die Nutzung einer formalen Sprache, um sicherzustellen, dass alle Anwendungsfälle des Geschäftsprozessmanagements erreicht werden können. Das Konfliktpotenzial der Zwecke wird zumeist durch qualitative Einschränkungen der Umsetzung gelöst.

Petri-Netze (siehe Abschnitt 2.2.2) bieten die Eigenschaft, sowohl als graphische Modellierungssprache eingesetzt werden zu können, als auch auf einer formalen Semantik zu fundieren. Die Modellierung von Nebenläufigkeit ist von Petri-Netzen direkt unterstützt. Für diese Arbeit stellen Petri-Netze als Prozessmodellierungssprache eine Ausgangbasis dar.

2.2.2. Petri-Netze

Die nach Carl Adam Petri benannten und auf seiner 1962 eingereichten Dissertation basierenden Petri-Netze sind eine formale Sprache zur Modellierung von Abläufen in nebenläufigen Systemen. Ihre Anwendung ist nicht auf ein spezielles Gebiet beschränkt, sie werden daher in verschiedenen Disziplinen mit unterschiedlichen Zielen eingesetzt. Aktuelle Arbeiten hierzu finden sich beispielsweise in der Biologie für Zellumbauprozesse in Stoffwechselwegen [WCC13], im Maschinenbau zur Produktion [ShB13], zur Robotersteuerung [MBM13] oder Konstruktionsentscheidung [LiP13] und in den Wirtschaftswissenschaften neben der Geschäftsprozessmodellierung auch für die Lieferkettenmodellierung [WIM13].

Die Universalität der Petri-Netze begründet sich durch eine einfache, graphische Notation mit lediglich vier Symbolen und dem dazugehörigen formalen Hintergrund, womit Analysen, Simulationen und Ausführbarkeit ermöglicht werden können. Petri-Netze erlauben mithilfe der Vergröberung/Verfeinerung verschiedene Abstraktionsschichten. So vereinen Petri-Netze eine menschenorientierte Darstellung von Prozessen mit einer maschinenorientierten Unterstützungsmöglichkeit.

Die in den folgenden Abschnitten gegebenen Definitionen sind weitestgehend aus der Standardliteratur entnommen und nur leicht angepasst. Die Quellen sind entsprechend zuvor angegeben.

Petri-Netze basieren auf der *Netz*[13]-Definition für gerichtete, bipartite Graphen: [Pet81, Rei82, Bau90, Obe96].

Ein Tripel $N = (S, T, F)$, ist ein **Netz**, wenn gilt:

   (i) S, T sind endliche Mengen der Stellen bzw. Transitionen

   (ii) $S \cap T = \emptyset$

   (iii) $S \cup T \neq \emptyset$

   (iv) $F \subseteq (S \times T) \cup (T \times S); F$ ist die Flussrelation von N.

Die gewöhnlich genutzte graphische Repräsentation besteht für Stellen aus Kreisen, für Transitionen aus Vierecken[14] und für die Flussrelation aus Pfeilen zwischen Stellen und Transitionen bzw. Transitionen und Stellen. Petri-Netze stehen in dieser Arbeit als Oberbegriff für verschiedene Netztypen und werden in der Literatur unterschiedlich definiert. Die Abb. 2.3 zeigt ein Beispiel für eine graphische Darstellung eines Netzes.

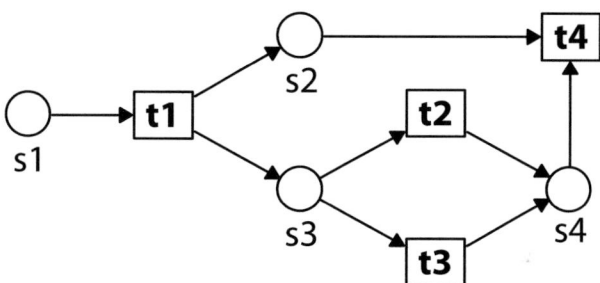

Abb. 2.3: Beispiel-Netz

Das abgebildete Netz $N = (S, T, F)$ besteht aus:

$S = \{s1, s2, s3, s4\}$,

$T = \{t1, t2, t3, t4\}$ und

$F = \{(s1, t1), (t1, s2), (s2, t4), (t1, s3), (s3, t2), (s3, t3), (t2, s4), (t3, s4)(s4, t4)\}$.

Für $x \in X = S \cup T$ (die Menge aller Knoten) beschreibt

$\bullet x = \{y \in X | (y, x) \in F\}$ den *Vorbereich* und

$x \bullet = \{y \in X | (x, y) \in F\}$ den *Nachbereich* eines Knotens x.

---

[13] Netze werden auch Netzgraphen genannt.
[14] In zumeist älteren Varianten werden auch vertikale Striche genutzt.

Für das Beispiel ist musterhaft $\bullet s3 = \{t1\}$ der Vorbereich und $s3\bullet = \{t2, t3\}$ der Nachbereich des Knotens $s3$. Der Knoten $s1$ hat einen leeren Vorbereich ($\bullet s1 = \{\emptyset\}$) und der Knoten $t4$ einen leeren Nachbereich ($\bullet t4 = \{\emptyset\}$).

Zur Strukturierung und Darstellung verschiedener Abstraktionsschichten können Petri-Netze *vergröbert* bzw. *verfeinert* werden. Die notwendige Netztransformation benötigt zunächst die Definitionen für *Teilnetz* und *Rand* [Bau90, Obe96].

Ein Netz $N' = (S', T', F')$ ist ein **Teilnetz** von $N = (S, T, F)$, wenn gilt:

(i) $S' \subseteq S$

(ii) $T' \subseteq T$

(iii) $F' = F \cap ((S' \times T') \cup (T' \times S'))$

Diejenigen Knoten des Teilnetzes $N' = (S', T', F')$ eines Netzes $N = (S, T, F)$, die über Kanten mit dem Restnetz verbunden sind, heißen **Rand**. Es gilt:

(i) $rand(N', N) = \{x \in (S' \cup T') | (x\bullet \cup \bullet x) \setminus (S' \cup T') \neq \emptyset\}$

(Vor- und Nachbereich sind bezüglich N zu verstehen)

(ii) N' heißt **stellenberandet**, wenn $rand(N', N) \neq \emptyset \wedge rand(N', N) \subseteq S$

(iii) N' heißt **transitionsberandet**, wenn $rand(N', N) \neq \emptyset \wedge rand(N', N) \subseteq T$

Für das zuvor gegebene Beispiel ist das Teilnetz $N' = (S', T', F')$ mit $S' = \{s3, s4\}$, $T' = \{t2, t3\}$ und $F' = \{(s3, t2), (s3, t3), (t2, s4), (t3, s4)\}$ ein stellenberandetes Teilnetz, da der Rand $rand(N', N) = \{s3, s4\}$ eine Teilmenge der Stellen des ursprünglichen Netzes darstellt. Dies ist in Abb. 2.4 illustriert.

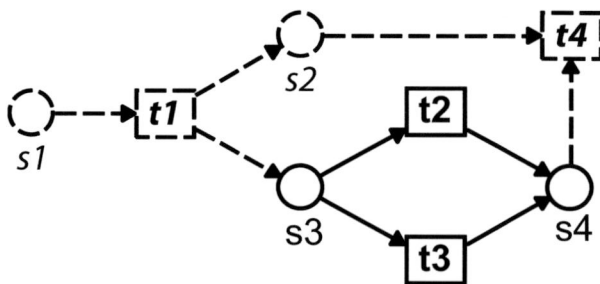

Abb. 2.4: Stellenberandetes Teilnetz (durchgezogene Linien)

Durch die Vergröberung wird ein stellenberandetes oder transitionsberandetes Teilnetz durch eine einzelne Stelle bzw. Transition ersetzt. Die Umkehrung der Vergröberung ist die Verfeinerung [Bau90, Obe96].

Für ein Netz $N = (S, T, F)$, ein stellenberandetes Teilnetz $N' = (S', T', F')$ und eine Ersetzungsstelle $s_{N'} \notin S \cup T$, die das Teilnetz N' ersetzt, ist ein Netz $\hat{N} = (\hat{S}, \hat{T}, \hat{F})$ eine **Vergröberung** von N, wenn gilt:

(i) $\quad \hat{S} = (S \setminus S') \cup \{s_{N'}\}$

(ii) $\quad \hat{T} = T \setminus T'$

(iii) $\quad \hat{F} = \varphi(F \setminus F'), \forall (x, y) \in F \setminus F'$ mit der Funktion

$$\varphi(x, y) = \begin{cases} (x, y) & \text{wenn } x, y \in S \cup T \setminus S' \cup T' \\ (x, s_{N'}) & \text{wenn } y \in rand(N') \\ (s_{N'}, y) & \text{wenn } x \in rand(N') \end{cases}$$

Mit entsprechender Änderung ist die Vergröberung eines transitionsberandeten Teilnetzes definiert. Ist ein Teilnetz weder stellenberandet noch transitionsberandet, kann es nicht vergröbert werden.

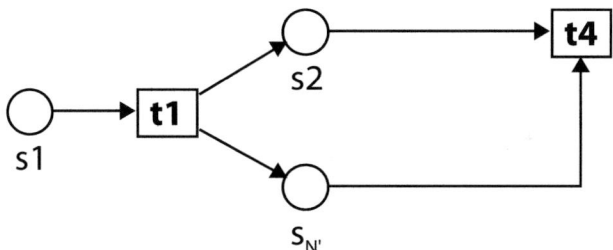

Abb. 2.5: Vergröberungsbeispiel zu Abb. 2.4

Die Abb. 2.5 zeigt die Vergröberung des stellenberandeten Teilnetzes aus der Abb. 2.4. Die neue Stelle $s_{N'}$ ersetzt hierzu das ursprüngliche Teilnetz. Die eingehenden bzw. ausgehenden Kanten zu dem Rand bzw. aus dem Rand sind entsprechend an der neuen Stelle angeknüpft. Da die Verfeinerung die Umkehrung der Vergröberung darstellt, ist die Abb. 2.4 eine Verfeinerung des Beispiels der Abb. 2.5.

Die Netzdefinition beinhaltet keine dynamischen Aspekte, die mit den Marken (engl. Token) ermöglicht werden. Diese Marken werden in verschiedenen Netztypen eingeführt. Für diese Arbeit relevant ist der Netztyp der *Stellen/Transitionen-Netze*[15] [Rei82, Bau90, Obe96].

Ein 6-Tupel $ST = (S, T, F, K, W, M_0)$, ist ein **Stellen/Transitionen-Netz**, wenn gilt:

(i) (S, T, F) ist ein Netz.

(ii) $K\colon S \to \mathbb{N} \cup \{\infty\}$ ordnet jeder Stelle eine Anzahlbeschränkung an Marken (Kapazität) zu.

(iii) $W\colon F \to \mathbb{N}$ ordnet jeder Kante ein Gewicht zu.

(iv) $M_0\colon S \to \mathbb{N}_0$ ordnet jeder Stelle eine Anzahl von Marken zum Startzeitpunkt zu. Es gilt $\forall s \in S\colon M_0 \leq K(s)$.

Im Stellen/Transitionen-Netz werden die Kapazitäten durch eine Beschriftung der Stellen in der Form von K=Wert symbolisiert. Die Kantengewichte werden mit Zahlenbeschriftungen an den entsprechenden Kanten dargestellt. Sowohl Kapazitäten als auch Kantengewichte können in der Darstellung ausgelassen werden. Im Fall der Kapazität wird dann angenommen, dass diese unbeschränkt ist. Im Fall des Kantengewichts wird der Wert von 1 angenommen. Die Markierung der Stellen wird durch Punkte in diesen gemäß der Anzahl enthaltener Marken gekennzeichnet[16]. Sind keine Punkte innerhalb der Stellen abgebildet, so sind auch keine Marken in der Stelle vorhanden.

Die Startmarkierung M_0 stellt die zum Startzeitpunkt vorliegende Markierung dar. Eine zu einem unbestimmten Zeitpunkt vorliegende Markierung $M\colon S \to \mathbb{N}_0$ unterliegt ebenso wie die Startmarkierung der Bedingung $\forall s \in S\colon M \leq K(s)$, d. h., dass Kapazitäten niemals überschritten werden können. Dies ergibt sich aus den später folgenden Schaltregeln.

---

[15] Auch Stellen-Transitions-Systeme genannt und dann von Stellen/Transitionen-Netze durch das Fehlen einer Startmarkierung unterschieden.

[16] Bei einer hohen Anzahl von Marken werden auch Zahlen oder andere Symbole eingesetzt.

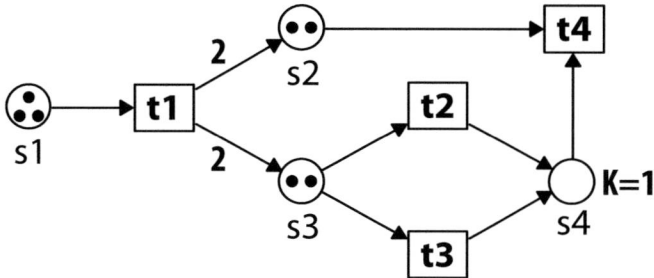

Abb. 2.6: Beispiel-Stellen/Transitionen-Netz

Die Abb. 2.6 zeigt das vorhergehende Beispiel, erweitert als ein Stellen/Transitionen-Netz. Lediglich eine Stelle, $s4$, besitzt hierin eine beschränkte Kapazität von 1. Somit kann in dieser Stelle nur entweder keine oder maximal eine Marke enthalten sein. Jede andere Stelle ist aufgrund der fehlenden Kennzeichnung unbeschränkt. Die zwei von $t1$ ausgehenden Kanten besitzen ein von 1 abweichendes Kantengewicht, nämlich den Wert 2. Dies ist für mögliche Zustandsänderungen bedeutungsvoll. Zustandsänderungen, d. h. die Dynamik des Netzes, werden mit der *Schaltregel*[17] definiert [Rei82, Bau90, Obe96].

Für ein Stellen/Transitionen-Netz $ST = (S, T, F, K, W, M_0)$, gilt folgende **Schaltregel**:

- Eine Transition $t \in T$ heißt **aktiviert** unter einer Markierung M, wenn

  (i) $\forall s \in \bullet t : M(s) \geq W(s,t)$,

  (ii) $\forall s \in t\bullet : M(s) \leq K(s) - W(t,s)$.

- Wenn eine Transition t unter M aktiviert ist, dann kann t **schalten** oder feuern. Das Schalten von t unter M überführt M in die *Folgemarkierung M'*. Es gilt:

$$M'(s) = \begin{cases} M(s) - W(s,t) & \textit{wenn } s \in \bullet t \textit{ und } s \notin t\bullet \\ M(s) + W(t,s) & \textit{wenn } s \in t\bullet \textit{ und } s \notin \bullet t \\ M(s) - W(s,t) + W(t,s) & \textit{wenn } s \in t\bullet \textit{ und } s \in \bullet t \\ M(s) & \textit{sonst} \end{cases}$$

Folglich kann nun durch das Schalten von Transitionen ausgehend von einer Markierung eine Folgemarkierung erreicht werden. Durch die Schaltregel ist sichergestellt, dass dabei die Kapazitäten und Kantengewichte eingehalten werden. In Abb. 2.6 sind die Transitionen $t1$,

---

[17] Die Schaltregel ist abhängig von Netztypen. Die Schaltregel für Stellen/Transitionen-Netze decken alle notwendigen Schaltvorgänge für die in dieser Arbeit verwendeten Netze ab.

$t2$, $t3$ aktiviert (oder auch schaltbereit oder feuerbereit). Für die Transition $t4$ fehlt eine Marke in $s4$. Wenn nun die beiden Transitionen $t1$ und $t2$ (nebenläufig) schalten, verändert sich die Markierung wie in Abb. 2.7 dargestellt. Dadurch ist zwar die Transition $t4$ nun aktiviert, jedoch die Transitionen $t2$ und $t3$ nicht mehr, da die Kapazitätsgrenze von $s4$ erreicht ist.

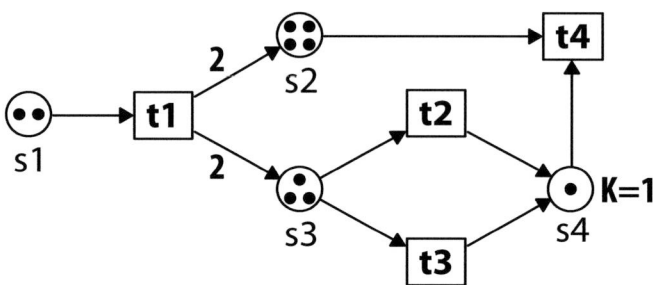

Abb. 2.7: Beispiel-Stellen/Transitionen-Netz nach Schalten von t1 und t2

Die Schaltregel bewirkt bei mehreren ausgehenden bzw. eingehenden Kanten eine verschiedene Bedeutung für Stellen und Transitionen. So erhalten alle Stellen eines Nachbereichs einer schaltenden Transition Marken und alle Stellen eines Vorbereichs einer schaltenden Transition müssen zuvor Marken enthalten. Transitionen mit mehreren Kantenausgängen werden *AND-Split* und Transitionen mit mehreren Kanteneingängen werden *AND-Join* genannt. Umgekehrt wird aus dem Nachbereich einer Stelle mit einer Marke nur eine Transition ausgewählt, die geschaltet werden kann und jede zuvor schaltende Transition des Vorbereichs einer Stelle liefert dieser eine Marke. Stellen mit mehreren Kantenausgängen werden *OR-Split*[18] genannt und Stellen mit mehreren Kanteneingängen werden *OR-Join* genannt.

2.2.3. Workflow-Managementsysteme

Geschäftsprozessmodelle dienen unter anderem dem leichten Verständnis von Abläufen. Zur Steuerung von IT-Systemen müssen diese jedoch in eine entsprechende Ausführungssprache übersetzt werden (siehe Abschnitt 2.2.1, [JaB96]). Workflow-Managementsysteme stellen nach klassischer Sicht die Ausführungseinheit dieser maschineninterpretierbaren Abläufe dar. Häufig operieren Workflow-Managementsysteme im Verborgenen. So sind die Work-

---

[18] In Petri-Netzen stehen OR-Split und OR-Join synonym zu XOR-Split und XOR-Join und sind (ohne besondere Anmerkungen) stets als exklusive Oder zu verstehen.

flow-ausführenden Funktionen in mancher betrieblichen Standardsoftware enthalten und nicht zwingend als Workflow-Managementsystem gekennzeichnet [Aal04].

Durch die Anwendung von formalen Modellierungssprachen, die ebenso ein leichtes Verständnis erlauben, sind diese Übersetzungsvorgänge nicht notwendig, sodass zwischen Geschäftsprozessen und Workflows nicht unterschieden werden muss. Dies ist zumeist bei der Petri-Netz-basierten Geschäftsprozessmodellierung der Fall [AaH02]. Dadurch kann in das Geschäftsprozessmanagement eine Integration von Workflowmanagementsystemen bewerkstelligt werden. Nach van der Aalst besitzen Workflows gegenüber Geschäftsprozessen drei Eigenschaften [Aal98]:

- Workflows sind fallgetrieben. Das bedeutet, dass eine Instanziierung der Workflow-Modelle stets möglich sein muss.
- Die Workflows beziehen sich auf nur notwendige Prozesse. Somit werden keine unnötigen Prozesse als Workflow umgesetzt[19].
- Die Prozesse sind explizit definiert. D. h., dass IT-gestützte Zusammenarbeit nicht (zwangsläufig) durch Workflows unterstützt ist, da beispielhaft die E-Mail-Kommunikation zwar einen Prozess darstellt, der jedoch nicht durch Workflows beschrieben wird.

Die Übertragung der Workflow-Management-Konzepte auf Petri-Netze hat van der Aalst mit den *Workflow-Netzen* umgesetzt [Aal98]. Diese beruhen auf Einschränkungen der Netz-Definition (siehe 2.2.2) und der Petri-Netz-Eigenschaft *stark zusammenhängend*.

Ein Netz $N = (S, T, F)$ ist **stark zusammenhängend**, genau dann wenn

$$\forall x, y \in S \cup T: \exists \text{ ein gerichteter Pfad}^{20} \text{ zwischen } x \text{ und } y$$

Mit den obigen Forderungen ergibt sich für ein Petri-Netz die folgende Definition für Workflow-Netze [Aal98]:

---

[19] Da die in dieser Arbeit ein (geschäftliches) Ziel mit einem Geschäftsprozess verbunden ist, ist die Notwendigkeit eines ebenso Geschäftsprozess gegeben. Van der Aalst unterscheidet dennoch in diesem Punkt von Geschäftsprozessen.

[20] Ein gerichteter Pfad beschreibt eine Folge von Knoten, die den Weg von einem Startknoten zu einem Zielknoten mit Berücksichtigung der gerichteten Kanten darstellt, ohne dass ein Knoten mehrfach besucht wird (Graphentheorie).

Ein Netz $N = (S, T, F)$ ist ein **Workflow-Netz**, wenn gilt:

(i) N hat zwei bestimmte Stellen i und o. Die Stelle i ist die *Eingabestelle* mit $\bullet i = \emptyset$. Die Stelle o ist die *Ausgabestelle* mit $o\bullet = \emptyset$.

(ii)   Durch Hinzufügen einer Transition t^* zu N, die o mit i verbindet, sodass $\bullet t^* = \{o\}$ und $t^*\bullet = \{i\}$, wird N stark zusammenhängend.

Aus der Definition ergibt sich, dass jedes Workflow-Netz einen definierten Start in der Eingabestelle und ein definiertes Ende in der Ausgabestelle besitzt. Zudem kann von der Eingabestelle ausgehend ein beliebiger Knoten des Workflownetzes auf einem Pfad zu Ausgabestelle erreicht werden. Diese Eigenschaften stellen notwendige Bedingungen dar. Es erlaubt einem System, die Prozesse wiederkehrend auszuführen und zu vollenden.

Demgegenüber kann mit einem Workflow-Netz kein Gesamtsystem beschrieben werden, das ohne Start- und Endzustände operiert. Als Analogie kann ein Ampelsystem gesehen werden. Mithilfe von Workflow-Netzen kann der Übergang zwischen den verschiedenen Farbphasen, wie z. B. Rot zu Grün modelliert und ausgeführt werden. Jedoch kann das Gesamtsystem der (theoretisch) endlosen Schaltung nicht damit ausgedrückt werden. Sehr wohl kann dies durch Hinzufügen von Start- und Endzuständen umgangen werden, indem etwa das Ampel-Einschaltereignis als Start und das Ampel-Ausschaltereignis als Ende modelliert werden.

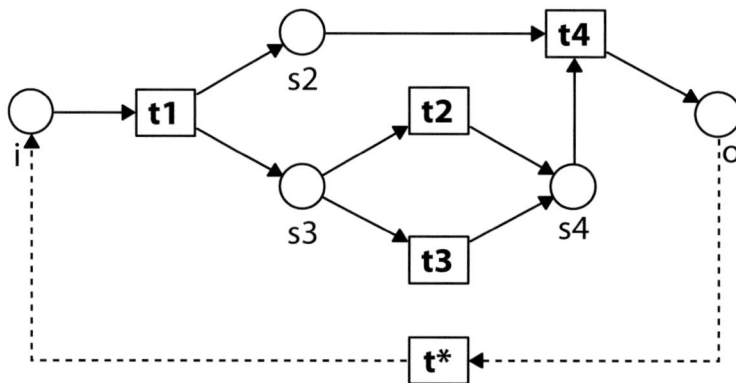

Abb. 2.8: Beispiel-Workflow-Netz mit Erweiterung um t*

Die Abb. 2.8 zeigt beispielhaft ein Workflow-Netz mit einer Erweiterung um t*. Die Darstellung der t*-Erweiterung dient der Veranschaulichung.

2.3.   Abläufe in der digitalen Textkommunikation

Die digitale Textkommunikation kann selbst als (Teil-)Prozess betrachtet werden. Die dafür eingesetzten Protokolle zur elektronischen Übertragung lassen sich formal modellieren, da diese aufgrund ihrer automatischen Ausführbarkeit in Workflow-Systemen zum Einsatz kommen. Etablierte Protokolle für elektronische Mail (E-Mail) sind SMTP[21], POP3[22] und IMAP[23]. Während durch die Protokolle die Übertragung von Sender zu Empfänger eindeutig geregelt ist, sind die Inhalte der Nutzdaten nicht weiter relevant für den Übertragungsablauf. In den Nutzdaten, also den dynamischen Inhalten, die durch die Kommunikationspartner selbst erstellt werden, finden sich die für die Geschäftsprozessinstanzen relevanten Informationen.

Am Beispiel einer einfachen E-Mail-Konversation zwischen zwei Parteien, in der begonnen beim Initiator abwechselnd E-Mails mit einem Kontakt ausgetauscht werden, zeigt sich, dass dies ein Teilprozess eines darüber liegenden Geschäftsprozesses darstellen kann. In der Abb. 2.9 ist dieses geschilderte Beispiel als Prozessmodell graphisch veranschaulicht.

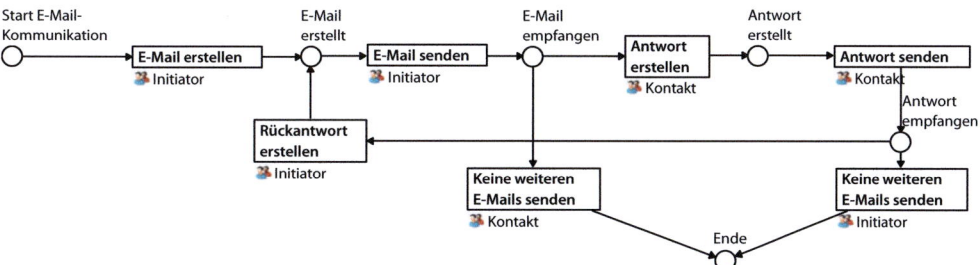

Abb. 2.9: Prozessmodell einer E-Mail-Kommunikation

Auch komplexere Abläufe der textuellen Kommunikation lassen sich als Prozessmodelle erstellen. Jedoch ist aufgrund der freien inhaltlichen Gestaltungsmöglichkeit eines Textes es sehr aufwendig oder unmöglich, die einzelnen Informationsinhalte vollständig und eindeutig in die Modellierung mit aufzunehmen.

Aus dem gegebenen Teilprozess ist nicht die *Intention* (der Grund) der einzelnen Kommunikationsschritte ersichtlich. So kann dies beispielsweise eine Bestätigung (zur Informati-

---

[21] http://www.ietf.org/rfc/rfc2821.txt

[22] http://www.ietf.org/rfc/rfc1939.txt

[23] http://www.ietf.org/rfc/rfc3501.txt

on), Rückfrage (zur Entscheidung) oder ein Arbeitsauftrag (zur Bearbeitung) sein. Die Intention der einzelnen Kommunikationsschritte kann auch jeweils unterschiedlich sein. Während die darüber liegenden Geschäftsprozesse viele dieser Intentionen letztlich erzwingen, ist selten die entsprechende Intention im Kommunikationsprozess explizit hinterlegt. Aufgrund der zuvor genannten Freiheitsgrade und der daraus folgenden Diskrepanzen können weitere Kommunikationsschritte, die für eine effiziente Abarbeitung überflüssig sind, notwendig werden. Hier entstehen weitere Intentionen durch Missverständnisse oder durch fehlende Informationen, die im darüber liegenden Geschäftsprozess häufig nicht betrachtet, d. h. nicht modelliert, werden.

In dem gegebenen Beispiel ist nicht explizit vorgesehen, dass eine der beteiligten Parteien zweimal direkt nachfolgend eine Nachricht sendet. Für einen solchen Fall sind weitere Intentionen denkbar. So kann beispielsweise eine weitere Nachricht darüber in Kenntnis setzen, dass sich ein wichtiger Sachverhalt verändert hat (Ereignis oft mit zeitlichen Aspekten) oder auch nur eine Information um weitere Details ergänzt werden soll. Um möglichst viele potenzielle Veränderungen des geregelten Ablaufs in einem Modell abzudecken, kann eine abstraktere Darstellung gewählt werden. Dadurch können zwar seltenere Fälle im Modell wiedergefunden werden, jedoch sind die Intentionen nicht mehr leicht damit zu verknüpfen. Der umgekehrte Weg ist die explizite Modellierung aller möglichen Ausnahmen. Hier besteht einerseits die Schwierigkeit, die vollständige Überdeckung zu erreichen. Wenn die einzelnen Fälle nicht zusammengefasst werden, könnten beliebig viele Kommunikationsschritte abzubilden sein. Andererseits ist ein detailliertes Modell für den Zweck des Prozessverstehens oft zu überladen und kann den Adressaten überfordern.

Aufgrund dieser selten exakt vorhersagbaren Kommunikationsschritte wird oft keine Modellierung von E-Mail-Kommunikation außerhalb des Übertragungsprotokolls durchgeführt. Solche Modelle abstrahieren die Kommunikationsinhalte einfach als Nutzdaten und werden für die Systementwicklung von entsprechenden Kommunikationssystemen eingesetzt. Ein Beispiel hierfür ist in Abb. 2.10 dargestellt, in dem ein Sequenzdiagramm zur erfolgreichen Übermittlung einer E-Mail mittels SMTP inklusive der Statusmeldungen und Kommandos dargestellt wird.

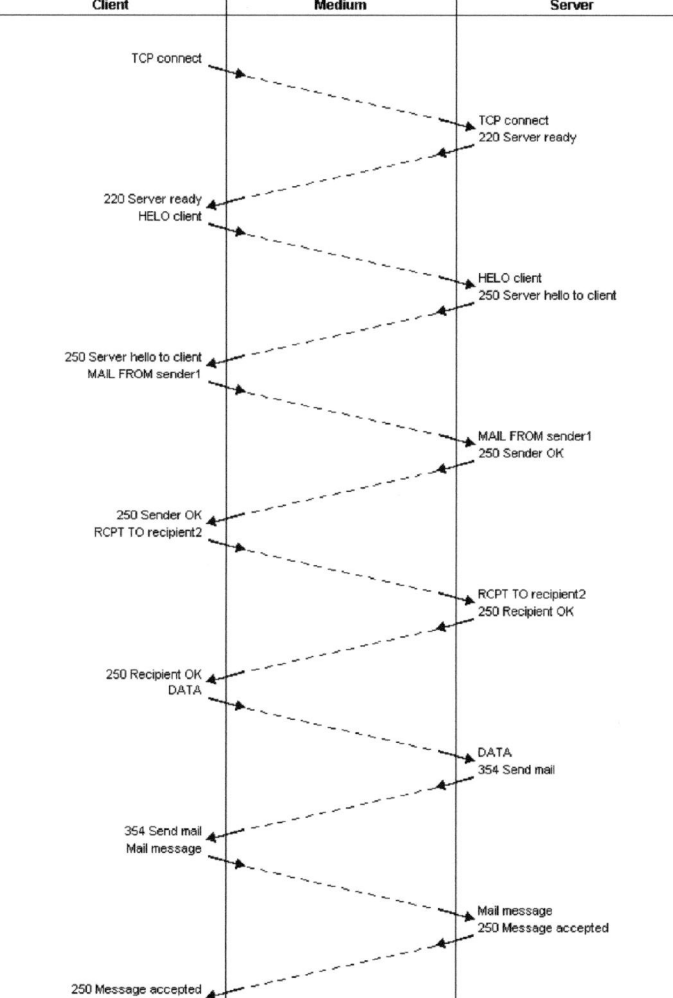

Abb. 2.10: Sequenzdiagramm SMTP-E-Mail-Versand [TuR01]

2.4. Prozessunterstützung in Kommunikationssystemen

Gängige geschäftliche Kommunikationssysteme (Groupware) unterstützen in definierten Bereichen prozessorientiertes Vorgehen. Im Rahmen der E-Mail-Kommunikation sind dies einfache Entscheidungs- oder Abstimmungsprozesse, in denen ein Organisator sich an einen oder mehrere Empfänger richtet und eine geschlossene Frage[24] strukturiert versendet. Zwei geläufigere Beispiele werden in den folgenden Unterabschnitten untersucht.

2.4.1. Microsoft Exchange Abstimmungsfelder

Ein Beispiel, in dem über E-Mail-Kommunikation Absprachen strukturiert durchgeführt werden können, sind Exchange Abstimmungsfelder, die unter Nutzung von Microsoft Exchange mit einem unterstützten Client wie Outlook eingesetzt werden können. Der Sender kann neben den üblichen E-Mail-Funktionen beim Erstellen Schaltflächen aktivieren, von denen der Empfänger als Antwort eine auswählen soll. So sind einfache Fragen wie Ja/Nein-Bestätigungen oder die Auswahl von einem Element aus einer frei konfigurierbaren Liste möglich. Eine Mehrfachauswahl ist jedoch nicht unterstützt. Der ursprüngliche Sender kann nach Eingang der Antworten die Resultate aggregiert einsehen und auswerten. Weitere Schritte nach der Auswertung sind vom System nicht vorgesehen. Es lassen sich also keine systemunterstützten Schritte nach Eingang aller Antworten oder Auswahl eines final ermittelten Ergebnisses durchführen.

Die Exchange Abstimmungsfelder können in einem darüber liegenden Workflow unter gewissen Voraussetzungen eingebunden werden. Aufgrund von Einschränkungen sind diese jedoch nicht universell verwendbar. Die technische Umsetzung besteht aus einem proprietären Übertragungsprotokoll, sodass lediglich organisationsinterne Nutzer eines Exchange-Systems die Abstimmungsfunktion einsetzen können. Wird die E-Mail an externe Empfänger gesendet, verschwindet die Umfrageoption ohne Hinweis. Der vom Empfänger verfasste E-Mail-Inhalt bleibt unverwendet von dem Verfahren.

2.4.2. Microsoft Outlook Besprechungsanfragen

Die Terminvereinbarungen mit Microsoft Outlook durch sogenannte Besprechungsanfragen sind ein weiteres Beispiel zur Nutzung von E-Mail zur Unterstützung eines Prozesses. Zur Planung einer Besprechung schlägt ein Organisator über E-Mail einen Termin vor und die Empfänger/Teilnehmer beantworten diese Anfrage mit einer (eventuellen) Zusage, Absage oder einem anderen Terminvorschlag. In Abb. 2.11 ist ein Prozessmodell dargestellt, das die Besprechungsanfrage beschreibt.

---

[24] Geschlossene Fragen bezeichnen Fragen, auf die mit einer Auswahl von vorgegebenen Antworten reagiert werden kann (z. B. Ja/Nein-Fragen). Demgegenüber erlauben offene Fragen eine nicht vorgegebene Vielfalt an Antworten (z. B. Wie-Fragen).

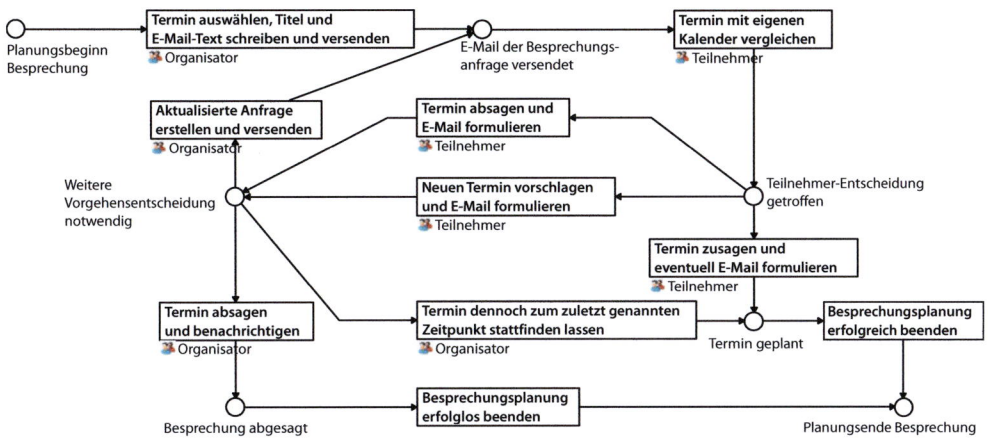

Abb. 2.11: Prozessmodell Besprechungsanfrage

Die jeweiligen Termine werden mit der Kalender-Funktion von Outlook integriert. So können die Teilnehmer ohne manuellen Zusatzaufwand ihre Termine im Kalender verwalten. Outlook-Nutzer im Teilnehmerkreis beantworten die Anfragen durch die Auswahl der gewünschten Antwort. Aus dem Prozessmodell ist nicht ersichtlich, dass es für jeden beteiligten Akteur jederzeit möglich ist, seine bisherige Antwort abzuändern. Unerwartete Ereignisse können dazu führen, dass aufwendig ermittelte Termine kurzfristig erneut geplant werden müssen. Des Weiteren ist es für Teilnehmer möglich, bisher nicht benannte Personen zur Teilnahme einzuladen und damit automatisch dem Organisator zu nennen.

Möglicherweise kann eine Besprechungsanfrage nicht erfolgreich beendet werden. Das ist sowohl der Fall, wenn kein Termin zwischen den erforderlichen Teilnehmern möglich ist, aber auch, wenn die beteiligten Akteure aufgrund zahlreicher Vorschläge und damit verbundener Kommunikationsschritte den Aufwand zur Einigung als zu hoch erachten. Das kann letztlich auch mit der tatsächlichen Priorität der Besprechung für den Einzelnen zusammenhängen. Häufig werden dann andere, zumeist synchrone Kommunikationskanäle eingesetzt, um eventuell einen Termin festzulegen.

Zur technischen Umsetzung des Prozesses nutzt Outlook automatisch erstellte und für Benutzer ausgeblendete Anhänge, die durch das Programm automatisch erkannt und interpretiert werden. E-Mail-Clients, die diese Funktion nicht kennen, unterstützen das Verfahren nicht. Teilnehmer sehen in diesem Fall die angehängte Datei, die dem iCalendar-Standard[25]

---

[25] http://www.ietf.org/rfc/rfc5545.txt

entspricht, und können manuell die genauen Informationen extrahieren. Dies bricht den Prozessfluss, da eine für den Organisator systemunterstützende Antwort kaum erstellbar ist. Da in der Praxis Besprechungen jedoch auch mit Personen vereinbart werden müssen, von deren eingesetzten Systemen wenig bekannt ist, kann bei der Nutzung nicht zuverlässig vorausgesetzt werden, dass die potenziellen Teilnehmer das notwendige Prozesswissen besitzen bzw. durch das System geleitet werden.

2.5. Natürlicher Text zur Modellgenerierung

Zur Beschreibung formaler Modelle mit natürlich-sprachlichen Texten werden häufig *kontrollierte natürliche Sprachen* [AdS92] eingesetzt. Kontrollierte natürliche Sprachen werden ebenso zur Vereinfachung der Erstellung technischer Dokumente eingesetzt, um verständliche, einheitliche und möglichst eindeutige Dokumente im betrieblichen Umfeld zu erstellen. Kontrolliert wird in den Sprachen sowohl das Vokabular an zugelassenen Wörtern als auch die verwendbare Grammatik.

Die Object Management Group (*OMG*)[26] definiert im Rahmen der Model Driven Architecture (*MDA*)[27] unter anderem Semantics of Business Vocabulary and Business Rules (*SBVR*)[28] zur herstellerübergreifenden und standardisierten Beschreibung von betrieblichen Informationssystemen. SBVR übernimmt hierfür die Erfassung von Geschäftsregeln in einer natürlich-sprachlichen Form, die auch maschinenverarbeitbar ist. Neben den Geschäftsregeln wird eine dafür geltende Domäne definiert, die dem Vokabular von SBVR entspricht. SBVR soll vor allem für die Beschreibung der Probleme und erwarteten Funktionen für ein zu entwickelndes Softwaresystem eingesetzt werden. Dies erlaubt Stakeholdern die Überprüfung von Spezifikationen ohne Erlernung neuer Modellierungsverfahren oder anderer formaler Konzepte. Fakten innerhalb der Domäne und dazugehörige logische und mathematische Operatoren werden formal aufgenommen. Informale Informationen werden wie Kommentare behandelt und können folglich nicht maschinell verarbeitet werden, aber dennoch für den Informationsaustausch zwischen Menschen zum verbesserten Verständnis eingesetzt werden.

Bajwa et al. zeigen, dass natürlich-sprachliche Spezifikationen in SBVR durch automatisierte Verfahren übersetzt werden können, da SBVR selbst auf natürlicher Sprache basiert

---

[26] http://www.omg.org/
[27] http://www.omg.org/mda/
[28] http://www.omg.org/spec/SBVR/

[BLB11]. Des Weiteren können die erzeugten Ergebnisse einen Zwischenschritt zu einer rest-riktiveren Modellierungssprache wie Klassendiagrammen darstellen [BNA11], wodurch ein Informationsverlust des ursprünglichen Textes entsteht.

Eder et al. beschreiben die Transformation eines in SBVR gegebenen Workflows zu XPDL, einem Austauschformat für BPMN-Diagramme[29] [EFK08]. Die Abb. 2.12 zeigt ein beschriebenes Beispiel hierfür. Um einen Workflow mit SBVR zu beschreiben, haben die Au-toren ausschließlich Implikationen (if … then …) für den Kontrollfluss und Fakten für Akti-vitäten eingesetzt.

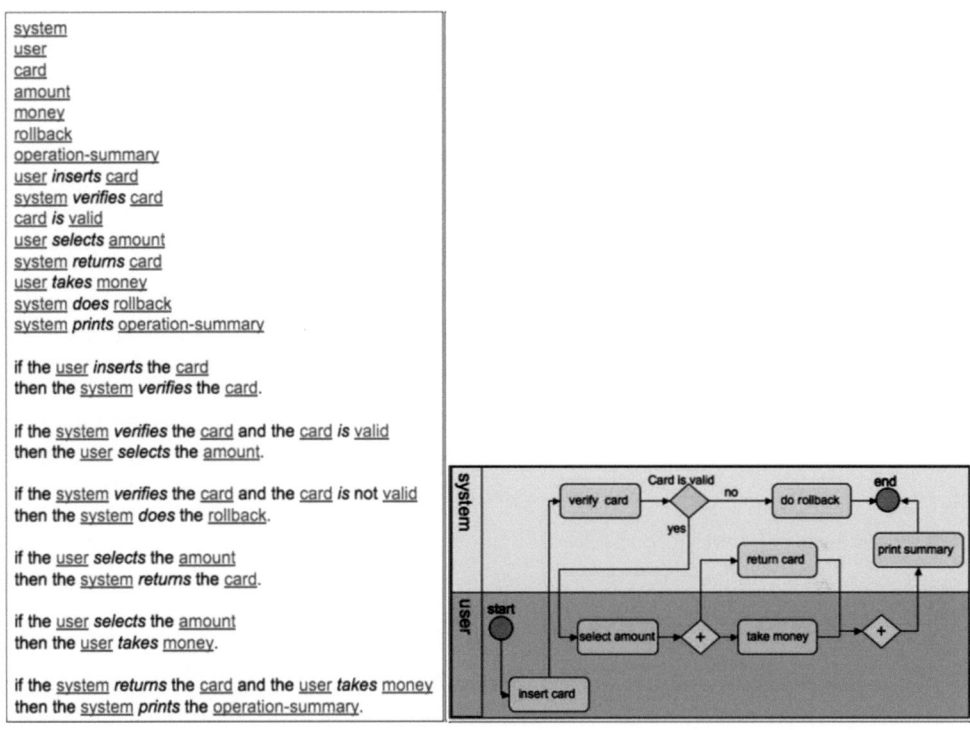

Abb. 2.12: Erstellung eines BPMN-Modells aus der SBVR-Darstellung [EFK08]

Friedrich et al. beschreiben eine Methode zur Nutzung von Natural Language Processing (NLP) zur automatischen Erstellung von BPMN-Modellen aus natürlich-sprachlichen Texten [FMP11]. Hierzu werden statistische Verfahren auf englischsprachige Prozessbeschreibungen aus Wissenschaft, Praxis und Lehrbüchern eingesetzt. Zunächst werden Sätze durch Satzzei-

---

[29] http://www.wfmc.org/xpdl.html

chen extrahiert, dann mithilfe des Stanford Parsers [KlM03] heruntergebrochen und auf Aktiv- bzw. Passivform untersucht und entsprechend Aktivitäten Akteure und Objekte extrahiert. Objekte und Akteure werden mit den Aktivitäten verknüpft. Daraufhin werden mithilfe des Stanford Parsers, WordNets [Mil95] und einer vorgegebenen Liste an Konditionswörtern (wie „if" und „otherwise") über Sätze hinweg Beziehungen aufgebaut, die letztlich zu dem Modellfluss führen. Laut den Autoren erreicht die Methode bei 47 untersuchten und teils dafür aufbereiteten Texten eine durchschnittliche Ähnlichkeit zu den entsprechend manuell erstellten Modellen von 77 %. Die generierten Modelle sind in der Regel etwas umfassender als die verglichenen manuellen Modelle. Wie alle statistisch arbeitenden Verfahren ist auch hier das Ergebnis nicht zuverlässig, sodass die Autoren selbst feststellen, dass generierte Prozessmodelle von menschlichen Modellierern nochmals überarbeitet werden müssen.

2.5.1. Erstellung von Petri-Netzen aus textuellen Beschreibungen

Anhand eines Flugzeugunfallberichts haben Hill und Wright [HiW97] die Formalisierung der Unfallgegebenheiten analysiert, indem die Beschreibungen in Petri-Netz-Darstellung umgewandelt wurden. Dies wurde manuell durch die Aufgliederung des Unfallberichts erstellt und zeigt auf, welche Hürden selbst für die menschliche Erstellung bestehen. Die Umwandlung von Mehrdeutigkeiten der natürlichen Sprache in eine formale Darstellung kann über die eigentlich gegebene Information des Textes durch größere Detaillierung hinausgehen und andere Informationen durch Abstraktion entfernen. Zudem ist die Umwandlung abhängig von den jeweiligen Bearbeitern, da es keine formulierten Umwandlungsregeln gibt. Die Herausforderung besteht in der Koordination der verschiedenen Strukturen der natürlichen Texte und der graphischen Repräsentation in einer synergetischen Weise, die sowohl Details als auch Abstraktion und die Verbindung davon erlaubt [HiW97].

2.6. Textgenerierung aus graphischen Modellen

Die Textgenerierung aus vorliegenden Computerdaten ist das Kerngebiet der Natural Language Generation (NLG). Als Teilgebiet wird an verschiedenen Verfahren zur Erstellung von Texten zu gegebenen graphischen Modellen gearbeitet.

Ein häufiger Einsatzzweck ist die Validierung und Überprüfung nachträglicher Änderungen [MAA08, MaB12, LMP12, CPR10]. Eine ausführliche Literaturrecherche zum Bereich des Software-Requirement-Engineerings über die automatische Erstellung von Texten aus Modellen haben Nicolás und Toval 2009 durchgeführt und zusammengefasst [NiT09]. Die

Autoren erarbeiten zusammenfassend fünf ungelöste Hauptproblemstellungen, um zukünftige Systeme zu verbessern. Diese sind die Folgenden (verkürzt und verallgemeinert nach [NiT09])

1. Integration der Modelle und natürlich-sprachlichen Texte (d. h. Dokumente) durch automatische oder genau überwachte Erstellung, die nachvollziehbar und bijektiv durchgeführt wird.

2. Die Dokumentstruktur soll der Modellstruktur folgen (d. h. entsprechen). Redundanz kann für Verständnisfragen oder Veränderungen eingesetzt werden, sofern diese automatisch nachvollziehbar bleibt.

3. Die Dokumente müssen lebendig, also veränderbar, sein.

4. Dokumente müssen mit den Modellen synchronisiert werden.

5. Dokumente müssen nach Zielgruppen angepasst werden können.

Es wird auch untersucht, wie Diagramme aus beispielsweise Zeitungen in einen Text überführt werden können, um visuell eingeschränkten Personen eine Inhaltsbeschreibung zu bieten [GCM11, DOS10, FVL07]. Die Abb. 2.13 zeigt ein Beispiel für die automatische Generierung eines englischen Textes zu einem Diagramm, das aus der Zeitung der kanadischen Statistikbehörde entnommen wurde.

The line graph has the title "Operating profits up slightly in second quarter". Quarterly values from 1996 to 2006 are shown. The values are given in billions of dollars. The lowest yearly values occurred in the second quarter of 1998 (26.3 billion dollars) and in the second quarter of 1996 (26.7 billion dollars) and the highest values in the fourth quarter of 2005 (57.6 billion dollars), and in the second quarter of 2006 (57 billion dollars).

Abb. 2.13: Diagramm einer Zeitung und generierter Text [FVL07]

Obwohl ein Nutzen von beschreibenden Texten für Modelle bekannt ist [OFR12, MLF08], existieren kaum Arbeiten im Gebiet der NLG für Prozessmodelle. Leopold et al. [LMP12] generieren aus Beschriftungen von BPMN-Modellen automatisch Texte, die das

Verständnis für die Modelle erhöhen sollen. Es wird nur eine eingeschränkte Menge an Symbolen unterstützt und die Verknüpfung zum Text ist nur einseitig. Es werden auch keine Überlegungen zur Ausführungszeit der Prozesse gemacht.

2.7. Augmentieren von Prozessmodellen mit Textbeschreibungen

Pinggera et al. beschreiben die Erweiterung von Prozessmodellen um verknüpfte Beschreibungen, die

- eine Erleichterung der Erstellung von neuen Prozessmodellen,
- eine Verbesserung der Kommunikation über diese Prozessmodelle durch ein einheitlicheres Vokabular und
- eine klarere Interpretation der Prozessmodelle

erreichen soll [PPZ12]. Die Grundüberlegung ist die Verknüpfung der einzelnen Prozessmodellelemente mit zugehörigen, manuell erstellten Texten, die eine genauere Erläuterung des Elementinhalts bieten. Die Zusammenlegung der Texte beschreibt dann den gesamten Prozess.

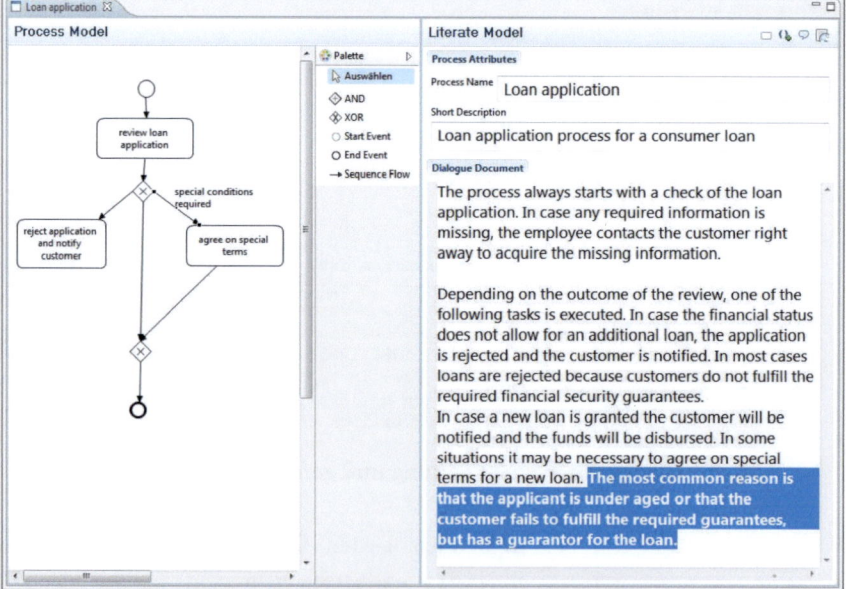

Abb. 2.14: Anreicherung eines Prozessmodells mit frei erstelltem Text [PPZ12]

3. Anwendungsbeispiele und Entwurf

Die zuvor vorgestellten Grundlagen werden in diesem Kapitel mit der Zielsetzung verbunden. Dazu werden Annahmen und Anforderungen entwickelt, mit denen die Grundidee der Überführung von graphischen Prozessmodellen auf Petri-Netz-Basis ausgearbeitet wird. Die Untersuchung von bisherigen Textformaten und der intuitive Entwurf von Beschreibungen zu Prozessmodellen bilden den Startpunkt der Entwicklung eines systematischen Vorgehens. Konkrete Beispiele von Szenarien ermöglichen die Erarbeitung der Anwendungskontexte, die jeweils spezifische Anforderungen für die Grundidee erfordern. Anschließend werden Techniken aufgezeigt, mit denen die notwendige Texttransformation durchgeführt werden kann.

3.1. Integrierte Prozessorientierung in der digitalen Kommunikation

Digitale Kommunikation ist in ihren Inhalten selten formalisiert und lässt sich dementsprechend schwer in prozessorientierte Systeme umfassend integrieren. Aktuelle Lösungen klammern einen Großteil der Kommunikationsinhalte aus und nutzen Systeme, die lediglich innerhalb einer Organisation eingesetzt werden können (siehe Kapitel 2.3). Dies trifft umso stärker zu, wenn Aufgaben in vorher nicht festgelegten oder festlegbaren Teams gemeinsam erledigt werden sollen.

Grasso et al. beschreiben ein kontinuierliches Spektrum der organisatorischen Beziehungen, welches sich durch verschiedene Vertrauensverhältnisse wie soziale Verbindungen oder vertragliche Vereinbarungen auszeichnet [GMP97].

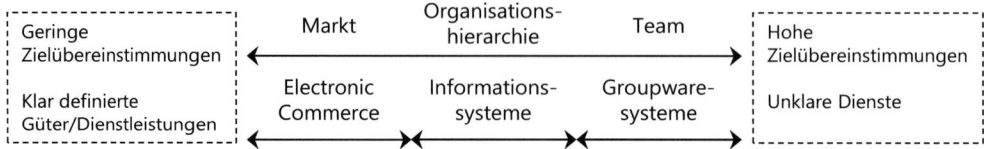

Abb. 3.1: Beispielhaftes Spektrum der organisatorischen Beziehungen und Systeme (in Anlehnung an [GMP97])

Die auf den ersten Blick gegenläufigen Eigenschaften (siehe Abb. 3.1) zeigen dennoch die Gemeinsamkeit, dass sowohl organisationsextern wie organisationsintern E-Mail-Systeme eingesetzt werden. Eine integrierte, organisationsübergreifende Prozessorientierung kann an dieser Stelle ansetzen.

Da der spezielle Einsatz von E-Mail-Systemen sich selbst wiederum zwischen Organisationen unterscheidet, ist die zuverlässigste Gemeinsamkeit der ausgetauschte Nachrichtentext. Informationen, die auf clientspezifischen Anpassungen basieren und daher spezielle Formate und Protokollerweiterungen nutzen, können für einen universellen Einsatz nicht vorausgesetzt werden. Die Nutzung einer rein textbasierten Unterstützung ermöglicht auch anderen IT-vermittelten Textkommunikationssystemen die Integration (z. B. Twitter, Chat-Systemen). Des Weiteren lässt sich ein Text in andere Formate konvertieren und damit die Integrationsmöglichkeit erweitern. So können sowohl maschinenorientierte Formate zur Speicherung eingesetzt werden (XML) als auch die menschliche Interaktion um Spracheingabe und Sprachausgabe ergänzt werden.

Geschäftsprozessmodelle werden mithilfe einer Modellierungssprache oder -Notation graphisch erstellt (siehe Kapitel 2.2). Dies erlaubt die übersichtliche Darstellung komplexer Abläufe, die dann beispielsweise für die Dokumentation und damit das Prozessverstehen eingesetzt werden kann. Zur Einbindung textuell getriebener Kommunikationssysteme stellt sich die Frage, wie mit einer möglichst geringen Veränderung der Systeme die graphischen Modelle auch in textueller Form eingesetzt werden können. Eine entsprechende Überführung sollte den Zweck der Modelle berücksichtigen. In diesem Zusammenhang ist die Kenntnis über die Erfahrungen und über das Maß der Heterogenität der Akteure bzw. Empfänger von Interesse, da Textstrukturen unterschiedlich verstanden werden können. Da beispielsweise in Zielgruppen-offenen Systemen wie E-Mail-Systemen die Heterogenität besonders hoch ist, kann in der Regel kaum eine Aussage zu dem Empfängerkreis gesichert getroffen werden.

Durch die Integration von E-Mail-Systemen in die prozessorientierte Betrachtung soll eine Verbesserung der Partizipation von allen beteiligten Prozessakteuren erreicht werden.

Unter Einsatz des vertrauten Systems soll die Modellierung der Arbeit (Aktivitäten) auch auf diejenigen übertragbar werden, die diese Arbeit ausführen.

3.1.1. Allgemeine Annahmen

Zur Abdeckung eines umfassenden Spektrums wird so im Folgenden die Nutzung von Texten mit dem in der Regel allgemeinen Übertragungsweg der E-Mail-Kommunikation angenommen und darauf basierend ein Entwurf der integrierten Betrachtung von prozessorientierter Arbeitsplanung und -ausführung erstellt. Die E-Mail-Kommunikation wird als verbreiteter und einschränkungsarmer Repräsentant der digitalen Textkommunikation ausgewählt. Andere texterzeugende Systeme sollen ebenso im Einsatz fokussiert werden. Insbesondere ist die digitale Sprachverarbeitung, die aus der (akustischen) Sprache letztlich wieder Text erzeugen kann, ein interessantes Einsatzgebiet. Eine Erweiterung für andere Systeme ähnlicher Natur sollte mit geringem Aufwand möglich sein.

Des Weiteren wird die deutsche Sprache als Ausgangssprache genutzt. Anpassungen für andere Sprachen sollten mit Verfolgung der hier genutzten Methoden mit einem gewissen Aufwand möglich sein, stehen zunächst jedoch nicht im Mittelpunkt der Betrachtung.

Als Geschäftsprozessmodellierungssprache bieten sich Petri-Netze besonders an, da diese die formale Darstellung der Kontrollflussabläufe einschließen. Es sind bereits textuelle Darstellungen verfügbar. Diese formalen Darstellungen basieren auf den mathematischen Eigenschaften der Petri-Netze. Andere Prozessmodellierungssprachen können ebenso als Grundlage genutzt werden, sofern eine formale Umwandlung dieser Sprachen möglich ist. Wenn lediglich konzeptionelle Sprachen zum Einsatz kommen sollen, muss eine Formalisierung dieser Sprachen durch Einschränkungen erfolgen.

3.1.2. Hauptanforderungen

Zur korrekten Interpretation der bisherigen Textdarstellungen von Petri-Netzen ist Vorerfahrung oder Expertenwissen notwendig. Aufgrund der genannten Reichweite von beispielsweise E-Mail muss davon ausgegangen werden, dass es nur geringes Wissen gibt, welche erlernten Grundlagen und Erfahrungen auf der Empfängerseite vorhanden sind. Dennoch kann vorausgesetzt werden, dass das Lesen und Erstellen von Texten auch auf der Empfängerseite stets möglich ist. Folglich führt das zu den folgenden Anforderungen an ein Konzept zur prozessorientierten Unterstützung in textuellen Kommunikationssystemen:

1. Geringer Aufwand für die korrekte Verarbeitung der Texte durch unbekannte Empfänger.

   a. Nutzung möglichst weit bekannter Textstrukturen zur Darstellung von Abläufen.

   b. Einsatz von selbstbeschreibenden oder erläuterten Bestandteilen in der Textdarstellung.

2. Eindeutige und bijektive Zuordnung der Prozessstrukturen für ein IT-System.

3. Die Verknüpfung der Texte und der Prozessmodelle soll ausschließlich auf Basis der Inschriften und Kontrollflüsse erreicht werden. Weitere Metainformationen sollen nicht zum Einsatz kommen.

Zur Umsetzung soll ein Prinzip verfolgt werden, das sich oft bei der Standardisierung von Kommunikationsprotokollen des Internets bewährt hat:

„Be liberal in what you accept, and conservative in what you send."[1]

Dieses *Robustheitsprinzip* verringert die Gefahr der eigenen Fehlererzeugung, während stets mit Fehlern von dem Kommunikationspartner gerechnet werden sollte.

Im Folgenden werden bestehende Arbeiten aufgegriffen und auf diese Anforderungen untersucht. Die Ergebnisse werden genutzt, um weitere Varianten zu entwickeln, die für gegebene graphische Prozessmodelle eine Verbesserung der Anforderungen versprechen.

3.2. Bestehende Textformate

Im Folgenden werden Textstrukturen und -Formate vorgestellt, die zur Entwicklung einer eignen Textdarstellung von Prozessen führen.

3.2.1. PNML

PNML (Petri Net Markup Language)[2] ist ein XML-basiertes Austauschformat für Petri-Netze und stellt somit auch ein Textformat dar. Aufgrund der XML-Eigenschaft kann es sowohl maschinell verarbeitet werden als auch grundsätzlich von Menschen gelesen werden. Jedoch

---

[1] Aus http://www.ietf.org/rfc/rfc1122.txt, wiederkehrend in anderer Form in verschiedenen RFC wie die RFC 1958, Absatz 3.9: „Be strict when sending and tolerant when receiving."

[2] http://www.pnml.org/, ISO/IEC-15909

liegt der Fokus darin, Petri-Netze zwischen Petri-Netz-Werkzeugen austauschen zu können, und nicht darin, dass Benutzer die dahinter liegenden XML-Dateien lesen oder gar editieren. Bereits kleinere Netze werden durch die XML-Darstellung umfangreich. Als einfaches Beispiel hierfür dient das Petri-Netz der Abb. 3.2 und die XML-Darstellung in Abb. 3.3.

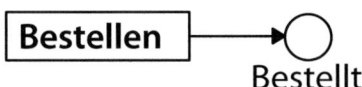

Abb. 3.2: Einfaches Beispiel eines Petri-Netzes

Das Beispiel zeigt drei Probleme der XML-Darstellung für die zwischenmenschliche Kommunikation auf:

1. Die XML-Darstellung ist lang.
   a. XML gilt allgemein durch seinen hohen Overhead als wenig effizient [Law04].
2. Die Einhaltung der Syntax ist für Menschen schwierig.
3. Die XML-Darstellung ist mit Meta-Informationen angereichert. Darunter fallen neben den Positionierungsdaten und weiteren graphischen Darstellungsdaten auch anwendungsspezifische Informationen. Dieses nimmt insbesondere bei Nutzung eines Werkzeuges zur Erstellung von PNML-Dateien einen großen Anteil in Anspruch, der häufig ein Vielfaches der eigentlichen Petri-Netz-Beschreibung entspricht.

Dementsprechend ist die Anforderung an den geringen Aufwand zur Verarbeitung beim Empfänger nicht erfüllt. Dagegen ist aufgrund der Normung eine hohe Eindeutigkeit vorhanden. Allerdings können aufgrund der Freiheiten der anwendungsspezifischen Informationen in PNML Zusatzinformationen hinterlegt werden, die möglicherweise nicht eindeutig interpretierbar sind. Diese anwendungsspezifischen Informationen sind nicht im Standard eingeschränkt, um keine zukünftigen Erweiterungen auszuschließen.

```
1  <pnml xmlns="http://www.pnml.org/version-2009/grammar/pnml">
2    <net id="n1" type="http://www.pnml.org/version-2009/grammar/ptnet">
3      <page id="top-level">
4        <name>
5          <text>Beispiel</text>
6        </name>
7        <place id="s1">
8          <graphics>
9            <position x="80" y="20"/>
10          </graphics>
11          <name>
12            <text>Bestellt</text>
13            <graphics>
14              <offset x="0" y="80"/>
15            </graphics>
16          </name>
17        </place>
18        <transition id="t1">
19          <graphics>
20            <position x="0" y="20"/>
21          </graphics>
22          <name>
23            <text>Bestellen</text>
24            <graphics>
25              <offset x="0" y="80"/>
26            </graphics>
27          </name>
28        </transition>
29        <arc id="a1" source="t1" target="s1">
30          <graphics>
31            <position x="30" y="5"/>
32            <position x="60" y="5"/>
33          </graphics>
34        </arc>
35      </page>
36    </net>
37  </pnml>
```

Abb. 3.3: PNML-Darstellung des vorherigen Petri-Netzes

3.2.2. Graphviz

Ein etabliertes textuelles Darstellungsformat für allgemeine Graphen bietet *Graphviz*[3] [GaN00] der *AT&T Labs Research*. Gerichtete Graphen werden durch das dafür entwickelte Format *DOT* textuell beschrieben und entsprechend graphisch durch eine entsprechende Anwendung umgewandelt.

---

[3] http://www.graphviz.org/

```
digraph G {
subgraph transitions {
node [shape=rect];
Bestellen;
}
subgraph places {
node [shape=circle,fixedsize=true,width=0.9];
Bestellt;
}
Bestellen -> Bestellt;
{rank=same; Bestellen Bestellt}
}
```

Abb. 3.4: DOT-Darstellung des vorherigen Petri-Netzes

Das Beispiel der Abb. 3.4 zeigt das genannte einfache Petri-Netz als DOT-Format. Das Format lässt weitere alternative Wege zu, das gleiche Ergebnis zu erzeugen. Grundlegend für diese Sprache ist zum einen die Auflistung der Knoten durch eine semikolonseparierte Liste und die Verbindung der gerichteten Kanten mit den Textzeichen „->" zwischen ausgehenden Knoten und eingehenden Knoten. Metainformationen zur Darstellung des Graphen werden in eckigen Klammern beschrieben.

Marken sind im DOT-Format nicht nativ vorgesehen und müssen mit einer indirekten Möglichkeit nachgebildet werden. Hierzu kann beispielsweise der Text innerhalb der Stellen um eine Angabe erweitert werden. Da das DOT-Format nicht auf Petri-Netze spezialisiert ist, sind auch Verletzungen der bipartiten Eigenschaft möglich.

Der einfache Aufbau dieses Formats wird für Endbenutzereingaben zur Erstellung von Graphen aufgegriffen. Beispielsweise unterstützt das kommerzielle Wiki-System *Confluence* des Herstellers *Atlassian* mithilfe eines Plug-ins[4] das DOT-Format, wie auch eine *MediaWiki*-Erweiterung für Graphviz[5].

Gegenüber PNML ist die Syntax in kleinen Netzen durch die Nutzung der pfeilähnlichen Textsymbole überschaubarer und daher etwas einfacher für einen menschlichen Empfänger zu verarbeiten. Zwar wird, wenn die Syntax korrekt eingehalten wird, ein eindeutiger Graph

---

[4] https://marketplace.atlassian.com/plugins/com.atlassian.confluence.extra.graphviz
[5] https://www.mediawiki.org/wiki/Extension:GraphViz

erzeugt, jedoch sind die Petri-Netz-Eigenschaften nicht einbezogen, sodass keine eindeutige Modellierung eines Ablaufs garantiert werden kann. Infolgedessen entstehen Mehrdeutigkeiten für Abläufe, die in einem PNML-beschriebenen Netz nicht vorkommen können.

Nach den Anforderungen beurteilt ist der Aufwand für unbekannte Empfänger gering. Der Einsatz der pfeilähnlichen Textsymbole ist möglicherweise nicht weit bekannt, erscheint jedoch schnell erlernbar. Die klare Interpretation ist dennoch nicht garantiert, da mehrere Kanten an Stellen und Transitionen verschiedene Bedeutung haben, die sich nicht ohne Erfahrung durch Menschen ableiten lassen. Die maschinelle Verarbeitung eines Textes ist, sofern keine Petri-Netz-Eigenschaft verletzt wird, eindeutig. Die maschinelle Verarbeitung ist jedoch nicht möglich, wenn aus der Abbildung ein DOT-Text generiert werden soll. Dies verletzt die Anforderung zur bijektiven Zuordnung.

3.3. Varianten textueller Darstellung von Geschäftsprozessmodellen

In [SVO11] werden grundlegende Modellierungskonstrukte für Geschäftsprozesse anhand von Petri-Netzen dargestellt. Als praxisnahe Ausgangslage werden im Folgenden stellvertretende Beispiele zur veranschaulichenden Darstellung herangezogen, um realitätsnahe textuelle Darstellungen zu erarbeiten.

Diese Umwandlung von graphischen Ablaufstrukturen wird mit zunächst nicht formalisierten Beispieltexten auf drei Ebenen erprobt, um ein systematisches Vorgehen zu entwerfen. Die Grundidee besteht aus dem Aufbau eines Textes für jede Kantenbeziehung. Daher werden ausschließlich Petri-Netze betrachtet, die in einer zusammenhängenden Struktur stehen. Im Praxisbezug stellt dies kaum eine Einschränkung dar. Es sind jedoch theoretisch Petri-Netze modellierbar, die durch diese Idee nicht unterstützt werden. Die drei Ebenen sollen verschiedene Abwägungen von knapper und eindeutiger Gestaltung zu natürlicher Formulierungen darstellen:

1. Knappe und eindeutige textuelle Darstellung mit Einsatz von einfachen Sonderzeichen. Aus der Textdarstellung soll die wesentliche Prozessstruktur zurückgewinnbar bleiben.
2. Vereinfachte Satzstruktur mit schwacher Grammatikbeachtung.
3. Erweiterte Satzgestaltung zur Nachahmung natürlich erscheinender Formulierung.

In Bezug auf die beiden Grundanforderungen ist anzumerken, dass natürlicherscheinende Formulierungen diese grundsätzlich erfüllen, während knappe und möglichst eindeutige Formulierungen nur eingeschränkt die Anforderungen umsetzen. Demgegenüber steht die maschinell bearbeitbare Implementierung eines abgeleiteten Verfahrens.

Neben den im Folgenden dargestellten Texten sollen keine weiteren Informationen vorliegen. Infolgedessen sollen die prozessbeschreibenden Elemente ausnahmslos aus den Texten hervorgehen. Im Gegensatz zu beispielsweise SBVR (siehe Kapitel 2.5) werden also keine Vokabulare getrennt aufgelistet, die Transitionen oder Stellen explizit vordefinieren.

Beispielverbindungen aus [SVO11]	Varianten der textuellen Darstellung	
ungelesene Bestellung im E-Mail-Eingang → E-Mail lesen und abspeichern — **Eingabeverbindung**	(Ungelesene Bestellung im E-Mail-Eingang) -> [E-Mail lesen und abspeichern.]	1.
	Wenn ungelesene Bestellung im E-Mail-Eingang, dann E-Mail lesen und abspeichern.	2.
	Sobald ungelesene Bestellung im E-Mail-Eingang vorliegt, kann E-Mail lesen und abspeichern durchgeführt werden.	3.
bearbeitete Aufträge ablegen → Ablage/Archiv — **Ausgabeverbindung**	[bearbeitete Aufträge ablegen] -> (Ablage/Archiv)	1.
	Nach bearbeitete Aufträge ablegen Ablage/Archiv.	2.
	Das Erledigen von bearbeitete Aufträge ablegen erfüllt Ablage/Archiv.	3.
Materialliste ← Bestand prüfen — **Aktualisierungsverbindung**	(Materialliste) <-> [Bestand prüfen]	1.
	Wenn Materialliste aktualisieren, dann Bestand prüfen.	2.
	Sobald Materialliste aktualisiert werden soll, muss auch Bestand prüfen durchgeführt werden.	3.
Materialliste — Bestand prüfen — **Leseverbindung**	(Materialliste) -- [Bestand prüfen]	1.
	Wenn Materialliste betrachten, dann Bestand prüfen.	2.
	Sobald Materialliste betrachtet werden soll, muss auch Bestand prüfen durchgeführt werden.	3.

Neben diesen einfachen Verbindungstypen können typischerweise Verbindungen sich auch verzweigen, wodurch nebenläufige und alternative Abläufe modelliert werden können. Auch hier werden im Folgenden die Praxisbeispiele aus [SVO11] zur Einführung der Textdarstellung herangezogen.

Nebenläufigkeitsbeispiel (AND-Split und AND-Join) aus [SVO11]

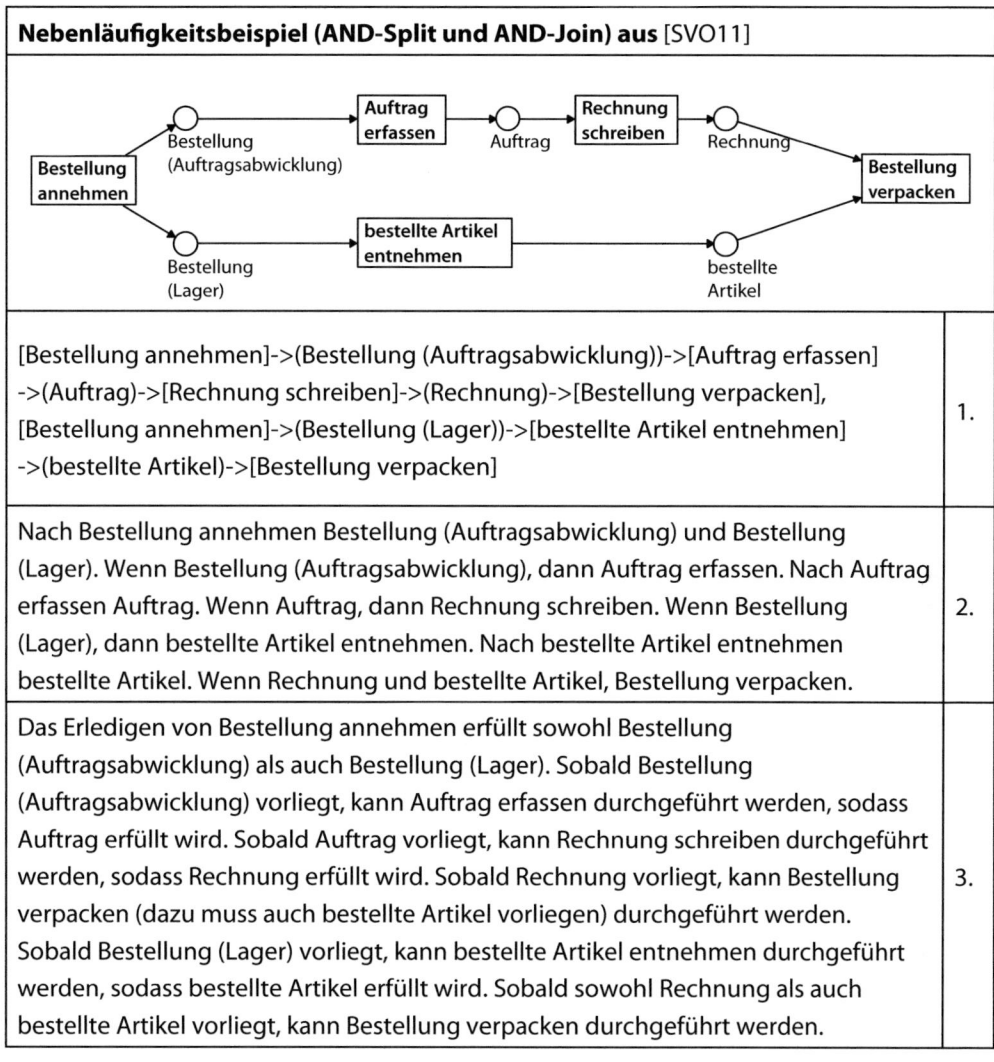

[Bestellung annehmen]->(Bestellung (Auftragsabwicklung))->[Auftrag erfassen] ->(Auftrag)->[Rechnung schreiben]->(Rechnung)->[Bestellung verpacken], [Bestellung annehmen]->(Bestellung (Lager))->[bestellte Artikel entnehmen] ->(bestellte Artikel)->[Bestellung verpacken]	1.
Nach Bestellung annehmen Bestellung (Auftragsabwicklung) und Bestellung (Lager). Wenn Bestellung (Auftragsabwicklung), dann Auftrag erfassen. Nach Auftrag erfassen Auftrag. Wenn Auftrag, dann Rechnung schreiben. Wenn Bestellung (Lager), dann bestellte Artikel entnehmen. Nach bestellte Artikel entnehmen bestellte Artikel. Wenn Rechnung und bestellte Artikel, Bestellung verpacken.	2.
Das Erledigen von Bestellung annehmen erfüllt sowohl Bestellung (Auftragsabwicklung) als auch Bestellung (Lager). Sobald Bestellung (Auftragsabwicklung) vorliegt, kann Auftrag erfassen durchgeführt werden, sodass Auftrag erfüllt wird. Sobald Auftrag vorliegt, kann Rechnung schreiben durchgeführt werden, sodass Rechnung erfüllt wird. Sobald Rechnung vorliegt, kann Bestellung verpacken (dazu muss auch bestellte Artikel vorliegen) durchgeführt werden. Sobald Bestellung (Lager) vorliegt, kann bestellte Artikel entnehmen durchgeführt werden, sodass bestellte Artikel erfüllt wird. Sobald sowohl Rechnung als auch bestellte Artikel vorliegt, kann Bestellung verpacken durchgeführt werden.	3.

OR[6]-Split-Beispiel aus [SVO11]

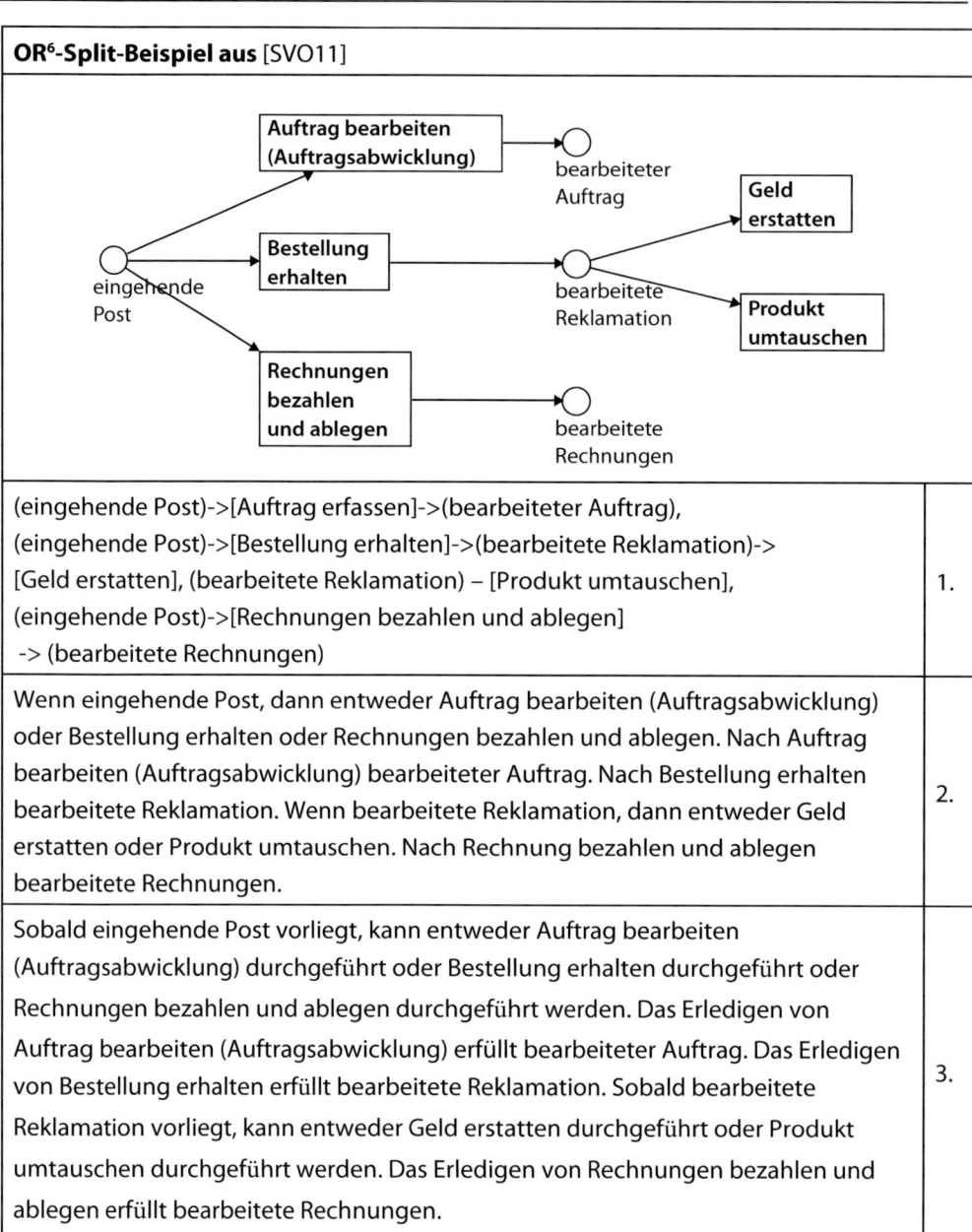

(eingehende Post)->[Auftrag erfassen]->(bearbeiteter Auftrag), (eingehende Post)->[Bestellung erhalten]->(bearbeitete Reklamation)-> [Geld erstatten], (bearbeitete Reklamation) – [Produkt umtauschen], (eingehende Post)->[Rechnungen bezahlen und ablegen] -> (bearbeitete Rechnungen)	1.
Wenn eingehende Post, dann entweder Auftrag bearbeiten (Auftragsabwicklung) oder Bestellung erhalten oder Rechnungen bezahlen und ablegen. Nach Auftrag bearbeiten (Auftragsabwicklung) bearbeiteter Auftrag. Nach Bestellung erhalten bearbeitete Reklamation. Wenn bearbeitete Reklamation, dann entweder Geld erstatten oder Produkt umtauschen. Nach Rechnung bezahlen und ablegen bearbeitete Rechnungen.	2.
Sobald eingehende Post vorliegt, kann entweder Auftrag bearbeiten (Auftragsabwicklung) durchgeführt oder Bestellung erhalten durchgeführt oder Rechnungen bezahlen und ablegen durchgeführt werden. Das Erledigen von Auftrag bearbeiten (Auftragsabwicklung) erfüllt bearbeiteter Auftrag. Das Erledigen von Bestellung erhalten erfüllt bearbeitete Reklamation. Sobald bearbeitete Reklamation vorliegt, kann entweder Geld erstatten durchgeführt oder Produkt umtauschen durchgeführt werden. Das Erledigen von Rechnungen bezahlen und ablegen erfüllt bearbeitete Rechnungen.	3.

---

[6]Genaugenommen ist es ein XOR (exklusives Oder), jedoch wird üblicherweise von OR-Split/Join bei Petri-Netzen gesprochen, wenn XOR-Split/Join gemeint ist.

Beispiel für OR-Split und OR-Join aus [SVO11]

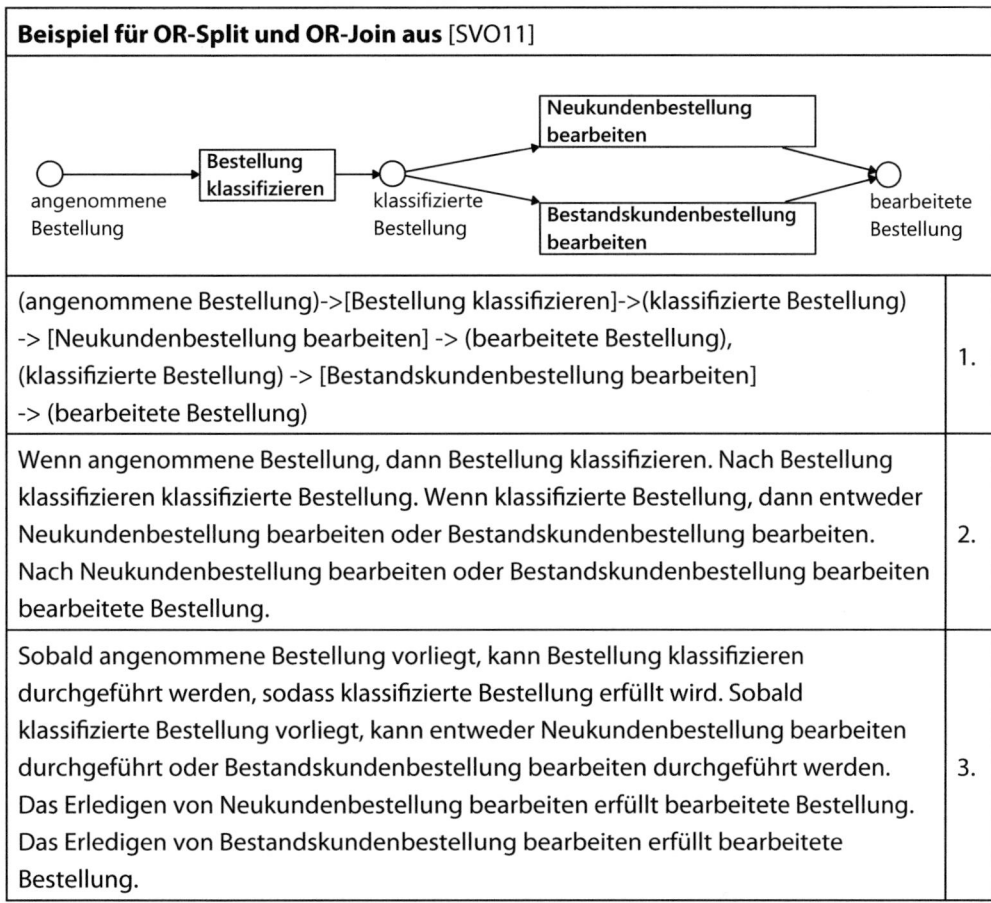

(angenommene Bestellung)->[Bestellung klassifizieren]->(klassifizierte Bestellung) -> [Neukundenbestellung bearbeiten] -> (bearbeitete Bestellung), (klassifizierte Bestellung) -> [Bestandskundenbestellung bearbeiten] -> (bearbeitete Bestellung)	1.
Wenn angenommene Bestellung, dann Bestellung klassifizieren. Nach Bestellung klassifizieren klassifizierte Bestellung. Wenn klassifizierte Bestellung, dann entweder Neukundenbestellung bearbeiten oder Bestandskundenbestellung bearbeiten. Nach Neukundenbestellung bearbeiten oder Bestandskundenbestellung bearbeiten bearbeitete Bestellung.	2.
Sobald angenommene Bestellung vorliegt, kann Bestellung klassifizieren durchgeführt werden, sodass klassifizierte Bestellung erfüllt wird. Sobald klassifizierte Bestellung vorliegt, kann entweder Neukundenbestellung bearbeiten durchgeführt oder Bestandskundenbestellung bearbeiten durchgeführt werden. Das Erledigen von Neukundenbestellung bearbeiten erfüllt bearbeitete Bestellung. Das Erledigen von Bestandskundenbestellung bearbeiten erfüllt bearbeitete Bestellung.	3.

Gleichfalls können mit Petri-Netzen dynamische Zustände ausgedrückt werden. Diese werden mit den Marken (bzw. Token) umgesetzt. Die folgenden Beispiele zeigen eine mögliche textuelle Darstellung der Dynamik durch Nennung von aktuellen Zuständen.

Dynamikbeispiel aus [SVO11]

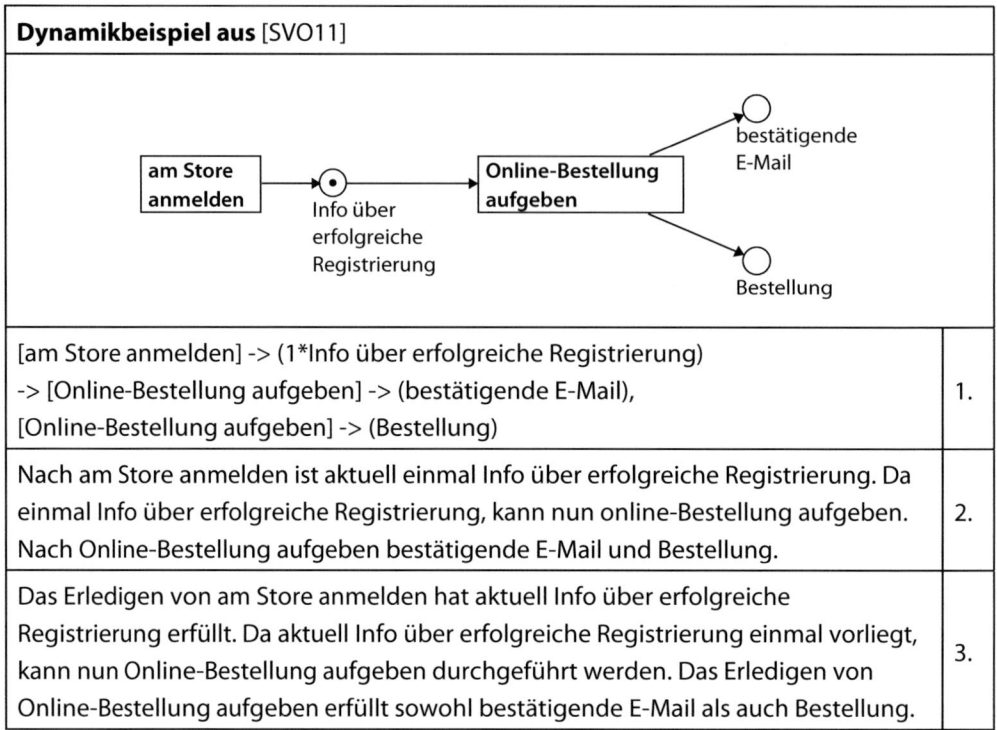

[am Store anmelden] -> (1*Info über erfolgreiche Registrierung) -> [Online-Bestellung aufgeben] -> (bestätigende E-Mail), [Online-Bestellung aufgeben] -> (Bestellung)	1.
Nach am Store anmelden ist aktuell einmal Info über erfolgreiche Registrierung. Da einmal Info über erfolgreiche Registrierung, kann nun online-Bestellung aufgeben. Nach Online-Bestellung aufgeben bestätigende E-Mail und Bestellung.	2.
Das Erledigen von am Store anmelden hat aktuell Info über erfolgreiche Registrierung erfüllt. Da aktuell Info über erfolgreiche Registrierung einmal vorliegt, kann nun Online-Bestellung aufgeben durchgeführt werden. Das Erledigen von Online-Bestellung aufgeben erfüllt sowohl bestätigende E-Mail als auch Bestellung.	3.

Des Weiteren können Kapazitätsgrenzen der Objektspeicher eingesetzt werden, die eine Beschränkung auf maximal mögliche Marken festlegen.

Kapazitätsbeispiel aus [SVO11]

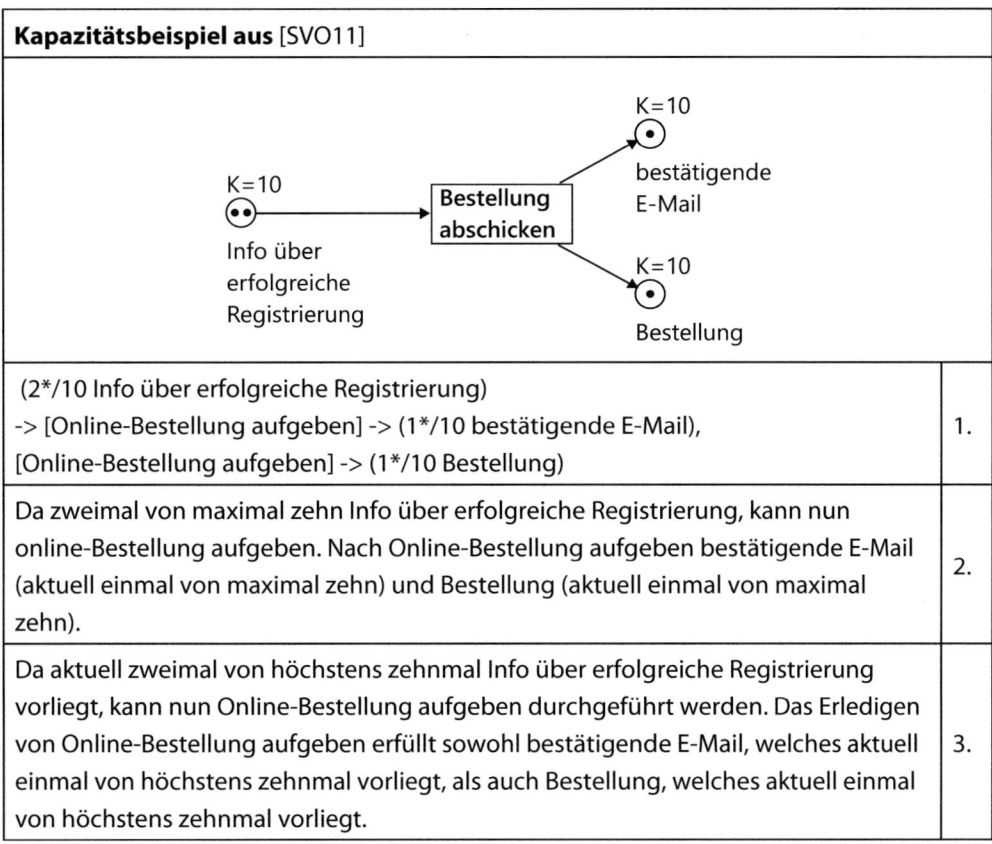

(2*/10 Info über erfolgreiche Registrierung) -> [Online-Bestellung aufgeben] -> (1*/10 bestätigende E-Mail), [Online-Bestellung aufgeben] -> (1*/10 Bestellung)	1.
Da zweimal von maximal zehn Info über erfolgreiche Registrierung, kann nun online-Bestellung aufgeben. Nach Online-Bestellung aufgeben bestätigende E-Mail (aktuell einmal von maximal zehn) und Bestellung (aktuell einmal von maximal zehn).	2.
Da aktuell zweimal von höchstens zehnmal Info über erfolgreiche Registrierung vorliegt, kann nun Online-Bestellung aufgeben durchgeführt werden. Das Erledigen von Online-Bestellung aufgeben erfüllt sowohl bestätigende E-Mail, welches aktuell einmal von höchstens zehnmal vorliegt, als auch Bestellung, welches aktuell einmal von höchstens zehnmal vorliegt.	3.

Mit Kantengewichten lassen sich mehrere Kanten zwischen zwei Knoten zusammenfassen. Das erlaubt eine übersichtliche Modellierung des gleichzeitigen Flusses von mehreren Objekten in Petri-Netzen. In der praktischen Anwendung der Geschäftsprozessmodellierung wird diese Möglichkeit selten eingesetzt, da nicht anonyme Marken als hierarchische Objekte mehrere Marken bereits enthalten können. Im Folgenden werden Kantengewichte mit einem Beispiel kurz erarbeitet.

Kantengewichtsbeispiel	
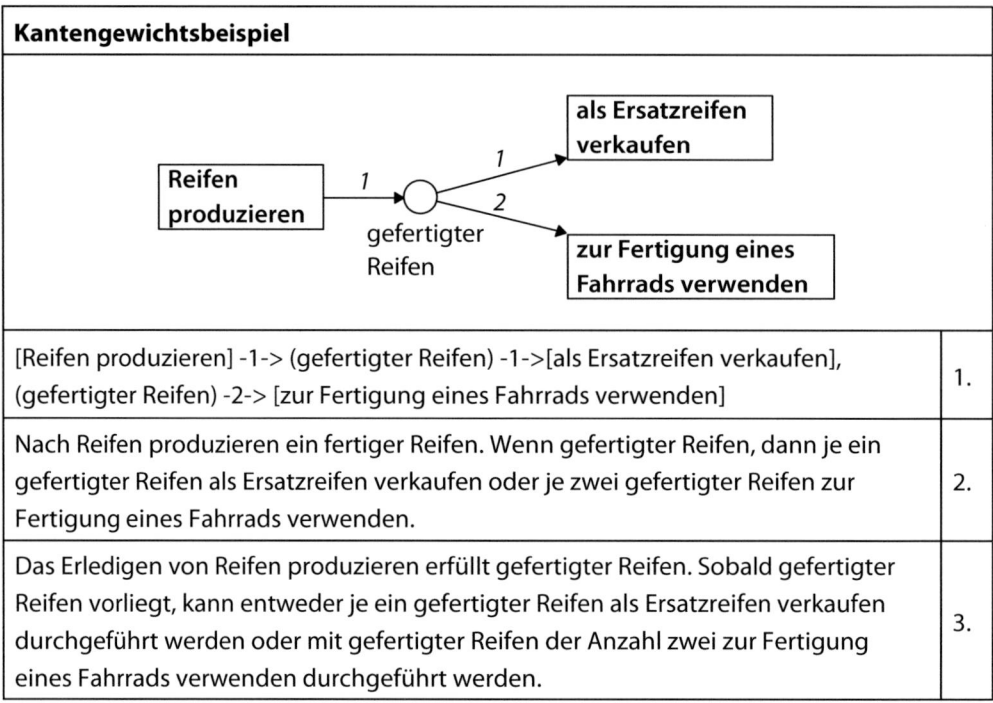	
[Reifen produzieren] -1-> (gefertigter Reifen) -1->[als Ersatzreifen verkaufen], (gefertigter Reifen) -2-> [zur Fertigung eines Fahrrads verwenden]	1.
Nach Reifen produzieren ein fertiger Reifen. Wenn gefertigter Reifen, dann je ein gefertigter Reifen als Ersatzreifen verkaufen oder je zwei gefertigter Reifen zur Fertigung eines Fahrrads verwenden.	2.
Das Erledigen von Reifen produzieren erfüllt gefertigter Reifen. Sobald gefertigter Reifen vorliegt, kann entweder je ein gefertigter Reifen als Ersatzreifen verkaufen durchgeführt werden oder mit gefertigter Reifen der Anzahl zwei zur Fertigung eines Fahrrads verwenden durchgeführt werden.	3.

Petri-Netze können mithilfe der Verfeinerung stellen- oder transitionsberandete Teilnetze detaillieren bzw. durch die Vergröberung detaillierte Teilnetze abstrahieren. Im Bereich des Geschäftsprozessmanagements werden detaillierte stellenberandete Teilnetze mit Verfeinerung übersichtlich dargestellt. Werkzeuge mit Unterstützung von Verfeinerung/Vergröberung können häufig die Teilnetze separat darstellen und/oder das gesamte Netz inklusive aller Verfeinerungen anzeigen. Die textuelle Darstellung der Gesamtdarstellung ist somit bereits die gleiche, wie diese für jedes andere Petri-Netz erzeugt werden kann. Soll jedoch eine Verfeinerung aufgenommen werden, sollten auch hier spezielle Sprachkonstrukte genutzt werden.

Verfeinerungsbeispiel aus [SVO11]

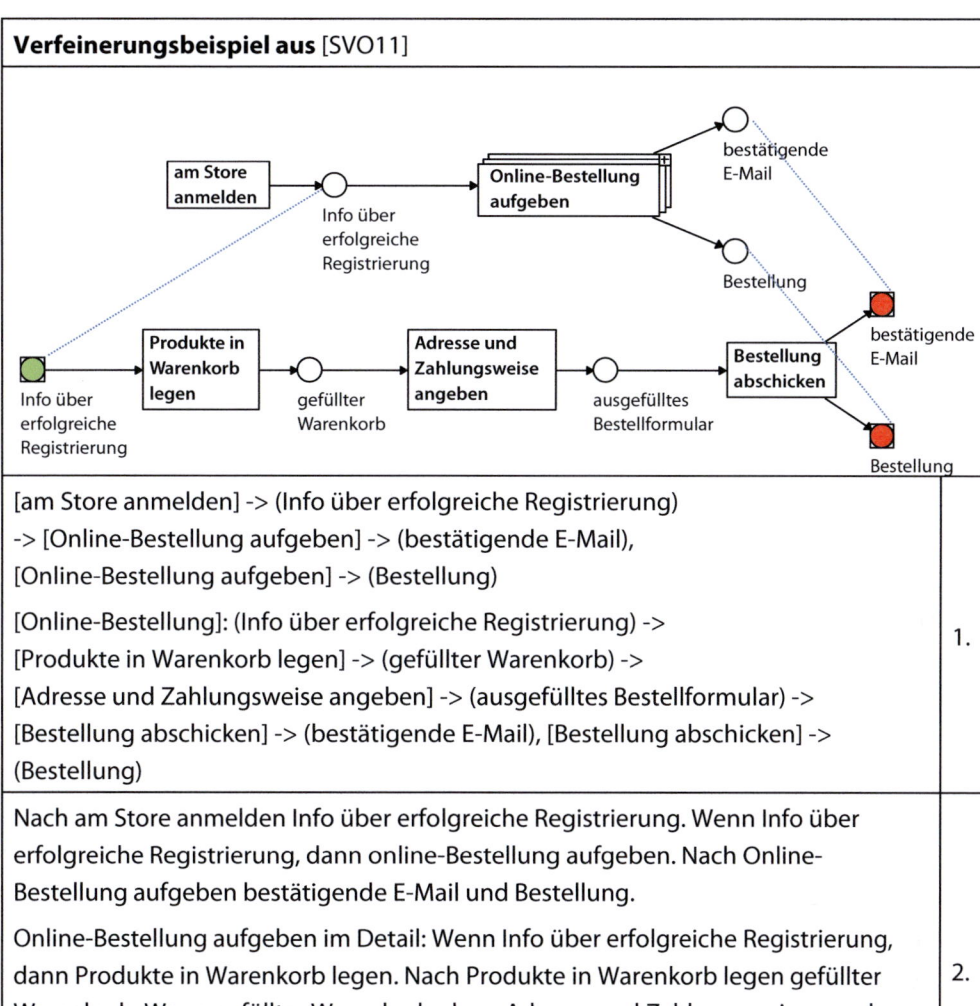

[am Store anmelden] -> (Info über erfolgreiche Registrierung) -> [Online-Bestellung aufgeben] -> (bestätigende E-Mail), [Online-Bestellung aufgeben] -> (Bestellung) [Online-Bestellung]: (Info über erfolgreiche Registrierung) -> [Produkte in Warenkorb legen] -> (gefüllter Warenkorb) -> [Adresse und Zahlungsweise angeben] -> (ausgefülltes Bestellformular) -> [Bestellung abschicken] -> (bestätigende E-Mail), [Bestellung abschicken] -> (Bestellung)	1.
Nach am Store anmelden Info über erfolgreiche Registrierung. Wenn Info über erfolgreiche Registrierung, dann online-Bestellung aufgeben. Nach Online-Bestellung aufgeben bestätigende E-Mail und Bestellung. Online-Bestellung aufgeben im Detail: Wenn Info über erfolgreiche Registrierung, dann Produkte in Warenkorb legen. Nach Produkte in Warenkorb legen gefüllter Warenkorb. Wenn gefüllter Warenkorb, dann Adresse und Zahlungsweise angeben. Nach Adresse und Zahlungsweise angeben ausgefülltes Bestellformular. Wenn ausgefülltes Bestellformular Bestellung abschicken. Nach Bestellung abschicken sowohl bestätigende E-Mail als auch Bestellung.	2.

Das Erledigen von am Store anmelden erfüllt Info über erfolgreiche Registrierung. Sobald Info über erfolgreiche Registrierung vorliegt, kann entweder Online-Bestellung aufgeben durchgeführt oder Produkte in Warenkorb legen durchgeführt werden. Das Erledigen von Online-Bestellung aufgeben erfüllt sowohl bestätigende E-Mail als auch Bestellung. Online-Bestellung aufgeben beginnt im Detail mit dem Vorliegen von Info über erfolgreiche Registrierung. Sobald Info über erfolgreiche Registrierung vorliegt, kann Produkte in Warenkorb legen durchgeführt werden. Das Erledigen von Produkte in Warenkorb legen erfüllt gefüllter Warenkorb. Sobald gefüllter Warenkorb vorliegt, kann Adresse und Zahlungsweise angeben durchgeführt werden, sodass ausgefülltes Bestellformular erfüllt wird. Sobald ausgefülltes Bestellformular vorliegt, kann Bestellung abschicken durchgeführt werden. Das Erledigen von Bestellung abschicken erfüllt sowohl bestätigende E-Mail als auch Bestellung. Hiermit ist die Online-Bestellung im Detail beendet.	3.

Zur Erweiterung natürlich-klingender Sprachkonstrukte kann zudem eine *Synonymliste* erstellt werden. Diese erlaubt alternative Texte mit identischer Bedeutung, um die starren Sätze für Menschen weniger monoton zu gestalten. Dies könnte sich auf die Akzeptanz positiv auswirken. Jedoch schränkt eine Synonymliste die Gestaltung von Inschriften von Prozessmodellen ein. Naheliegende Synonymlisten-Beispiele werden im Folgenden genannt. Das Symbol [T] steht dabei für die Inschrift einer Transition (also eine Aktivität) und [S] für die Inschrift einer Stelle (also einen Zustand oder Objektspeicher, [S1] und [S2] stehen für verschiedene Stellen).

Beispielkonstrukt	Alternativen (Synonymkonstrukt)
Sobald [S] vorliegt, kann [T]durchgeführt werden.	Wenn [S] erfüllt, dann kann [T] ausgeführt werden.
	Mit Erfüllung von [S] sollte nachfolgend [T] umgesetzt werden.
	Falls [S] eingetreten ist, kann [T] erledigt werden.
Das Erledigen von [T] erfüllt [S]	Nach Erledigen von [T] besteht [S].
	Nachdem [T] erledigt wurde, ist/sind [S] vorhanden.
	Beim Erledigen von [T] wird [S] erfüllt.
	[T] erzeugt [S].

Sobald [S] aktualisiert werden soll, muss auch [T] durchgeführt werden.	Zwei getrennte Sätze nach Kantenrichtungen: Das Erledigen von [T] erfüllt [S]. Sobald [S] vorliegt kann [T] durchgeführt werden.
Sobald [S] betrachtet werden soll, muss auch [T] durchgeführt werden.	Zum Prüfen von [S] ist [T] notwendig.
	Während [T] ausgeführt wird, wird [S] betrachtet.
AND-Join: Sobald [S1] vorliegt, kann [T] durchgeführt werden. Sobald [S2] vorliegt, kann [T] durchgeführt werden.	Sobald [S1] vorliegt, kann [T] (dazu muss [S2] vorliegen) durchgeführt werden.

Einige Satzkonstruktionen können in Kombination mit den weiteren Beschreibungen redundante Informationen enthalten. Diese Redundanz ist in der formalen Petri-Netz-Form nicht enthalten. In der zwischenmenschlichen Kommunikation sind wiederum viele Ebenen der Redundanz enthalten [Baz11]. Die sprachliche Betrachtung von Verständlichkeit und Redundanz zeigt, dass es möglicherweise dem Textverständnis dienlich ist, nicht gänzlich auf redundante Stellen zu verzichten [Hun85]. Dies kann umso geeigneter sein, je weniger der Leser Experte auf dem Fachgebiet ist [Dar79]. Aufgrund dieser Subjektivität ist es schwierig, ein klares Maß festzulegen. Eine Normalisierung der Texte zur Entfernung jeglicher redundanter Informationen ist somit nicht notwendig.

Des Weiteren stellt sich die Frage, inwiefern die Sätze einheitlich gebildet werden sollten. Als Anforderung besteht zwar die Eindeutigkeit der Inhaltszuordnung zwischen den Texten und den Petri-Netzen, jedoch zeigen die Möglichkeiten der Nutzung von Synonymkonstrukten, dass die Textdarstellung keine rigorose Kanonisierung auf eine ausschließliche Formulierung erzwingen muss. Dennoch erscheint es sinnvoll zu untersuchen, in welcher Reihenfolge Petri-Netze zur Texterzeugung abgearbeitet werden sollten und ob gewisse komplexere Petri-Netz-Muster durch eine spezielle Textform dargestellt werden sollten. Aufgrund der Nebenläufigkeit von Prozessen stehen nur in einigen Fällen klare Prioritäten zur Verfügung. Zu einem anderen Ansatz könnte die Betrachtung des erzeugten Textes als Ganzes führen. Möglicherweise können automatisch gewisse Textmuster durch Alternativen ersetzt werden, um die Verständlichkeit zu erhöhen, sprachliche Präzision zu verbessern und Vermeidung zu vieler sprachlicher Doppelungen zu vermeiden.

Die Auswahl der Inschriftenformulierung wirkt sich auf mehrere Faktoren des angestrebten Verfahrens aus. Wird von der graphischen Modellierung aus gestartet, sollten sich gewisse grammatische Formulierungen besser eigenen, die Satzstrukturen zu unterstützen. Hier werden einschränkende Regeln für die Modellierer notwendig. Zur verbesserten Automatisierung sollten auch Begriffe vereinheitlicht werden, sodass ein IT-System die entsprechenden Zusammenhänge herstellen kann. Um das Verfahren bijektiv ohne statistisch arbeitende Algorithmen zu implementieren, müssen zudem gewisse Einschränkungen innerhalb der Inschriften vorgegeben sein. So sind gewisse Schlüsselwörter mindestens in einigen Fällen nicht nutzbar, da diese zu einer Fehlinterpretation durch ein IT-System führen würden.

Die oben gezeigten Beispiele dienen als nichtsystematische Annäherung zur Entwicklung einer Umsetzung der postulierten Anforderungen. Mit einem entsprechenden Regelbasierten Verfahren sind (spezielle) Implementierungen für diese Varianten denkbar. Die dritte Stufe ist dabei zu bevorzugen, da diese für unerfahrene Anwender geeigneter erscheint. Damit wird auch der größte Implementierungsaufwand erfordert. Zur Systematisierung soll nun die dritte Variante verfolgt und diese in Bezug auf Umsetzbarkeit der Anforderungen angepasst werden.

3.4. Vorgehen

Die zuvor beschriebenen Ansätze gilt es, methodisch aufzugreifen. Aufgrund der enthaltenen Subjektivität verspricht ein iteratives Vorgehen mit mehrfacher Überprüfung der Fortentwicklung einen klaren Erkenntnisgewinn. Dies soll mit dem im Folgenden beschriebenen Vorgehen erreicht werden:

1. Entwicklung konkreter Adaptionsszenarien zur Ableitung weiterer funktionaler Anforderungen. Dies erweitert die Sicht auf relevante Faktoren zum praktischen Einsatz des Verfahrens.
2. Entwicklung und Einsatz von objektiven Messkriterien zur Entscheidung von benötigten und angemessenen Formulierungsstrukturen.
3. Erstellung von Beschriftungsregeln für Petri-Netze.
4. Auswahl oder Entwicklung einer Technik zur Beschreibung der Textstrukturen möglichst unter Berücksichtigung der bijektiven Darstellung von Texten bzw. Petri-Netzen.
5. Umsetzung der gewonnenen Erkenntnisse in einer prototypischen Entwicklung zur Ermittlung des Nutzens in der praktischen Anwendung.

3.5. Szenarien

Zur Erreichung eines möglichst bedarfsgerechten Verfahrens zum Einsatz einer prozessorientierten Textkommunikation werden im Folgenden Szenarien beschrieben, die in den weiteren Kapiteln sukzessive verfolgt werden. Die Szenarien bilden eine archetypische Illustration zur Gestaltung des Lösungskonzepts.

Szenario 1: Dialogbasierte Modellierung von Geschäftsprozessen.

Die Aufnahme von Ist-Geschäftsprozessen wird durch einen Modellierer im Rahmen von dynamischen Situationen häufig unter Begutachtung von Situationen und Interviews mit Fachexperten durchgeführt. Es können zumeist nur Notizen zur Modellierung aufgenommen werden, die später zu einem graphischen Modell manuell überführt werden. Die sofortige Modellierung der Prozesse unterbricht den fließenden Beobachtungs- und Interviewprozess. Des Weiteren sind sofort modellierte Prozesse zum Abgleich nicht für den Fachexperten ohne Schulung geläufig, obwohl es den direkten Abgleich der Aussagen mit dem Modell verspricht.

In diesem Szenario kann ein Modellierer als fachfremder Berater die Prozesse in Form eines Sprachdiktats aufnehmen und automatisch zum Prozessmodell überführen. Zuhörende Fachexperten können bereits Modellierungsfehler wahrnehmen und im Dialog mit dem Modellierer korrigieren, ohne eine Schulung der Prozessmodellierung zu benötigen.

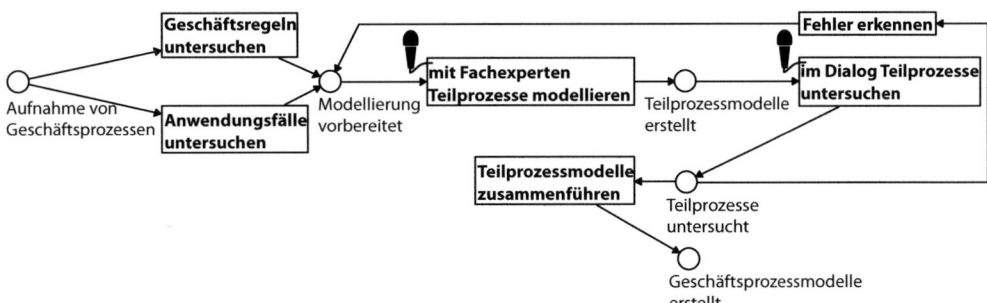

Abb. 3.5: Szenario 1 – Dialogbasierte Modellierung von Geschäftsprozessen

Szenario 2: Überbetriebliche Terminvereinbarung mit Ressourcenabsprache.

Eine gute Zeitplanung hilft, anfallende Termine und Aufgaben zu meistern. Die Komplexität des Zeitmanagements erhöht sich jedoch mit der Anzahl der zu koordinierenden Teilnehmern. Oft sind wichtige Informationen zur Planung nicht bekannt, die einerseits die Möglichkeiten der freien Zeiträume und andererseits die Präferenzen der potenziellen Teilnehmer enthalten. So gestalten sich manche Terminkoordinationsversuche zu einer unbefriedigenden Suche nach Terminen, die mit vielen Kommunikationsschritten zwischen allen beteiligten Personen verbunden ist. Der Grobablauf der Terminvereinbarung einer erfolgreichen überbetrieblichen, elektronischen Terminvereinbarung gestaltet sich häufig wie folgt:

1) Ein Organisator erstellt eine E-Mail mit verschiedenen Zeitvorschlägen. Ergänzende Informationen wie der Ort werden mit angeführt. Die E-Mail wird an alle potenziellen Teilnehmer versendet.

2) Die potenziellen Teilnehmer interpretieren die E-Mail und vergleichen die Terminvorschläge mit ihren jeweiligen Kalendereinträgen. Jeder Teilnehmer verfasst und versendet eine individuelle E-Mail mit Zu-/Absagen bzw. mit Alternativvorschlägen.

3) Der Organisator empfängt die Antworten und wertet diese aus. Falls den Bedingungen[7] entsprechend kein gemeinsamer Termin gefunden werden kann, wird eine weitere Iteration der Terminabsprache durchgeführt. Falls ein passender Termin ermittelt werden konnte, sendet der Organisator eine E-Mail an alle Teilnehmer mit dem ermittelten Termin. Evtl. lässt sich der Organisator ein weiteres Mal den Termin bestätigen.

In diesem Szenario können die Anwender von einem strukturierten Vorgehen profitieren, das den Informationsfluss über die digitale Textkommunikation wie E-Mail führt. Die Erstellung der Texte kann ohne Aufwand durch Vorlageneinsatz gestaltet werden. Die jeweiligen Aktivitäten können durch Informationssysteme unterstützt ausgeführt werden. Dies beinhaltet die automatische Nutzung von Kalenderinformationen in einem jeweils benötigten Prozessschritt. Des Weiteren kann eine verstärkte Betrachtung der Akteurpräferenzen und Ressourcen-verwaltende Systeme wie Raumbuchungssysteme einbezogen werden.

---

[7] Bedingungen sind beispielsweise die Pflichtteilnahme einer Teilmenge der Teilnehmer, die Verfügbarkeit zusätzlicher Ressourcen wie Räume, Beamer oder Catering oder auch das vorherige Eintreten eines bestimmten Ereignisses wie Quartalsende, Auswertungsergebnisse oder Informationsfreigabe.

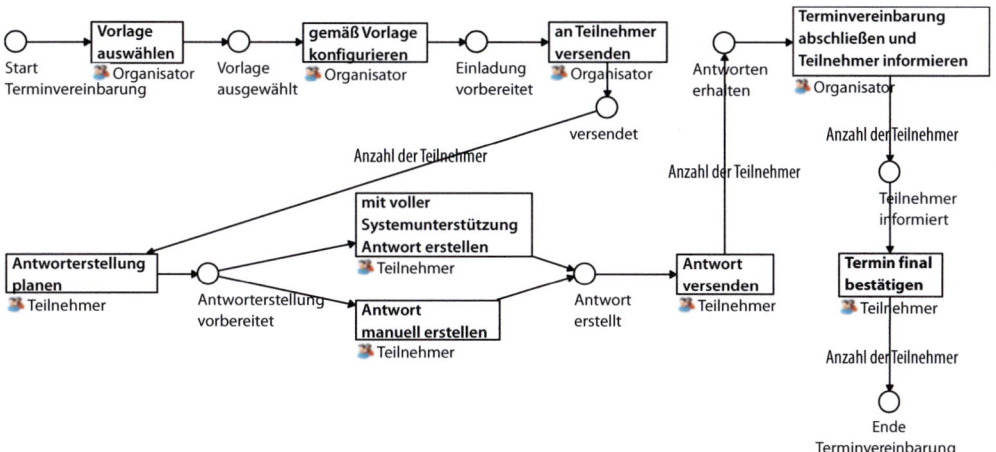

Abb. 3.6: Szenario 2 – Überbetriebliche Terminvereinbarung mit Ressourcenabsprache

Szenario 3: Dialogbasierte Steuerung von Robotern.

Zur Unterstützung oder Automatisierung verschiedener Aufgaben können Roboter zum Einsatz kommen. Für das geschäftliche Umfeld ist die Integration der Roboter im Kontext der Geschäftsprozesse ein Forschungsthema [LTS08]. Der Stand der Technik erlaubt es inzwischen, auch im privaten Gebrauch kostengünstige Roboter anzubieten, die einfache Aufgaben im Haushalt übernehmen[8]. Dabei sind universelle Roboter in der Lage, verschiedene Aufgaben je nach Anforderung zu übernehmen. Die Flexibilität der Roboter ist in einigen Fällen weniger durch deren technische Leistung als durch die Programmierung zur Erfüllung der Aufgaben eingeschränkt. Um neue Aufgaben zu lösen, müssen je nach Roboter verschiedenartige Anpassungen und Schrittfolgen eingegeben werden. Dies benötigt ein hohes Maß an Spezialwissen, das die Syntax einer Programmiersprache umfasst. Zumeist enthält die Programmierung die Komposition von verschiedenen Schritten zu einem Ablauf.

Ein solcher Ablauf lässt sich auch als Petri-Netz darstellen. Dies wird vielfach insbesondere für flexible Robotiksysteme beschrieben (unter anderen [BaK90, WKT91, MoT98, CoL12]). Da durch das geforderte Verfahren mit natürlicher Sprache ein Petri-Netz ausdrückbar wird, kann in diesem Szenario ein Endanwender befähigt werden, mehrere Arbeitsschritte eines Robotersystems zur Bearbeitung einer neuen, komplexeren Aufgabe zu komponieren. Es wird durch den Endanwender keine traditionelle Programmierung benötigt,

---

[8] http://www.scientificamerican.com/article.cfm?id=a-robot-in-every-home

sondern lediglich die Nutzung einer herleitbaren und mit Beispielen erlernbaren vorlagenbasierten Sprache.

Mittels Spracherkennung und Sprachsynthese kann der Anwender die Systeme konfigurieren und benötigt keine zusätzlichen externen Geräte wie Tastatur und Monitor. Neben der Sprachsynthese können zur Rückkopplung auch eingebaute Anzeigegeräte oder vorgegebene Roboteraktionen zum Einsatz kommen.

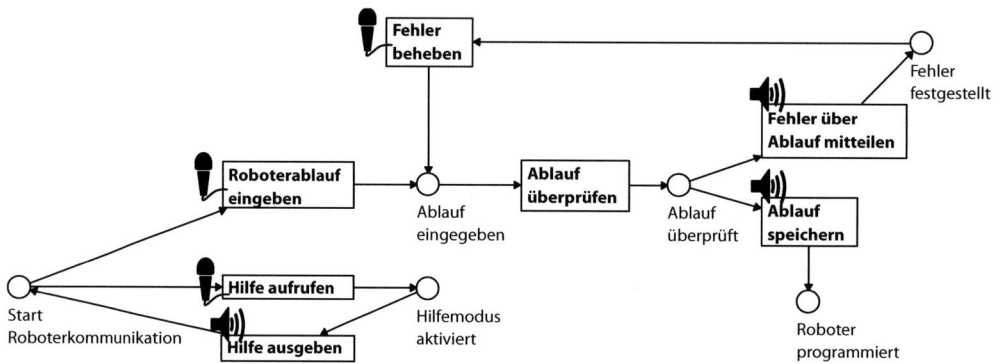

Abb. 3.7: Szenario 3 – Dialogbasierte Steuerung von Robotern

Szenario 4: Automatische Erstellung von Beschreibungstexten in Prozesshandbüchern.

Prozesshandbücher sollen u. a. als Leitfäden für Mitarbeiter einer Organisation dienen, um sich über die für sie relevanten Abläufe zu informieren [MSN04]. Die Erstellung dieser Handbücher kann bereits heute aus einigen Geschäftsprozessmanagement-Systemen automatisch exportiert werden. Jedoch sind meist keine textuellen Beschreibungen zu den graphischen Prozessmodellen enthalten, oder diese sind manuell hinzugefügt und bedürfen daher einer Konsistenz-Überprüfung mit den Modellen. Aktualisierungen der Prozesse bedeuten daher ebenfalls einen erhöhten Aufwand. Die graphischen Modelle benötigen jedoch ein regelmäßiges Training der Mitarbeiter [HCK07].

Die Generierung von allgemeinverständlichen Prozesstexten zu den graphischen Prozessmodellen kann Trainingsaufwand verringern helfen und Prozessaktualisierungen automatisch in die Prozesstexte überführen. Es verringert sich folglich sowohl der Aufwand zur Prozesshandbucherstellung und -pflege wie auch die Einarbeitungszeit für Mitarbeiter, ohne dabei größere Mehrkosten zu verursachen.

3.5.1. Szenario-spezifische Annahmen und Anforderungen

In diesem Abschnitt werden Annahmen und Anforderungen zur Erreichung der vier zuvor genannten Szenarien gesammelt. Damit kann eine Strategie zur Umsetzung eines allgemeineren Verfahrens erarbeitet werden. Die Hauptforderungen zu der Grundidee (siehe Abschnitt 3.1.2) bleiben zusätzlich zu den folgenden Anforderungen erhalten.

Szenario 1: Dialogbasierte Modellierung von Geschäftsprozessen.

<u>Annahmen</u>

Es gibt einen Modellierer und einen oder mehrere Fachexperten. Der Modellierer soll ein Petri-Netz-basiertes Prozessmodell der Ist-Zustände von Unternehmensprozessen modellieren. Es ist ein sprachaufzeichnendes Gerät wie ein Diktiergerät oder Smartphone verfügbar. Es kann auch ein direkt sprachverarbeitendes Gerät wie ein TabletPC oder Notebook eingesetzt werden, das die Interpretation der Sprache zu Text und dann zu einem Prozessmodell durchführt.

<u>Anforderungen</u>

1) Verarbeitung von akustischen Sprachdaten zu Texten.
   a) Beachtung dabei auftretender Hürden (Fehlerkennung und -Behandlung).
   b) Speicherung der Sprachdaten zur späteren Prozess-Überführung (MP3-Aufnahme über einfaches Mobilgerät).
   c) Hohe Eingabefreiheit durch Synonyme und Alternativstrukturen in der Spracheingabe, um die Satzgestaltung für den Modellierer einfach zu halten.
2) Livedarstellung von Texten zu grafischen Prozessen, sofern die verfügbaren Geräte dies zulassen.

Szenario 2: Überbetriebliche Terminvereinbarung mit Ressourcenabsprache.

<u>Annahmen</u>

Jeder Teilnehmer besitzt Zugang zu einem persönlichen E-Mail-Konto. Das Grundmedium zur Kommunikation ist die E-Mail-Kommunikation. Der Einsatz von weiteren Systemen oder Medien ist möglich, muss jedoch eventuell gesondert behandelt werden, um die Prozessausführung zu begleiten.

<u>Anforderungen</u>

1) Vorlagenverwaltung.

    a) Vorlagen für verschiedene vorgefertigte Terminvereinbarungsprozesse (optionale Teilnehmer, Raum- und Ressourcenbuchungen und -Planung).

    b) Unterstützung in der Auswahl der verfügbaren Vorlagen.

    c) Ändern und Anlegen von Vorlagen.

2) Hilfetexte zur Bearbeitung von erhaltenen Einladungen zum Vorgehen der Antworterstellung.

3) Unterstützung durch Informationssysteme, insbesondere von Kalendersystemen.

    a) Sowohl Informationen zur Unterstützung des Prozesses entnehmen und verarbeiten als auch speichern.

Szenario 3: Dialogbasierte Steuerung von Robotern.

<u>Annahmen</u>

Die Roboter sind multifunktional und programmierbar. Sie beherrschen direkt oder über Serverkommunikation die Möglichkeit, Sprachdaten zu verarbeiten. Des Weiteren kann über den gleichen Weg der Rückkanal über Sprachsynthese aufgebaut werden, sodass die Statusmeldungen zur Programmierung (Modellierung) und Ausführung dem Benutzer zurückgemeldet werden können.

<u>Anforderungen</u>

1) Erstellung atomarer Steuerungsschritte zur Komposition von komplexen Abläufen auf Robotern.

2) Steuerung komplexer Abläufe von Robotern durch Petri-Netze.

3) Verarbeitung von akustischen Sprachdaten zur direkten Modellierung von Petri-Netzen.

4) Feedback von Robotern durch Sprachausgabe.

    a) Beinhaltet die Nennung möglicher bzw. nicht möglicher Steuerungsschritte zur Modellierungszeit.

Szenario 4: Automatische Erstellung von Beschreibungstexten in Prozesshandbüchern.

<u>Annahmen</u>

Die Ausgangsprozessmodelle beschreiben den tatsächlich gewünschten Prozessen einer betroffenen Organisation korrekt und liegen digital in Petri-Netz-Form vor. Die betroffene Organisation ist bestrebt, ein Prozesshandbuch zu erstellen, um für Mitarbeiter mit unterschiedlichen Prozesstrainingsstand Handlungsanleitungen zu ihren Tätigkeiten zu verteilen. Die vorgegebenen Prozesse befinden sich in logischen Containern und Hierarchien, die eine Struktur des Prozesshandbuchs abbilden kann.

Anforderungen

1) Generierung von Prozesstexten aus einer Menge von vorgegebenen Prozessmodellen.
2) Logische Textdarstellung der zusammengehörigen Prozesse.
3) Sehr rigide Formulierung der Prozesstexte, um Fehlinterpretationen zu vermeiden.
    a) Keine oder kaum Alternativformulierungen.
4) Zu Beginn eines Prozesshandbuchs eine Erläuterung der verwendeten Schlüsselwörter zum Nachschlagen.

Die speziellen Anforderungen für die vorgestellten Szenarien sind folglich sehr vielfältig. Sie sollten als Orientierung dienen, um Konzeptentscheidungen so zu treffen, dass die Szenarien mit ihren Anforderungen erfüllbar bleiben. Die Erhaltung der bijektiven Zuordnung der Prozessmodelle und Textdarstellungen ist zur Erhaltung aller Szenarien-Anforderungen notwendig.

3.6. Messkriterien zur Bestimmung von Formulierungsstrukturen

Die spezielle Formulierung von natürlich-sprachlichen Sätzen ist eine subjektiv geprägte Ermessensentscheidung, die daher keine vollständige Begründung gewährleisten kann. Um das geforderte Verfahren zu entwickeln, wird jedoch eine Bestimmung der möglichen Formulierungen ermittelt werden müssen und eine Abwägung der Formulierungsalternativen benötigt. Aufgrund des Robustheitsprinzips (siehe 3.1.2) sollte in der Textgenerierung eine strikte Form vorgegeben werden. Jedoch sollte in der Wandlung von Text zu Petri-Netzen eine hohe Toleranz gegenüber den Eingaben ermöglicht werden. Hieraus folgert sich mindestens die Bestimmung einer Hauptformulierung pro Prozessteilkonstruktion, während die Alternativformulierungen gleichwertig behandelt werden können.

Um dieses Ziel zu erreichen, soll ein Interview von Modellierungsexperten und Laien durchgeführt werden. Es müssen beide Richtungen untersucht werden. Das bedeutet, dass sowohl befragt werden muss, welche deutschen Satzformulierungen für bestimmte Prozessteilnetze infrage kommen, als auch, dass selbst gewählte Formulierungen durch Befragungen bewertet werden müssen. Die daraus abgeleiteten Erkenntnisse müssen miteinander abgestimmt werden.

Eine andere, zielführende Aussage kann die statistische Untersuchung von Satzkonstruktionen ergeben. Als Grundlage müssen zu diesem Zweck große Sprachkataloge analysiert werden. Erstrebenswert sind vor allem Sprachkataloge, die besonders deutschsprachige prozessorientierte Texte enthalten. Eine Schwierigkeit liegt in der Verfügbarkeit solcher Sprachkataloge. Unabhängig von der Prozessorientierung sind mit Anfragen an Internetsuchmaschinen Kataloge statistischer Aussagen zu häufigen bzw. seltenen Formulierungen möglich. Für verschiedene Sprachen haben sowohl Google (*Web1T5*) [BrF09] als auch Microsoft [WTV10] umfangreiche Korpora zur Verfügung gestellt, mit denen ausführliche statistische Analysen möglich sind. Diese Korpora basieren auf den von Suchmaschinen ermittelten Webinhalten. Google bietet des Weiteren mit *Google Books Ngram Viewer*[9] ein Korpus auf Basis von einigen Millionen digitalisierten Büchern an [LMA12]. Da jeder dieser Korpora riesige Datenbestände beherbergt, deren effiziente Analyse mit derzeitigen Endbenutzersystemen aufwendig ist, werden Onlineangebote zur Abfrage angeboten. Mit deren Hilfe lässt sich eine Bestimmung der Häufigkeit von Formulierungen abfragen.

Ein Kriterium zur Bestimmung von Formulierungsstrukturen kann auch die Wiener Sachtextformeln ergeben (siehe 2.1.3). So könnte damit etwa eine allgemeine Bewertung des (schnellen) Textverständnisses erreicht werden. Deren Gewichtung sollte allerdings aufgrund ihres semantikfreien Charakters unterhalb derer der anderen Faktoren festgelegt werden.

3.7. Beschriftungsregeln für Geschäftsprozessmodelle auf Basis von Petri-Netzen

Die vorherigen Petri-Netze dienen als Einstieg zur Erstellung von regelbasierten Texten. Es ist daraus ersichtlich, dass die so erstellten Texte nicht vollständig den grammatikalischen Regeln der deutschen Sprache folgen können. So ergibt das in Abb. 3.8 dargestellte Teilnetz die Möglichkeit der Nutzung von verschiedenen Kasus im Deutschen, die mit den Adjektivdeklinationen von „offen" hier angezeigt werden.

---

[9] http://books.google.com/ngrams/

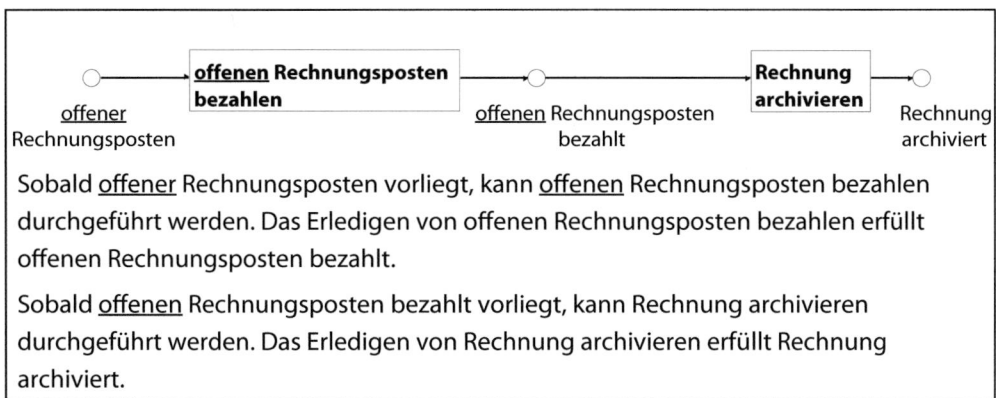

Sobald <u>offener</u> Rechnungsposten vorliegt, kann <u>offenen</u> Rechnungsposten bezahlen durchgeführt werden. Das Erledigen von offenen Rechnungsposten bezahlen erfüllt offenen Rechnungsposten bezahlt.

Sobald <u>offenen</u> Rechnungsposten bezahlt vorliegt, kann Rechnung archivieren durchgeführt werden. Das Erledigen von Rechnung archivieren erfüllt Rechnung archiviert.

Abb. 3.8: Kasuswechsel in der zweiten Stelle

Adjektive werden im Deutschen entsprechend ihrer zugehörigen Nomen dekliniert[10]. In diesem Beispiel steht „offen" in der ersten Stelle im Nominativ Singular und sowohl in der darauf folgenden Transition als auch der anschließenden Stelle im Akkusativ Singular. Die erste Stelle besitzt kein Verb, so ist es nicht sinnvoll einen vom Nominativ abweichenden Kasus zu verwenden. In der ersten Transition stellt der offene Rechnungsposten ein Objekt dar, mit dem etwas durchgeführt wird („bezahlen"). Das Verb steht in der Transition im Infinitiv und somit in keiner Passivkonstruktion. Daher steht hier zwangsläufig der Akkusativ oder das Verb müsste konjugiert werden. In der dritten Stelle steht jedoch ein konjugiertes Verb (dritte Person Singular Präsens) und hier ist neben der Akkusativ-Form auch eine Nominativ-Form möglich: „offener Rechnungsposten bezahlt". Dies ist der elliptischen Beschriftung geschuldet. Es wird ein Teil eines Satzes ausgelassen, sodass der Ursprungssatz nicht eindeutig ableitbar ist. Für dieses Beispiel sind musterhaft die folgenden Sätze denkbar:

- „offener Rechnungsposten bezahlt" (Nominativ)
  - „[Es ist ein] offener Rechnungsposten bezahlt [worden.]"
  - „[Ein] offener Rechnungsposten [ist/wurde] bezahlt.
- „offenen Rechnungsposten bezahlt" (Akkusativ)
  - „[Jemand hat einen] offenen Rechnungsposten bezahlt. "

Die Wahl des Kasus in den Inschriften kann Grammatikfehler in davon generierten Sätzen verursachen. Dies ist abhängig von der gewählten Generierungsvorschrift der Sätze. Bei

---

[10] In der Praxis werden selten Artikel in Inschriften verwendet. Daher werden die Nomen und Adjektive entsprechend der unbestimmten Artikel dekliniert. Für Pluralformen, in denen es keinen unbestimmten Artikel gibt, gilt die Nullartikeldeklination.

der Gestaltung durch Modellierer, die die Textgenerierung nicht kennen, ist die Wahrscheinlichkeit für auftretende Fehler höher.

Dieses Problem kann ohne den Einsatz von umfangreichen Lexika durch die Vorgabe von erlaubten Grammatikformen in den Inschriften behoben werden. Eine solche Vorgabe ist als Konvention im Bereich der Prozessmodellierung mit Ereignisgesteuerten Prozessketten (EPK) [KSN92] üblich [BRS95]. Die Konvention erhöht durch die dadurch erreichte Vereinheitlichung die Klarheit und Vergleichbarkeit [BRS95]. Für Petri-Netze kann die Konvention ähnlich übernommen werden. Entsprechend der semantischen Nutzung der Prozesselemente und dem beabsichtigten Einsatzzweck ergeben sich diese Grundregeln:

1. Transitionen werden mit einem Substantiv (meist Akkusativobjekt[11]), gefolgt von einem Verb in Infinitivform, beschriftet. Beispiele sind „Formular ausfüllen", „Namen eintragen" und „Messwerte ablesen".

2. Stellen werden mit einem Subjekt (Substantiv) und optional gefolgt von entweder
   a. einem Verb in Partizip Perfektform unter Auslassung des Hilfsverbs (ist/sind) beschriftet (z. B. „Warenkorb gefüllt") oder
   b. einem prädikativen Adjektiv ohne Verb beschriftet (z. B. „Warenkorb voll").

3. Objekte und Subjekte können mit Adjektiven attribuiert werden. Der Kasus ist entsprechend der deutschen Grammatik zu berücksichtigen[12]. Beispiele sind „freien Termin ermitteln" und „freier Termin ermittelt".

4. Aufzählungen sowohl der Objekte bzw. Subjekte als auch der Verben sind möglich. Beispiele sind „Termin ermitteln und versenden" und „Rechnung und Paket verpackt und versendet".

5. Die Groß- und Kleinschreibung folgt dem Deutschen, wie es innerhalb eines Satzes üblich ist. Es findet keine Großschreibung wie an einem Satzanfang statt. Beispiele sind „Termin suchen" und „freien Termin suchen".

Die fünfte Regel ergibt sich aus der Zusammensetzung der Inschriften zu Sätzen. Die dritte und vierte Regel erlauben Erweiterungen, die häufig in Inschriften beobachtet werden

---

[11] In der Regel entspricht im Deutschen der Akkusativ für Substantive dem Nominativ. Ausnahmen sind einige maskuline Substantive, die im Akkusativ mit der Endung -en gebildet werden (u. a. Assistent, Automat, Experte, Kunde, Mensch und Name). Um hier eine Pluralverwechselung auszuschließen, kann ein Artikel genutzt werden. Bei intransitiven Verben können auch andere Kasus notwendig werden.

[12] D. h. bei Transitionen meist im Akkusativ, bei Stellen mit Subjekten im Nominativ.

können. Die Verwendung von „freien Termin ermittelt" ist nach der zweiten Regel nicht möglich, da in dem Fall ein Subjekt für eine Stelle fehlt. Dementsprechend ist das Beispiel aus Abb. 3.8 nicht nach den Regeln erstellt, da die zweite Stelle im Akkusativ statt Nominativ steht. Die zweite Regel stellt also eine Einschränkung der Inschriften dar. Diese Regel erleichtert die Formulierung von in späteren Abschnitten erarbeiteten Synonymkonstruktionen zu den bisherigen Textbeispielen. Stellen beschreiben Zustände, Ereignisse oder vorliegende Gegenstände, welche einen statischen Charakter besitzen. Daher sollten diese keine (dynamischen) Aktivitäten ausdrücken, die durch den Gebrauch des Akkusativs unterstützt werden würden.

Die Regeln bilden keine nachgewiesene Vollständigkeit im Sinne der möglichen Satzformulierungen ab. Auch umgekehrt ist kein Beweis für die Verhinderung falscher Formulierungen damit erbracht. Dies ist in einer natürlichen Sprache auch schwierig [Shi85]. Durch Sonderregeln und Ausnahmen müssen vollständige Regelbeschreibungen detailliert ausgearbeitet werden. In der Folge sind die Regeln schwer überschaubar für einen Modellierer. Selbst wenn diese Regeln nachgewiesen vollständig die grammatische Struktur des Deutschen gewährleisten, können andere Fehler nicht verhindert werden. So ist eine falsche Wortwahl (mit der richtigen Grammatik und Rechtschreibung) ein weiteres Problem. Beispielsweise kann eine Transition semantisch falsch mit „Gläubigen auszahlen" beschriftet werden, während „Gläubiger auszahlen" gemeint ist. Nicht eindeutig ist eine Beschriftung wie „Flugzeuge fliegen", da es heißen könnte, dass einige Flugzeuge fliegen oder jemand Flugzeuge fliegen soll. Ein weiteres Beispiel für Mehrdeutigkeit ist „neue Dokumente und E-Mails". Auch die Rechtschreibung ist nicht vollständig überprüfbar. Diese kann zwar durch entsprechende Werkzeuge teilweise überprüft und verbessert werden. Eine Gewährleistung ist technisch derzeit nicht möglich.

Einen Überblick über diese gegebenen Regeln bietet folgende vereinfachte Tabelle (Tab. 3.1), um einen Modellierer die Formulierung von Inschriften zu erleichtern.

Regel	Kurzbeschreibung	Beispiele
Transitionen (1. Regel)	Objekt + Infinitiv ={Wen/Was} {durchführen}	Brief schreiben, Namen eintragen
Stellen (2. Regel)	Subjekt [+ Partizip Perf./Adjektiv] ={Wer/Was} ~~ist/sind~~ [irgendwie][13]	Name hinterlegt, Batterie leer, Automat repariert, E-Mail
Zusätzliche Beschreibung (3. Regel)	Adjektive vor Substantiven sind erlaubt	<u>leere</u> Batterie ausgetauscht, <u>freien</u> Termin ermitteln, <u>neuer</u> Anbieter ausgewählt, <u>neue</u> E-Mail
Aufzählung (4. Regel)	Worte können aufgezählt werden	E-Mail verfassen <u>und</u> versenden, Paket <u>und</u> Rechnung verschicken
Groß- und Kleinschreibung (5. Regel)	Adjektive auch am Anfang klein schreiben.	<u>a</u>usgefüllte Formulare archivieren, <u>v</u>erpacktes Produkt versandt

Tab. 3.1: Beschriftungsregeln in der Übersicht

Die Einhaltung dieser Regeln vermindert fehlerhafte Inschrift-Formulierungen der Prozesselemente. Je nach gewählter Satzkonstruktion und erlaubten Synonymkonstruktionen sind weitere oder abweichende Regeln zu setzen. Synonymkonstruktionen werden im Abschnitt 4.2 vorgestellt. Aufgrund der Ausdrucksvielfalt einer natürlichen Sprache können nur Regeln für vorher festgelegte Satzstrukturen vorgegeben werden. In dieser Arbeit sind die hier angegebenen Regeln einerseits zur Nutzung mit den Satzkonstruktionen des Abschnitts 4.2 angepasst. Andererseits entsprechen die Regeln einer Ableitung aus umfangreichen Prozessmodellen, die als Projektergebnis zur Gestaltung der Universitätsprozesse entwickelt wurden[14]. Ohne dass die obigen Regeln gegeben waren, entsprechen die Inschriften der Prozessmodelle genau diesen Regeln.

Ein Beispiel für eine Regelanpassung für alternative Konstruktionen ist ein Wenn-Dann-Satzbau. Dies heißt, dass ein Satz mit einem „Wenn" beginnt, darauf eine Inschrift einer Stelle folgt, anschließend mit einem „dann" fortsetzt und mit einer Transitionsinschrift endet. Dar-

---

[13] Hilfsverben wie „sein" sind auszulassen und sind daher durchgestrichen. Optionale Bestandteile sind in eckigen Klammern dargestellt.

[14] Die Prozessmodelle sind in den Jahren 2005-2007 im Projekt Karlsruher Integriertes InformationsManagement (KIM) entstanden und bilden die Grundlage für Nachfolgeprojekte und betriebliche Umsetzungen im Universitätsumfeld.

aus ergibt sich ein Satz der Form „Wenn offener Rechnungsposten bezahlt, dann Rechnung archivieren". Allerdings ist auch ein Satz der Form „Wenn offener Rechnungsposten, dann offenen Rechnungsposten bezahlen" nach den obigen Regeln möglich. So müsste zur Unterstützung dieser Satzkonstruktion eine Einschränkung eingeführt werden, die in Stellen zwingend Verben erfordert. Dies ist in den beobachteten Praxismodellen nicht erfüllt. Eine andere Einschränkung könnte die Vorgabe zur Nutzung von Pluralformen in Stellen sein, wodurch Satzkonstruktionen möglich sind, die konjugierte Hilfsverben verwenden. So kann in einem Wenn-Dann-Satzbau ein zusätzliches „sind" auch Adjektive anstelle von Verben unterstützen. Beispielhaft: „Wenn Rechnungsposten offen sind, dann Rechnung bezahlen".

3.8. Techniken der Texttransformation

Zur formalen Beschreibung der Transformation von Texten zu Petri-Netz-Modellen und der Rücktransformation von Petri-Netz-Modellen zu Texten werden syntax- und strukturbeschreibende Techniken benötigt. Die jeweiligen Phrasen zur Darstellung von Petri-Netzen und die Auswertung dieser Phrasen zurück in die Petri-Netz-Darstellung unterliegen wechselseitigen Kriterien. Die Anforderung zur Bijektivität führt auf die Fragestellung, wie einerseits systematisch eine Beschreibung der Textstrukturen erstellt werden kann und wie andererseits diese in Verbindung mit der Gegenrichtung zur Extraktion des Petri-Netzes stehen kann. Sollte eine Anpassung beispielsweise durch Ergänzungen der Synonyme zur textuellen Darstellung von Petri-Netzen durchgesetzt werden, wirkt diese sich zwangsläufig auch auf die Komponente zur Textanalyse (*Parsing*) aus. Dieser Zusammenhang sollte im Idealfall durch eine Technik unterstützt werden, mit der die Strukturbeschreibungen in beide Richtungen abgedeckt sind. Es sollte angestrebt werden, dass die Wandlung von Text-zu-Petri-Netz und Petri-Netz-zu-Text als eine Einheit funktioniert. Dieses Vorgehen wird von Reiter und Dale als bidirektionale Grammatik beschrieben[15] [ReD97]. Laut den Autoren kann damit ein System zwar „theoretisch sehr elegant" gebaut werden, es hat jedoch eine Schwierigkeit mit der für NLG-Systeme üblichen Architektur. So ist ein mehrstufiger Aufbau der generierten Texte nicht auf eine einzige Grammatik rückführbar [ReD97]. Aus diesem Grund soll in dieser Ar-

---

[15] Bijektivität kann als Spezialfall der Bidirektionalität betrachtet werden. Bijektive Verfahren überführen beidseitig alle Informationen, bidirektionale Verfahren lediglich die Teilmengen, die die jeweiligen Richtungen gemein haben. Da in dieser Arbeit die informationstragenden Elemente der Petri-Netze vollständig auf Texte übertragen werden et vice versa, ist Bijektivität angebracht.

beit das Spracherzeugungssystem von dem üblicherweise beschriebenen Aufbau für NLG-Systeme abweichen.

Der Bedarf an Bijektivität ist im Bereich der Domain Specific Languages (DSL) häufiger gegeben und kann daher aufgegriffen werden. Jedoch ist der natürlich-sprachliche Rahmen in DSL kaum vorhanden, der wiederum in NLG die zentrale Rolle spielt. So werden in der Literatur mithilfe von externen DSL und natürlicher Sprache Methoden zur Unterstützung von Requirements Engineering vorgeschlagen [BuJ05, CuH07, AFC11], aber in diesen Fällen nicht durch eine integrierte bijektive formale Transformation abgebildet. Im umgekehrten Fall werden bijektive Transformationen nur für nicht natürlich-sprachliche Methoden beschrieben [RaO10]. In der Praxis finden sich bidirektionale Transformationsbeispiele mit Klassendiagrammen von/zu Quelltext und mit ER-Diagrammen von/zu Datenbankschemata. In der Wissenschaft wird generisch die bidirektionale Graphentransformation untersucht, die ebenso dem Anwendungsfall der Softwareentwicklung dienen soll [HiH13]. Selbst in der interdisziplinären Betrachtung werden bidirektionale Verfahren nicht für natürliche Sprache oder Geschäftsprozessmodellierung beleuchtet [CFH09]. Soweit bekannt erfüllt keine existierende Technik aus der Literatur alle Anforderungen für diese Arbeit. D. h., dass entweder die natürliche Sprachbeschreibung unterstützt wird, oder die bijektive Transformation.

Die Nutzung einer formalen Sprache zu Beschreibung der Textstrukturen ermöglicht die Transformation von Texten zu Modellen. Diese Textanalyse, die eine Syntax eines Textes erkennt, wird Parsing genannt und mithilfe eines Parsers durchgeführt. Die Regeln eines Parsers werden durch formale Sprachen definiert. Um weiterhin effizient eine systemgestützte Ausführbarkeit zu erreichen, werden kontextfreie Grammatiken zur Sprachdefinition eingesetzt. Teilmengen der kontextfreien Grammatiken werden häufig zum Parsing eingesetzt. So wird mit der ausgereiften Bibliothek *ANTLR*[16] [PaF11] die Erzeugung von Parsern auf Basis von LL(*)-Parsern angeboten, wodurch keine Linksrekursion in der Grammatik möglich ist. Die nicht unterstützte Linksrekursion verhindert die Nutzung von Produktionsregeln der Form $S \rightarrow Sa$. Jedoch lassen sich Grammatiken mit Linksrekursion in äquivalente Grammatiken ohne linksrekursive Produktionsregeln umformulieren [Nij77]. Dennoch erschwert die Einschränkung der Grammatikformulierung die Erstellung der Produktionsregeln.

Die Beschreibung der zu parsenden Sprache wird mit ANTLR in einer Notation auf Basis einer angepassten erweiterten Backus-Naur-Form deklarativ eingegeben. ANTLR generiert

---

[16] http://antlr.org/

daraus für verschiedene Programmiersprachen Parserquelltext, mit dem Text in einen abstrakten Syntaxbaum überführt werden kann. ANTLR kommt in vielen Java-basierten Systemen zum Einsatz; darunter fallen u. a. Apache Hadoop[17], Hibernate[18] oder Groovy[19]. Jedoch wird ANTLR sehr selten für natürlich-sprachlich erscheinende Texte eingesetzt. Die oben genannte Einschränkung der Linksrekursion erschwert die Formulierung entsprechender Grammatiken. Die aktuellste Version 4 von ANTLR wurde jedoch entsprechend erweitert, sodass Linksrekursion in der Grammatik erlaubt wird, die intern aufgelöst wird.

Weitere Parsergeneratoren unterscheiden sich zu ANTLR in

- den Parsersprachen (z. B. GLR(k)-Parser [McN04, KaV10] oder PEG-Parser [Gri06]), in
- der Unterstützung von Anwendungsfällen (Definition spezieller DSL wie Xtext[20] oder Spoofax[21]) oder in
- den unterstützten Zielplattformen (C, Haskell, Ruby etc.).

---

[17] http://hadoop.apache.org/

[18] http://www.hibernate.org/

[19] http://groovy.codehaus.org/

[20] http://www.eclipse.org/Xtext/

[21] http://strategoxt.org/Spoofax/

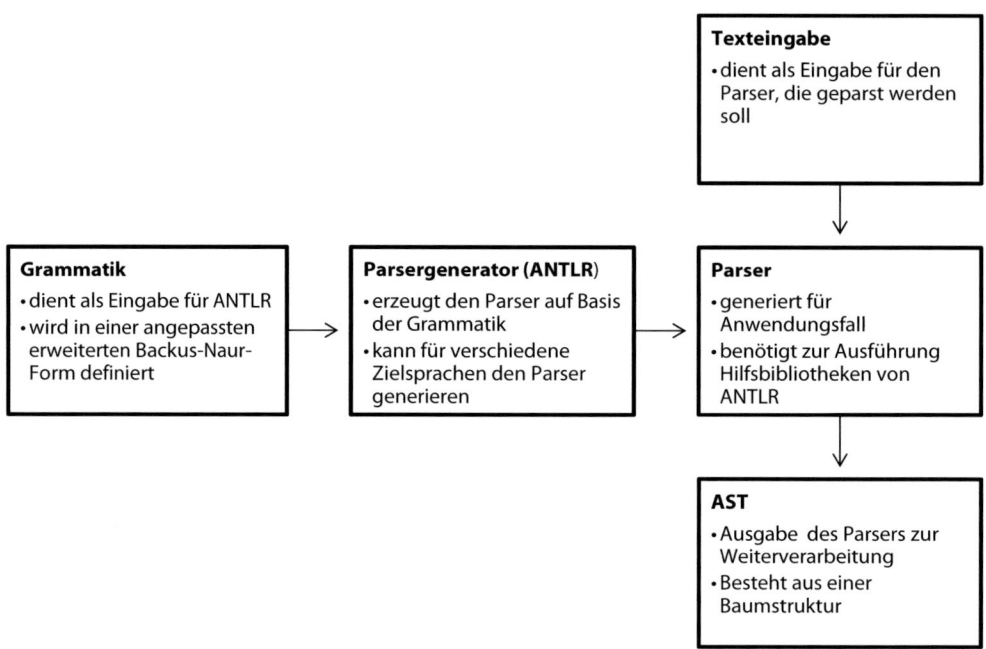

Abb. 3.9: Funktionsaufbau von ANTLR

ANTLR ermöglicht nur die einseitige Erkennung (Parsing) und somit Beschreibung der Textstrukturen. Die Gegenrichtung wird in diesem Kontext häufiger als *Anti-Parsing* oder *Pretty-Printing* bezeichnet. Sie kann nicht direkt aus der erweiterten Backus-Naur-Form abgeleitet werden[22]. Dazu werden unabhängige Vorlagensprachen (Template Languages) definiert, die eine Generierung von Texten aus vorliegenden Objekten/Informationen erzeugen können. Das manuelle Vorgehen kann nicht gewährleisten, dass Parser und Anti-Parser aufeinander abgestimmt sind. D. h. auch, dass einseitige Anpassungen (z. B. im Parser) stets auf Auswirkungen auf die andere Seite (z. B. im Anti-Parser) untersucht werden müssen. Dies kann recht aufwendig werden, da keine automatische und vollständige Überprüfung möglich ist.

Um dennoch eine Verknüpfung zwischen den Beschreibungsrichtungen herzustellen, kann die Vorgehensweise des Parsers zur Ergebnisdokumentstruktur untersucht werden. ANTLR, wie auch andere Parsergeneratoren, erzeugen Parser, die auf eine Texteingabe eine

---

[22] Dies wäre wünschenswert, da es die bijektive Transformation durch die Beschreibung einer einzigen Grammatik erreichen würde.

Baumstruktur zurückgeben. Diese Baumstruktur ist ein (werkzeugabhängiger) abstrakter Syntaxbaum (Abstract Syntax Tree, *AST*), mit dem eine geordnete Zuteilung der relevanten[23] Textbestandteile gegeben ist. Auf Basis des AST geschieht die Weiterverarbeitung. So kann für jeden erkannten Bestandteil in Abhängigkeit zur Hierarchie und Ordnung die entsprechende Verarbeitung durchgeführt werden.

```
grammar Addition;
// PARSER
start: INT addition;
addition: '+' INT addition*;
// LEXER
INT: '0'..'9'+;
```

Abb. 3.10: Beispielgrammatik für ANTLR

Die Beispielgrammatik für ANTLR aus Abb. 3.10 beschreibt Additionsterme, die aus beliebig vielen ganzzahligen Integerwerten bestehen, wie z. B. 10+20+12. Mit dieser Eingabe ergibt sich aus der Grammatik durch Parsing mit ANTLR ein AST, wie er in Abb. 3.11 dargestellt wird. *Parser* und *Lexer* unterscheiden sich in zwei Eigenschaften. Einerseits beschreiben die Lexer Terminalzeichen, während Parser die Nichtterminale beschreiben. Andererseits werden mit Lexern gewöhnlich nur reguläre Grammatiken erstellt[24], während Parser kontextfreie Grammatiken nutzen. Hintergrund hierfür ist, dass zunächst der Lexer die einzelnen Symbole identifiziert (also den Eingabetext in die kleinsten Einheiten herunter bricht), bevor der Parser die Regeln anwendet. Daher kann bei einem Lexer auch von einem Tokenizer oder Scanner gesprochen werden. In der Beispielgrammatik ist ein impliziter Lexereintrag enthalten. Das Additionssymbol wird durch ANTLR automatisch als Lexereintrag erkannt und benötigt daher keine explizite Einfügung. So lässt ANTLR eine Verkürzung zu, die eine erhöhte Lesbarkeit erreicht.

---

[23] Der AST unterscheidet sich vom Parsebaum (oder Concrete Parse Tree) um die Auslassung der für die Weiterverarbeitung irrelevanten Symbole und Pfade des Ableitungsbaums. Irrelevante Symbole werden direkt in der Grammatik angegeben, irrelevante Pfadbestandteile ergeben sich aus der Baumhierarchie.

[24] ANTLR lässt im Lexer jedoch auch kontextfreie Grammatiken zu.

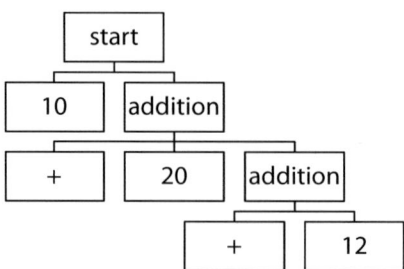

Abb. 3.11: Abstract Syntax Tree zur Beispielgrammatik mit Eingabe von 10+20+12

Durch den AST können einerseits in den Blättern die jeweiligen Elemente der Texteingabe zu ihrer Kategorie abgelesen werden. Daneben können auch weitere kontextuelle Informationen gewonnen werden. So ist es möglich, die Weiterverarbeitung bedingt durch die vorliegende Hierarchie unterschiedlich durchzuführen. Soll beispielsweise bei mehreren Elementen einer gleichen Kategorie abhängig von hierarchisch davor oder danach auftretenden Elementen eine verschiedene Bedeutung zugeordnet werden, lässt sich dies durch den Aufbau des AST herleiten[25]. Dieser Schritt muss jedoch nachträglich manuell programmiert werden. Aus dem AST lässt sich auch nicht mehr die Ursprungsgrammatik ermitteln. Aufgrund dieser Aspekte ist eine integrierte bijektive Transformation mit dem Ursprung nur einer Grammatik nicht möglich.

Um eine integrierte Bijektivität dennoch in einem Mindestmaß zu unterstützen, soll versucht werden, Gemeinsamkeiten in eine generische Grammatik zu fassen und die nur für eine Richtung benötigten Unterschiede in jeweilige spezifische Untergrammatiken zu formulieren. Diese Vorgehensweise ist angelehnt an dem von Angelov und Ranta beschriebenen Vorgehen zur Implementierung einer *kontrollierten Sprache* (siehe Kapitel 2.5) mit dem Werkzeug *Grammatical Framework*[26] [AnR09]. Das Grammatical Framework ermöglicht die automatische Übersetzung von unterschiedlichen natürlichen Sprachen auf Basis von hinterlegten Grammatiken und Vokabularen. Es beschränkt sich ausschließlich auf vordefinierte Phrasen und Sprachen. Damit arbeitet es rein regelbasiert. In dieser Arbeit soll jedoch zusätzlich nicht kontrollierter Inhalt in den Inschriften ermöglicht werden.

---

[25] Diese Erweiterung erhöht die Mächtigkeit, sodass nicht nur kontextfreie Sprachen, sondern auch bestimmte Arten kontextabhängiger Sprachen erkannt werden, die durch regulierte bzw. kontrollierte Grammatiken beschrieben werden können [DaP89].

[26] http://www.grammaticalframework.org/

4. Konzeption

Zur Verfolgung der Ziele wurden in den vorherigen Kapiteln Grundlagen, verwandte Arbeiten und allgemeine Lösungsansätze vorgestellt. Die Lösungsansätze beschreiben einleitend die Grundidee, sind jedoch nicht systematisch erstellt und berücksichtigen nur ausgesuchte Fälle. In diesem Kapitel werden umfassende Fälle untersucht, formale Regeln zur Gestaltung präsentiert und damit ein Konzept erarbeitet, das zur späteren Umsetzung führt. Die im vorherigen Kapitel beschriebene Grundidee ist für den in dieser Arbeit benötigten Anwendungsfall nicht erprobt und soll daher im Folgenden mit einem einfachen Beispiel auf Umsetzungsfähigkeit geprüft werden. Dieses Beispiel enthält sowohl AND-Splits und AND-Joins als auch OR-Splits und OR-Joins. Dadurch wird ein Grundkonzept entwickelt, dass die wesentlichen Schritte zu einer bijektiven Abbildung zwischen Prozessmodellen und Texten erfasst.

Das so erarbeitete Konzept wird im weiteren Verlauf durch die Betrachtung von Alternativformulierungen, zusätzlichen Trennzeichen, dynamischen Inhalten, Petri-Netz-Erweiterungen und Textlängenüberlegungen untersucht.

4.1. Grundkonzept

In diesem Abschnitt wird ein formales Konzept des Grundgerüsts zur bidirektionalen Abbildung zwischen Prozesstexten und Prozessmodellen auf Petri-Netz-Basis aufgespannt. Zur Illustration kommt dazu das in der Abb. 4.1 gezeigte Prozessmodell wiederkehrend zum Einsatz.

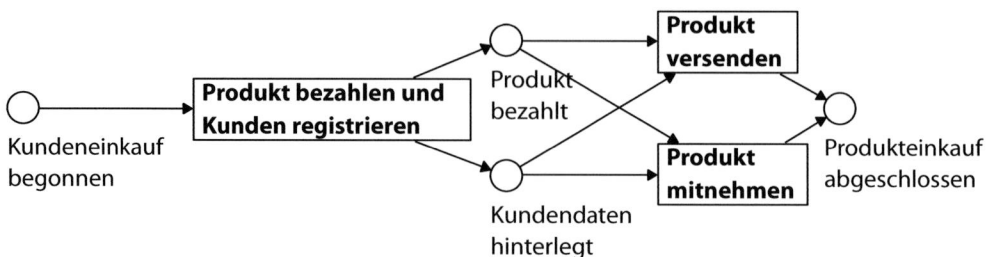

Abb. 4.1: Beispiel zur Grammatikerzeugung

Dieses Beispiel folgt den aufgestellten Beschriftungsregeln (siehe Kapitel 3.7). Die natürlich-sprachliche Formulierung zu diesem Petri-Netz könnte nach dem obigen Muster wie folgt lauten:

Sobald Kundeneinkauf begonnen vorliegt, kann Produkt bezahlen und Kunden registrieren durchgeführt werden. Das Erledigen von Produkt bezahlen und Kunden registrieren erfüllt sowohl Kundendaten hinterlegt als auch Produkt bezahlt. Sobald sowohl Produkt bezahlt als auch Kundendaten hinterlegt vorliegt, kann entweder Produkt mitnehmen durchgeführt oder Produkt versenden durchgeführt werden. Das Erledigen von entweder Produkt mitnehmen oder Produkt versenden erfüllt Produkteinkauf abgeschlossen.

Abb. 4.2: Manuell erstellter Text aus vorherigem Beispiel

Ausgehend von dem vorgegebenen Text (Text-zu-Modell) muss zur Rekonstruktion eine Grammatik in der Lage sein, die Inschriften der Stellen und Transitionen getrennt zu erkennen und die Verbindungskanten zu identifizieren. Mithilfe von ANTLR ist diese Richtung grundsätzlich erreichbar, sofern ein entsprechender AST konstruierbar ist. Auch die Gegenrichtung kann als ähnlicher AST dargestellt werden. Hierzu müssen die zur Textkonstruktion notwendigen Informationen in die Baumstruktur überführt werden.

Die systematische Konstruktion der Grammatiken kann durch eine Analyse des Textaufbaus verfolgt werden. In dem gegebenen Beispiel sind vier Sätze enthalten. Jeder Satz kann einen Knoten im AST darstellen. Sätze beginnen immer mit „Sobald" oder „Das Erledigen von" und enden mit einem Satzpunkt. Auf ein „Sobald" folgt entweder eine Stelle[1] oder eine Liste von Stellen (mit „sowohl … als auch …"), daraufhin ein „vorliegt, kann" und dann

---

[1] Zur Verkürzung wird hier von Stelle und Transition gesprochen. Es ist jedoch im Engeren deren Inschrift gemeint.

entweder eine Transition oder eine Liste von Transitionen (getrennt mit „entweder … oder …"). Auf ein „Das Erledigen von" folgen analog eine oder mehrere Transitionen, darauf ein „erfüllt" und dann eine oder mehrere Stellen. Es gibt also in den vier Sätzen zwei verschiedene Arten von Sätzen. Entweder beschreiben die Sätze die Kantenverbindungen von Stellen zu Transitionen oder von Transitionen zu Stellen. Sätze können auch n:m-Beziehungen beschreiben. Folgend dieser Beschreibung kann der Beispielsatz in eine Baumstruktur überführt werden (siehe Abb. 4.3). Die Blätter enthalten die Inschriften der Stellen und Transitionen. Blätter mit mehr als einer Stelle bzw. einer Transition sind zusammengefasst dargestellte Knoten mit entsprechend mehreren tatsächlichen Blättern.

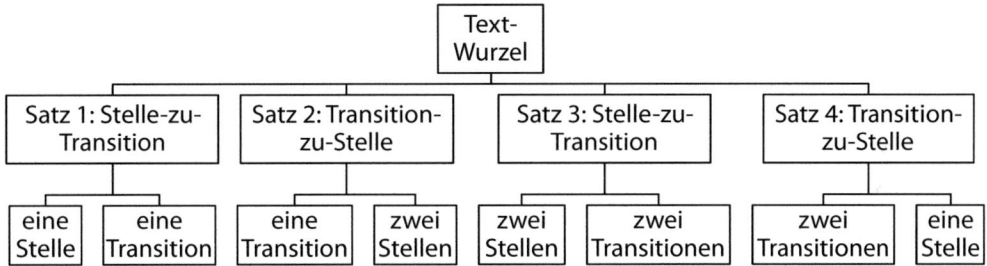

Abb. 4.3: Beispieltext in eine Baumstruktur überführt

Es werden aus den gegebenen vier Stellen und drei Transitionen Sätze mit sechs Stellen und sechs Transitionen gebildet. Dies sind keine zusätzlichen Stellen und Transitionen, sondern Wiederholungen einiger Knoten, um die Kantenbeziehungen sprachlich verständlich auszudrücken (siehe 3.3). Durch die Zusammenfassung von mehreren Kanten in einen Satz entstehen ebenso nur vier Sätze für neun Kanten. Dennoch wird jede Kante exakt einmal im gesamten Text beschrieben (redundanzfrei). Im ersten Satz ist es eine Kante. Im Zweiten sind es zwei Kanten, im Dritten vier Kanten und im Letzten wieder zwei Kanten,

Um einen entsprechenden AST aus dem Beispieltext zu erzeugen, kann nun eine Grammatik in Form einer für ANTLR angepassten erweiterten Backus-Naur-Form erstellt werden.

```
start: sentences*;

sentences: placeStart | transitionStart;

placeStart: 'Sobald ' placesList ' vorliegt, kann ' transitionList '
durchgeführt werden. ';

transitionList: transition | 'entweder ' transition ' durchgeführt oder '
furtherTransitions | 'entweder ' transition ' oder ' furtherTransitions;

furtherTransitions: transition | transition ' durchgeführt oder '
furtherTransitions | transition ' oder ' furtherTransitions;

transitionStart: 'Das Erledigen von ' transitionList ' erfüllt '
placesList '. ';

placesList:place | 'sowohl ' place ' als auch ' furtherPlaces;

furtherPlaces:    place | place ' als auch ' furtherPlaces;

place: content;

transition: content;

content: STRING+ (' ' | STRING )* | content ' und ' content | content '
oder ' content | content '. ' content;

// LEXER

STRING: (~(' '|'.'))+;
```

Abb. 4.4: ANTLR-Grammatik zum Beispiel

Die Abb. 4.4 beschreibt eine Grammatik, die das genannte Beispiel auf Stellen und Transitionen parsen kann. Zunächst werden beliebig viele Sätze erlaubt, die entweder mit Stellen oder Transitionen beginnen dürfen. Wie oben beschrieben kann dies mithilfe der Satzanfänge („Sobald" bzw. „Das Erledigen von") erkannt werden. Es werden sowohl am Kantenursprung als auch am Kantenziel Listen von Knoten erlaubt, die dann im Weiteren von den eigentlichen Knoten aufgelöst werden. Durch die Analyse des gewonnenen AST können zudem die Verbindungskanten ermittelt werden. Dazu ist in den Elternknoten der gefundenen Transitionen bzw. Stellen zu überprüfen, ob von Stelle („placeStart") oder Transition („transitionStart") die Verbindung beginnt, um dann entsprechend in den Geschwisterknoten den Verbindungsursprung oder das Verbindungsziel auszulesen. Somit ist das gegebene Petri-Netzbeispiel aus dem Text wieder ableitbar.

Die Gegenrichtung, also die Erzeugung von Text aus dem Petri-Netz könnte aus frei gestaltbarem Programmcode erzeugt werden, was je nach eingesetztem Petri-Netz-Werkzeug aufgrund der individuellen Petri-Netz-Datenstruktur leichter oder schwieriger umsetzbar ist. Um sich der integrierten Bijektivität zu nähern, ist ein möglichst ähnlicher Aufbau einer

Baumstruktur zu einem gegebenen Petri-Netz zu erreichen, aus der wiederum der beschreibende Text abgeleitet werden kann.

Hierzu müssen alle Kanten des Petri-Netzes analysiert und kategorisiert werden. Über die Menge der Kanten soll eine Menge *FM* (*Satzkantenmenge*) von Mengen (Mengensystem) der Kanten erzeugt werden, die in einem einzigen Satz ausgedrückt werden können. Jede Kante wird vorab in eine eigene Menge aufgenommen. Kanten, die in gemeinsamen AND-Joins oder AND-Splits stehen, werden zu einer Menge vereinigt. Kanten, die in gemeinsamen OR-Splits oder OR-Joins stehen, werden dann vereinigt, wenn die Transitionen des Nachbereichs der ausgehenden Stellen ausschließlich diese Stellen im Vorbereich enthalten (OR-Split), bzw. wenn die Transitionen des Vorbereichs der eingehenden Stellen ausschließlich diese Stellen im Nachbereich enthalten (OR-Join). Dies führt die Kanten so zusammen, dass AND-Kanten immer eine gemeinsame Teilmenge von *FM* sind und OR-Kanten genau dann, wenn diese nicht mit AND-Kanten im Konflikt stehen (AND-vor-OR). Auch die bereits vereinigten verschiedenen AND-Join/Split-Mengen werden nochmals analog vereinigt. D. h. die Mengen von Kanten, die mehrere AND-Joins bzw. AND-Splits mit der gleichen Menge an Anfangsstellen bzw. mit der gleichen Menge an Zielstellen beschreiben, werden vereinigt. Abschließend bilden die vereinigten Mengen und jede Menge mit einer nicht vereinigten Kante die Satzkantenmenge *FM*. Dadurch ist jede Kante genau in einem Mengenelement (mindestens der Kardinalität 1) von *FM* enthalten. *FM* ist eine Partition[2] von *F*.

---

[2] Eine Partition (hier *FM*) ist eine Menge von Teilmengen einer Ursprungsmenge (hier *F*), sodass jedes Element aus der Ursprungsmenge in genau einem Element der Partition enthalten ist.

Formal ist die Satzkantenmenge FM auf Netzen wie folgt definiert:

Gegeben sei ein Netz $N = (S, T, F)$, dann ist die **Satzkantenmenge $FM \subseteq \mathcal{P}(F)$** ein Mengensystem von F, für das gilt:

- $$\bigcup_{fm \in FM} fm = F$$

   (Jede Kante ist in einem Mengensystemelement enthalten)

- $$\bigcap_{fm \in FM} fm = \bigcap_{f \in F} f = \emptyset$$

   (Keine Kante ist mehrfach enthalten)

- $\forall t_1, t_2 \in T$ mit $\bullet t_1 = \bullet t_2 = SV, |SV| = n > 0, SV = \{s_1, s_2, \dots s_n\}$

   $\Rightarrow \exists fm \in FM : \{(s_1, t_1), (s_1, t_2), \dots (s_n, t_1), (s_n, t_2)\} \subseteq fm,$

   $\forall t_1, t_2 \in T$ mit $t_1 \bullet = t_2 \bullet = SN, |SN| = n > 0, SN = \{s_1, s_2, \dots s_n\}$

   $\Rightarrow \exists fm \in FM : \{(s_1, t_1), (s_1, t_2), \dots (s_n, t_1), (s_n, t_2)\} \subseteq fm$

   Anmerkung.: gilt auch für $t_1 = t_2$

   (Kanten zu bzw. von Transitionen mit identischen Anfang bzw. Ziel sind in einem Element von FM enthalten. Ebenso alle eingehenden oder ausgehenden Kanten von Transitionen sowie deren Kombination)

Diese Definition der Satzkantenmenge erlaubt die Zusammenführung von Kanten, die eine Gemeinsamkeit beschreiben. Semantisch ist die Regel AND-vor-OR sinnvoll, um Bedingungen der Transitionen stets zusammenzuhalten. Falls mehrere Bedingungen notwendig sind, werden diese durch die Definition erkannt und in ein Element der Satzkantenmenge vermerkt. In der Folge wird daraus ein einziger Satz generiert, der es einem menschlichen Leser erleichtert, alle Bedingungen für eine Transition zu erkennen bzw. alle Folgen nach Ausführung einer Transition direkt zu erfassen.

Im weiteren Schritt wird jeder Menge in FM eine Kategorie *Stelle-zu-Transition* oder *Transition-zu-Stelle* zugeordnet. Dieses kann durch die disjunkten Teilmengen FS und FT von FM definiert werden (FS und FT sind eine Partition von FM).

$FS \subseteq FM$ ist die Menge über alle in FM enthaltenen Mengen der aus Stellen ausgehenden Kanten.

$$FS := \{X | X \subseteq FM \ \wedge \forall \, x \in X : x \in (S \times T)\}$$

$FT \subseteq FM$ ist die Menge über alle in FM enthaltenen Mengen der aus Transitionen ausgehenden Kanten.

$$FT := \{X | X \subseteq FM \ \wedge \forall \, x \in X : x \in (T \times S)\}$$

Für das genannte Beispiel seien die neun Kanten wie in Abb. 4.5 identifiziert. Daraus lassen sich die entsprechenden Mengen FM, FS und FT ermitteln. Dazu seien die Ursprungskanten jeweils als einelementige Mengen einer Menge aufgefasst, die miteinander vereinigt werden sollen, um die Satzkantenmenge FM zu bestimmen.

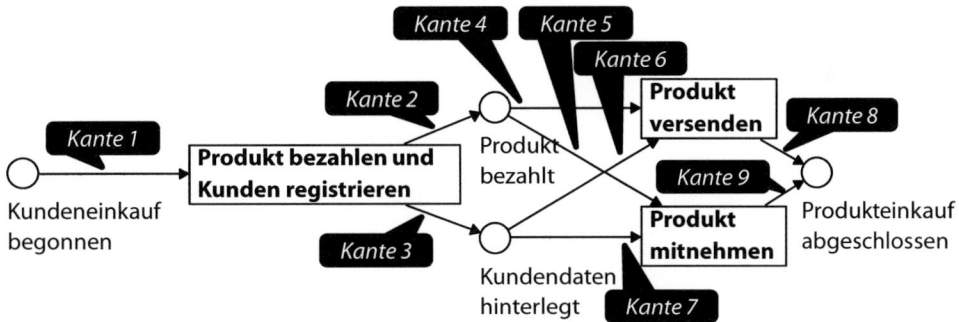

Abb. 4.5: Nummerierte Kanten

Gemäß der Regel AND-vor-OR werden alle AND-Joins und AND-Splits jeweils vereinigt. Dies ergibt die Mengen $\{2, 3\}$, $\{4, 6\}$ und $\{5, 7\}$. Die Menge $\{8, 9\}$ stellt die einzige OR-Join-Menge dar, deren Transitionen nicht zu anderen Stellen vorwärtsverzweigt sind. Die Menge $\{4, 5\}$ und $\{6, 7\}$ sind jeweils OR-Splits, jedoch sind deren Transitionen rückwärtsverzweigt und die Kanten dieser Mengen sind ebenso bereits in anderen vereinigten Mengen enthalten. Dennoch entsprechen die Startstellen und Zieltransitionen von $\{4, 6\}$ und $\{5, 7\}$ den Startstellen und Zieltransitionen von $\{4, 5\}$ und $\{6, 7\}$, daher werden diese Mengen ebenfalls vereinigt zu der Menge $\{4, 5, 6, 7\}$. Es sind keine weiteren Splits oder Joins enthalten. Somit ergibt sich für $FM = \{\{1\}, \{2, 3\}, \{4, 5, 6, 7\}, \{8, 9\}\}$. Die einzelnen Elemente $fm \in FM$ sind in Abb. 4.6 dargestellt.

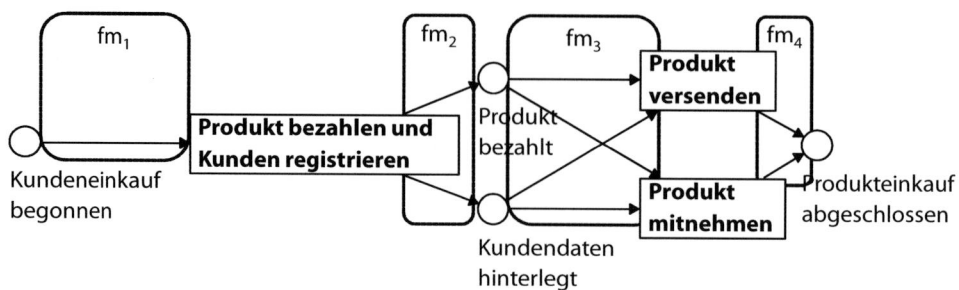

Abb. 4.6: Elemente der Satzkantenmenge FM des Beispiels

Die Teilmengen {1} und {4,5,6,7} gehören der Stelle-zu-Transition-Kategorie an, d. h. $FS = \{\{1\}, \{4,5,6,7\}\}$, die übrigen der Transition-zu-Stelle-Kategorie, d. h. $FT = \{\{2,3\}, \{8,9\}\}$. Diese Kantenmengen stimmen mit den vier Sätzen überein und können mit dieser Beschreibung in eine ähnliche wie zuvor beschriebene Baumstruktur überführt werden (siehe Abb. 4.7). Aus diesen Mengen können im nächsten Schritt die Textdarstellungen gewonnen werden.

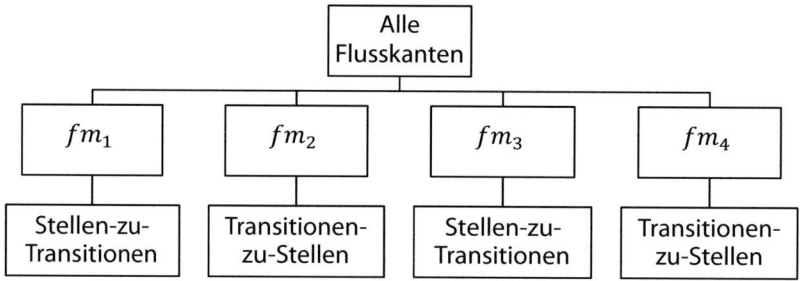

Abb. 4.7: Abgeleitete Baumstruktur aus Beispiel-Netz

Zur formalen Beschreibung der Satzdarstellung wird die Inschrift der Petri-Netz-Knoten wie folgt definiert:

Ein **beschriftetes Netz** (N, b) besteht aus einem Netz $N = (S, T, F)$ und einer Beschriftungsfunktion b von $X = \{S \cup T\}$ auf Zeichenketten der deutschen Sprache ZK, d. h. $b: X \longrightarrow ZK$.

Die Satzdarstellung (noch ohne Beachtung der Satzreihenfolge) kann nun für Kantenmengen, die von Stellen zu Transitionen führen (also alle Elemente aus FS), wie folgt generiert werden.

Die **Satzdarstellung** der Kantenmenge $fs \in FS$ zwischen n Stellen S und m Transitionen T mit $b(s_i)$ bzw. $b(t_i)$ für die Inschrift der i-ten Stelle bzw. Transition ist:

(i)   „Sobald $b(s_1)$ vorliegt, kann $b(t_1)$ durchgeführt werden.", falls $|fs| = 1$.

(ii) „Sobald sowohl $b(s_1)$ als auch $b(s_2)$ ... als auch $b(s_n)$ vorliegt, kann b(t_1) durchgeführt werden.", falls $|S| = n > 1$ und $|T| = 1$.

(iii) „Sobald $b(s_1)$ vorliegt, kann entweder $b(t_1)$ durchgeführt oder $b(t_2)$ durchgeführt ... oder $b(t_m)$ durchgeführt werden.", falls $|S| = 1$ und $|T| = m > 1$.

(iv) „Sobald sowohl $b(s_1)$ als auch $b(s_2)$ ... als auch $b(s_n)$ vorliegt, kann entweder $b(t_1)$ durchgeführt oder $b(t_2)$ durchgeführt ... oder b(t_m) durchgeführt werden.", falls $|S| = n > 1$ und $|T| = m > 1$.

Für Transitionen-zu-Stellen-Mengen aus FT ergibt sich analog:

Die **Satzdarstellung** der Kantenmenge $ft \in FT$ zwischen m Transitionen T und n Stellen S mit $b(s_i)$ bzw. $b(t_i)$ für die Inschrift der i-ten Stelle bzw. Transition ist:

(i)   „Das Erledigen von $b(t_1)$ erfüllt $b(s_1)$.", falls $|ft| = 1$.

(ii) „Das Erledigen von entweder $b(t_1)$ oder $b(t_2)$ ... oder $b(t_m)$ erfüllt $b(s_1)$.", falls $|S| = 1$ und $|T| = m > 1$.

(iii) „Das Erledigen von $b(t_1)$ erfüllt sowohl $b(s_1)$ als auch $b(s_2)$ ... als auch $b(s_n)$.", falls $|S| = n > 1$ und $|T| = 1$.

(iv) „Das Erledigen von entweder $b(t_1)$ oder $b(t_2)$ ... oder $b(t_m)$ erfüllt sowohl $b(s_1)$ als auch $b(s_2)$ ... als auch $b(s_n)$.", falls $|S| = n > 1$ und $|T| = m > 1$.

Die Durchführung des beschriebenen Verfahrens erzeugt die vorgestellten Sätze, jedoch ist deren Reihenfolge noch nicht wie im Beispiel erreicht. Rein formal betrachtet reicht der Inhalt der Sätze vollkommen aus, das ursprüngliche Petri-Netz wiederherzustellen. Für das menschliche Verständnis ist es dennoch sinnvoll, die Sätze so anzuordnen, dass Abhängigkeiten von Knoten erst beschrieben werden, wenn diese Knoten zuvor auch erreicht bzw. beschrieben wurden.

Die Kantennummerierung bzw. Abfolge der bearbeiteten Elemente von FM ist entscheidend für die Reihenfolge der Sätze im Gesamttext. Da in dieser Arbeit Geschäftsprozesse und nicht Gesamtsysteme im Vordergrund stehen, werden *Workflow-Netze* vorausgesetzt (vgl. Kapitel 2.2.3). Diese besitzen stets eine definierte Eingabestelle i, von der ausgehend die zuerst zu beschreibenden Kanten vorgegeben werden. Zudem ist ein Workflow-Netz stets zusammenhängend. Diese Eigenschaft wird benötigt, um jeden Knoten im Text beschreiben zu können. Ist kein Workflow-Netz, sondern ein beliebiges Petri-Netz gegeben, können in einigen Fällen Analysen über das Petri-Netz oder Erweiterungen der Textdarstellung das Verfahren unterstützen.

Die Definition eines Sortierverfahrens auf FM erlaubt den Vergleich und somit die Bestimmung der Satzreihenfolge. Hierzu können den einzelnen Mengenelementen $fm \in FM$ jeweils eine Sortiernummer $sort(fm)$ zugewiesen werden, die eine Ordnungsrelation auf FM erzeugen.

Zuerst werden die Kanten des Netzes gemäß der Tiefensuche durchnummeriert. Die Suche beginnt von der Eingabestelle i, endet jedoch bereits einen Knoten vor Erreichen der Ausgabestelle o. Den Kanten (oder der Kante), die zu der Ausgabestelle führen, werden fortlaufend um eins erhöhte Kantennummern zugeteilt. Dadurch erhalten die Kanten, die zur Ausgabestelle führen, die höchsten Nummerierungswerte.

Rekursiver Algorithmus zur Ermittlung der Tiefensuchnummer für jede Kante aus F

Eingabe: Workflow-Netz

Ausgabe: Zuordnung der Tiefensuchnummer zu jeder Kante in *kantennummer*

```
private static HashMap<Kante, Integer> DFSNumber() {
    HashMap<Kante, Integer> kantennummer = new HashMap<Kante,
                                                    Integer>();

    Knoten start = i;
    int nummer = 1;
    nummer = DFSgo(start, nummer, kantennummer);
    for(Kante last: o.EingehendeKanten){
        kantennummer.put(last, nummer);
        nummer++;}
    return kantennummer;}


private static int DFSgo(Knoten start, int nummer,
            HashMap<Kante, Integer> kantennummer) {
    for(Kante next: start.AusgehendeKanten){
        if (!kantennummer.keySet().contains(next)
                && next.zielKnoten != o){
            kantennummer.put(next, nummer);
            nummer++;
            nummer = DFSgo(next.zielKnoten, nummer,
                                    kantennummer);}}
    return nummer;}
```

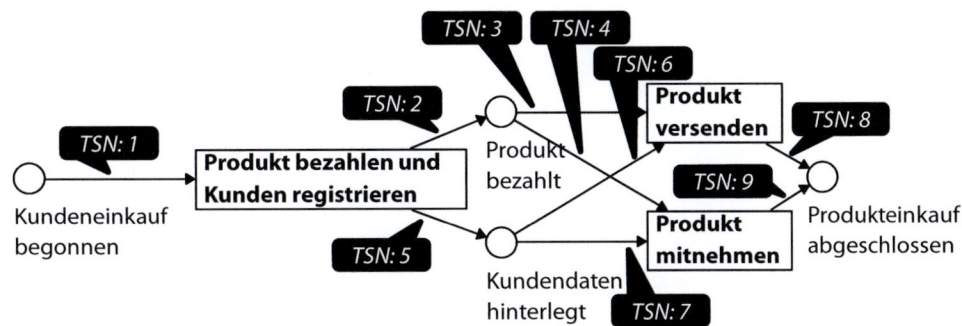

Abb. 4.8: Tiefensuchnummern (TSN) der Kanten des Beispiels

In dem gegebenen Beispiel ergibt der Algorithmus eine Nummerierung wie in Abb. 4.8 dargestellt. Die *Tiefensuchnummer* leitet sich von der Tiefensuche ab, entspricht jedoch aufgrund der besonderen Behandlung der Nummerierung zur Ausgabestelle nicht vollständig der Tiefensuche. Daher wird in dieser Arbeit der Begriff Tiefensuchnummer verwendet. Es sind auch Alternativnummerierungen möglich, die im Folgenden jedoch zum gleichen Endergebnis führen. Die Alternativnummerierungen begründen sich durch Vorwärtsverzeigungen, die verfahrensbedingt durch die Tiefensuche eine beliebige Auswahl im Pfad ermöglichen. Die Nummerierung der Kanten entspricht jedoch noch nicht der Reihenfolge der Sätze, da einige Kanten als Menge in der Satzkantenmenge *FM* zusammengefasst vorliegen und dementsprechend im gleichen Satz auftreten.

Daher werden im nächsten Schritt die Elemente von *FM* durchnummeriert, womit sich die Satzsortiernummern ergeben. Begonnen wird mit dem Element aus FM, das die Kante mit der Tiefensuchnummer 1 enthält. Die durch diese Kanten erreichten Knoten werden vermerkt. Nun wird sequenziell aufsteigend das nächste Element aus *FM* entnommen, das die jeweils nächste Kante mit der folgenden Tiefensuchnummer (also nach dem Ersten das Element mit der Kantennummer 2 usw.) enthält, ihr eine jeweils aufsteigend Sortiernummer zugeteilt und die erreichten Knoten werden wieder vermerkt. Bereits zugeordnete Elemente aus *FM* werden übersprungen, erhalten also keine weitere Sortiernummer. Sollte jedoch ein Element Kanten enthalten, deren Startknoten nicht in der bereits erreichten Knotenliste enthalten sind, wird die aktuelle Tiefensuchnummer übersprungen und mit der nächsthöheren Tiefensuchnummer fortgesetzt. Im folgenden Verlauf werden die übersprungenen Tiefensuchnummern erneut versucht. Das bedeutet, dass nach einer ersten Runde der Zuordnung wieder bei der kleinsten Tiefensuchnummer begonnen wird, wenn noch nicht alle Satzkantenmengenelemente eine Sortiernummer erhalten haben. Sind keine Kantenmengen mehr auswählbar, da deren Startknoten nicht zuvor besucht werden konnten, werden alle unnummerierten Kantenmengen gesammelt, die erreichbare Startknoten enthalten. Darin sind Kanten enthalten, von denen zwar einige Startknoten erreichbar sind, aber auch Kanten, deren Startknoten dennoch nicht erreicht wurden. Aus dieser Menge wird ein beliebiges Kantenmengenelement ausgewählt, dessen Abhängigkeit von den anderen Satzkanten (mit) am geringsten ist. Die Abhängigkeit wird ermittelt, indem jeweils für jede Kantenmenge untersucht wird, wie viele Zielknoten der anderen Kantenmenge die Startknoten dieser erreichen können. D. h., dass bei mehreren möglichen partiellen Kantenmengen möglichst eine genommen wird, die in einer eventuellen Sequenz vor den anderen Kandidaten steht. Danach können entweder wie zuvor wieder vollständig erreichbare Kantenmengen ausgewählt werden oder, falls dies nicht möglich ist, erneut partiell erreichbare Kantenmengen ausgewählt werden. Sobald die letzte übrige Kantenmenge erreicht wird, endet das Verfahren durch Nummerierung der zur Ausgabestelle *o* führenden Kanten durch den höchsten Wert. Dieser Wert entspricht der Kardinalität von *FM*. Das Verfahren setzt voraus, dass von einer Ausgabestelle jeder Knoten über einen Pfad erreicht werden kann und dass es nur eine Ausgabestelle gibt. Diese Voraussetzung ist per Definition in einem Workflow-Netz gegeben.

Algorithmus zur Ermittlung der Satzreihenfolge

Eingabe: Workflow-Netz, Tiefensuchnummer jeder Kante (tsn), FM

Ausgabe: Zuordnung der Sortiernummer jedem Element von FM in *sortFM*

```
// höchste Tiefensuchnummer
int maxTSN = 1;
for (Integer findmax : tsn.values()){
    if (findmax > maxTSN)
        maxTSN = findmax;}
// Ergebnisdatenstruktur
HashMap<Kanten, Integer> sortFM = new HashMap<>();
HashSet<Knoten> erreicht = new HashSet<Knoten>();
erreicht.add(i);
// das Element von FM, das die Kante mit TSN 1 enthält
int currentSort = 1;
boolean repeatonce = false;
while (!sortFM.keySet().containsAll(FM)){
    boolean foundnone = true;
    for (int currentTSN = 1;currentTSN <= maxTSN;currentTSN++){
        Kanten currentKanten = getElementWithTSN(tsn, currentTSN);
        if (!sortFM.keySet().contains(currentKanten)){
            boolean erreichbar = true;
            for (Kante kante : currentKanten.kantenListe){
                if (!erreicht.contains(kante.startKnoten)){
                    erreichbar = false;}}
            if (erreichbar){
                sortFM.put(currentKanten, currentSort);
                erreicht.addAll(currentKanten.alleZielKnoten());
                currentSort++;
                foundnone = false;}}}
    if (foundnone && repeatonce){
        repeatonce = false;
        foundnone = false;
        // partiell erreichbare Mengen
        HashSet<Kanten> partFM = new HashMap<Kanten>();
        for (Kanten fm : FM){
            if (!sortFM.keySet().contains(fm)){
                for (Kante kante : fm.kantenListe){
                    if (erreicht.contains(kante.startKnoten)){
```

```
                        partFM.add(fm);}}}}
        Kanten currentKanten = partFM.getLowestDependency(partFM);
        sortFM.put(currentKanten, currentSort);
        erreicht.addAll(currentKanten.alleZielKnoten());
        currentSort++;
        foundnone = false;}
    if (foundnone)
        repeatonce = true;}
return sortFM;
```

In dem gegebenen Beispiel entspricht die Sortiernummer von *FM* der Reihenfolge der Elemente wie in Abb. 4.6 gezeigt. Die Sortiernummer ergibt sich sequenziell, da die zuerst erreichten Zielknoten mit den Startknoten der nächsten Kantenmenge übereinstimmen. Insbesondere zyklenbehaftete Netze sind für das Verfahren beachtenswert. Zyklen erfordern den Rücksprung zu vorherigen Knoten. Das obige Verfahren bevorzugt zunächst Kantenmengen mit erreichten Startknoten. Im Fall von Zyklen wird irgendwann die Auswahl von Kantenmengen, die Startknoten enthalten, welche noch nicht erreicht wurden, benötigt.

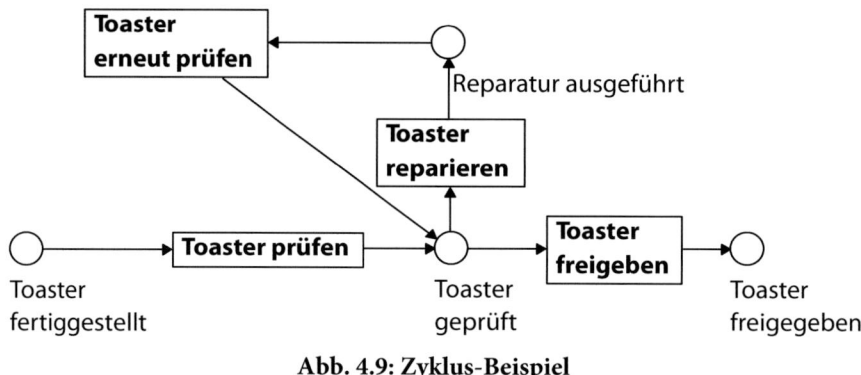

Abb. 4.9: Zyklus-Beispiel

Das Zyklus-Beispiel aus Abb. 4.9 kann zur Veranschaulichung herangezogen werden. Die beiden Kanten von Toaster prüfen bzw. von Toaster erneut prüfen zu Toaster geprüft werden als ein Element der Satzkantenmenge *FM* zusammengefasst, da die Transitionen den gleichen Nachbereich besitzen. Jedoch kann, nachdem Toaster prüfen erreicht wurde, kein weiterer Knoten besucht werden, dessen Vorbereich vollständig erreicht wurde. In diesem Fall ist nur die genannte Kantenmenge auswählbar, da ein Teil der Startknoten (nämlich Toaster prüfen) bereits besucht wurde.

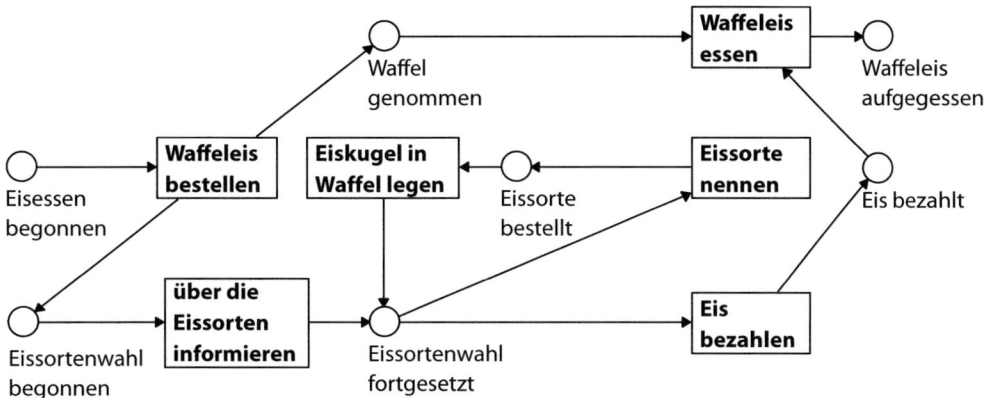

Abb. 4.10: Beispiel für Zyklus vor AND-Join

Die Erweiterung des vorherigen Falls wird in Abb. 4.10 gezeigt. Das Petri-Netz enthält einen Zyklus vor einem AND-Join. Dadurch ergibt sich eine Auswahl von mehreren partiell erreichbaren Satzkantenmengenelementen. Zunächst kann die Satzkantenmenge wie in Abb. 4.11 beschrieben gebildet werden.

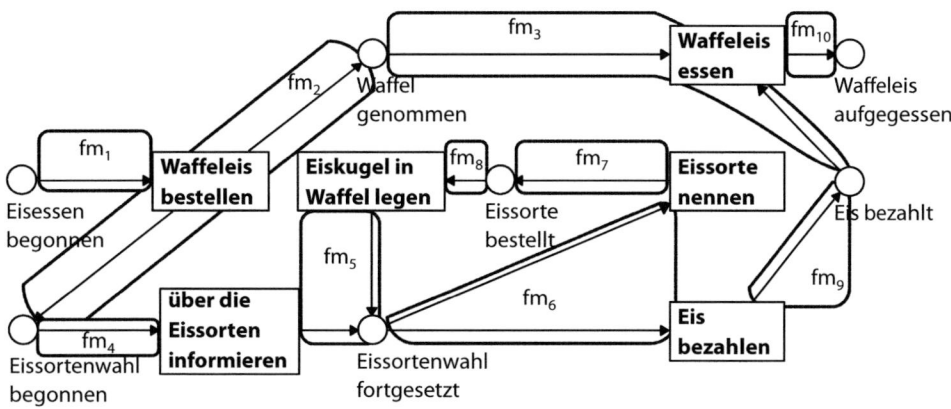

Abb. 4.11: Satzkantenmenge zu Abb. 4.10

Die zehn Elemente der Satzkantenmenge bedeuten, dass das Netz als Text mit zehn Sätzen ausgedrückt werden kann. Die Reihenfolge ergibt sich hier auf besonderem Weg. Nach Ermittlung der Tiefensuchnummern ergibt sich eine Nummerierung der 14 Kanten beispielsweise wie in Abb. 4.12. Es sind drei weitere Nummerierungen möglich, die bei der Bestimmung der Reihenfolge äquivalent anzusehende[3] Endergebnisse (s. u.) erzeugen.

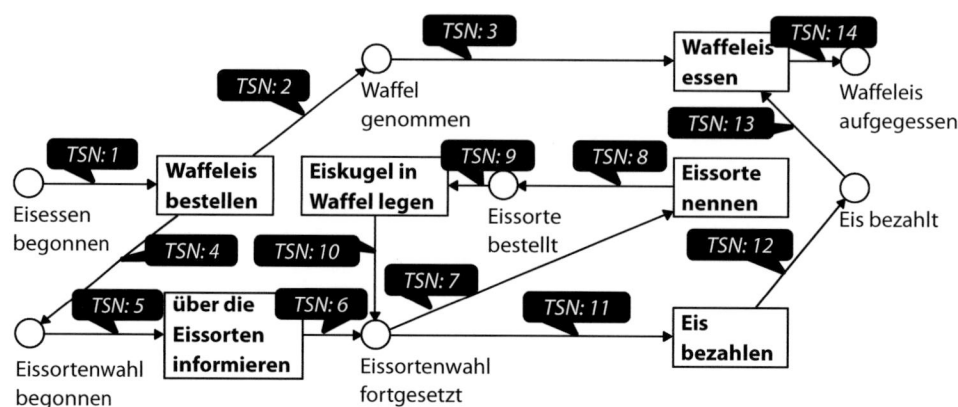

Abb. 4.12: Beispielnummerierung der Tiefensuchnummer zu Abb. 4.10

Aufgrund der Tiefensuchnummern werden die Satzkanten zuerst begonnen mit den direkt erreichbaren Elementen fm_1, dann fm_2 und darauf fm_4 sortiert. Das Element fm_3 wurde übersprungen, da der Startknoten Eis bezahlt noch nicht erreicht wurde. Nach fm_4 sind keine Satzkantenmengenelemente mehr verfügbar, deren gesamte Menge von Startknoten schon besucht wurde. Jedoch sind die Satzkanten fm_3 und fm_5 partiell erreichbar, da ein Teil ihrer Startknoten bereits erreicht wurden. Diese Elemente sind die Einzigen, für die es zu diesem Zeitpunkt zutrifft. Daher muss die Wahl auf eine dieser beiden Elemente fallen. Das Problem wird durch die Abhängigkeit voneinander der beiden Mengen wie oben beschrieben gelöst. Hierzu wird berechnet, wie viele Zielknoten der einen Menge jeweils die Startknoten der anderen Menge über einen Pfad erreichen können. Konkret können die Startknoten der Menge fm_3, nämlich Waffel genommen und Eis bezahlt, von dem einzigen Zielknoten von fm_5, nämlich Eissortenwahl fortgesetzt, über mindestens einen Pfad[4] erreicht werden. Umgekehrt gibt es von dem Zielknoten von fm_3 keinen Pfad zu den Startknoten von fm_5. Ergo

---

[3] Die Äquivalenz bezieht sich auf die Satzreihenfolge der alternativen Teilnetze. D. h. eine XOR-Verzweigung, von der voneinander unabhängige Teilnetze ausgehen, erlaubt äquivalente Satzreihenfolgen. Im Gegensatz dazu führt eine AND-Verzweigung, bei der ein Teilnetz abhängig von einem anderen Teilnetz der Verzweigung ist, nicht zu mehreren äquivalenten Satzreihenfolgen. Abhängigkeit bedeutet in diesem Fall, dass ein Teilnetz nur durch Ausführung eines anderen Teilnetzes ausgeführt werden kann.

[4] Genau genommen sind hier sogar zwei Pfade möglich.

ergibt sich ein Abhängigkeitswert für fm_3von 1 und für fm_5 von 0. Da hiervon fm_5 den niedrigeren Wert besitzt, wird es für den nächsten Schritt ausgewählt. Daraufhin sind sukzessive die Satzkanten wieder direkt erreichbar. Schlussendlich ergibt sich daraus die Gesamtreihenfolge $fm_1, fm_2, fm_4, fm_5, fm_6, fm_7, fm_8, fm_9, fm_3, fm_{10}$.

Wie zuvor genannt ist die Nummerierung der Tiefensuchnummer auch mit Alternativmöglichkeiten gegeben. Diese erzeugt entsprechend auch andere Reihenfolgen, die jedoch als äquivalent anzusehen sind. So ist bei einem Split nicht bedeutungsvoll, ob der eine oder andere Weg zuerst gegangen wird. In dem zuletzt gegebenen Beispiel ist auch die in Abb. 4.13 gezeigte Nummerierung entsprechend dem Algorithmus möglich.

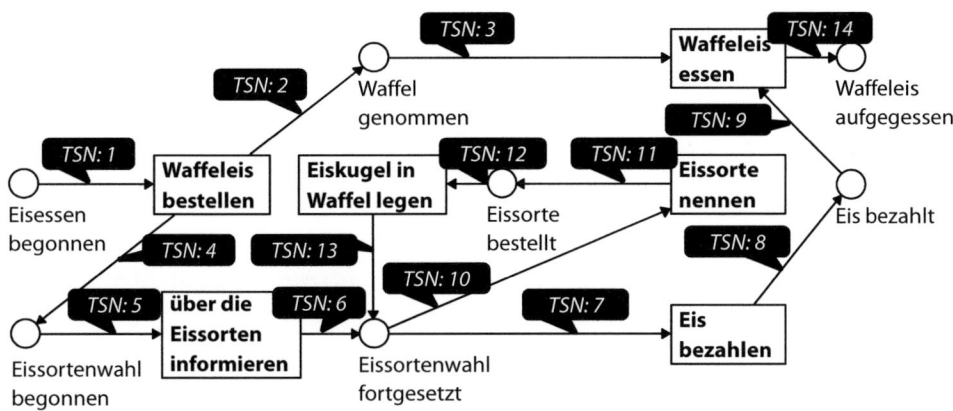

Abb. 4.13: Alternativnummerierung der Tiefensuchnummer

In Folge der alternativen Tiefensuchnummer verändert sich die Satzreihenfolge damit auf die Reihenfolge $fm_1, fm_2, fm_4, fm_5, fm_6, fm_9, fm_3, fm_7, fm_8, fm_{10}$. Diese Reihenfolge ändert jedoch nicht die Darstellung der Abhängigkeit von fm_3 von fm_5.

4.2. Berücksichtigung von Synonymkonstruktionen

Die im vorherigen Abschnitt vorgestellten Formulierungen und Konstruktionen lassen sich durch Synonymkonstruktionen erweitern und umgestalten. Diese können beispielsweise durch kleine Änderungen wie den Austausch eines Wortes durch ein anderes Synonymwort erstellt werden. Beispiele hierfür sind anstelle des zuvor genutzten „Sobald" in Textkonstruktionen die Alternativen „Wenn", „Falls" oder „Nachdem". Es sind des Weiteren deutlich größere Veränderungen in den Texten möglich, die den Aufbau des Textes vollständig abwandeln. Einige solcher Konstruktionen sind jedoch nicht mehr durch einen Parser auf die Petri-

Netze zurückführbar. Insbesondere fällt es einem Parser schwer, ohne trennende Schlüsselwörter die Unterscheidung von zwei aufeinanderfolgenden Elementen, die einer Inschrift eines Petri-Netzes zugehörig sind, zu erkennen. Folglich sollte zwischen den Synonymkonstruktionen unterschieden werden.

1. Einzelne Synonymwörter ohne Einfluss auf alle andere Satzteile

   a. Beispiele: von „durchgeführt" zu „ausgeführt", von „Erledigen" zu „Beenden", von „Sobald" zu „Sofern", von „vorliegt" zu „eintritt", von „erfüllt" zu „ergibt" oder zu „erzeugt".

   b. Die Parserumgestaltung ist einfach, da lediglich eine Erweiterung der zu erkennenden Wörter anzugeben ist. Werden jedoch gleiche Wörter für mehrfache Bedeutungen eingeführt, müssen diese zur eindeutigen Zuordnung in einer größeren Satzstruktur definiert werden. Das heißt, dass diese Wörter in einer Kombination mit anderen Wörtern, die die unterschiedliche Bedeutung herleiten lassen, stehen.

   c. Synonymwörter[5] verändern die Bedeutung nicht maßgeblich. Sie können jedoch in einer Feinheit einen Unterschied darstellen. So ist im Deutschen das Wort „wenn" temporal und konditional einsetzbar, während „falls" rein konditional eingesetzt werden kann. Folglich kann die Nutzung von Synonymen eine Ausdehnung oder Einengung des Interpretationsraums verursachen.

2. Synonymwörter und -konstruktionen mit beschränkten Einfluss auf andere Satzteile

   a. Beispiele: von „Das Erledigen von" zu „Die Bearbeitung von" oder zu „Infolge von", von „Sobald ... vorliegt, kann ..." zu „Durch... kann ...".

   b. Die Reihenfolge der Satzteile bleibt bei diesen Synonymkonstruktionen erhalten. Die Parserumgestaltung ist geringfügig aufwendiger, da mehrere Wörter für eine Anpassung hinzugefügt werden müssen. Je nach Auswahl muss bei Synonymen, die den weiteren Aufbau beeinflussen, sichergestellt werden, dass nicht die ursprüngliche Formulierung zugelassen wird. So darf beim letzten Beispiel nicht „Durch ... vorliegt, kann..." erlaubt werden. Ebenso wie bei

---

[5] In dieser Arbeit wird nicht zwischen strikten Synonymen und partiellen Synonymen unterschieden. D. h. dass ein Wort zu einem anderen Wort bereits als Synonym gilt, wenn es eine sehr ähnliche Bedeutung enthält. Dies gilt auch, wenn eines der Wörter weitere Bedeutungen besitzt (also ein Homonym ist), die das andere Wort nicht besitzt.

einzelnen Synonymwörtern muss auf die doppelte Verwendung von Wörtern geachtet werden.

c. In der Bedeutung stellen zumeist nur Feinheiten einen Unterschied dar. Jedoch können weitere sprachliche Regeln für die Inschriften nötig werden, um grammatikalisch korrekte Sätze zu fördern (siehe Abschnitt 3.7).

3. Grundlegende Satzstrukturalternativen

a. Beispiele: von „Sobald … vorliegt, kann …" zu „Bei Erfüllung von… kann …", „Aufgrund … kann…" oder zu „Bevor … muss zuvor … sein", von „Das Erledigen von … erfüllt …" zu „Mit Bearbeitung von … wird … erfüllt".

b. Die Ordnung der Satzteile wird nicht zwingend erhalten. Es sind Konstruktionen denkbar, in denen direkt auf eine Inschrift eine andere Inschrift folgt. Dies stellt ein für einen Parser nicht lösbares Problem dar. Der Parser kann folglich nicht entscheiden, an welcher Stelle die erste Inschrift endet bzw. die zweite Inschrift beginnt. Dieses Problem ist nicht trivial lösbar. Eine Analyse der Inschriftstrukturen unter Einsatz von Lexika oder Information Retrieval könnte Lösungsansätze bieten.

c. Es findet eine Verlagerung der Betonung von Satzteilen durch die Satzstrukturänderung statt. Dies kann die Aufmerksamkeit eines Lesers gewollt oder ungewollt auf bestimmte Zusammenhänge lenken. Die Sätze werden deutlich weniger monoton und damit einfacher zu lesen. Dagegen müssen für die Inschriftregeln vermehrte Überprüfungen durchgeführt werden, womit sich die Prozessmodellerstellung erschweren könnte.

Hauptkonstruktion	Synonymkonstruktion
Sobald Kundeneinkauf begonnen vorliegt, kann Produkt bezahlen und Kunden registrieren durchgeführt werden. Das Erledigen von Produkt bezahlen und Kunden registrieren erfüllt sowohl Kundendaten hinterlegt als auch Produkt bezahlt. Sobald sowohl Produkt bezahlt als auch Kundendaten hinterlegt vorliegt, kann entweder Produkt mitnehmen durchgeführt oder Produkt versenden durchgeführt werden. Das Erledigen von entweder Produkt mitnehmen oder Produkt versenden erfüllt Produkteinkauf abgeschlossen.	Durch Kundeneinkauf begonnen kann Produkt bezahlen und Kunden registrieren durchgeführt werden. Infolge von Produkt bezahlen und Kunden registrieren ergibt sich sowohl Kundendaten hinterlegt als auch Produkt bezahlt. Bevor entweder Produkt mitnehmen durchgeführt oder Produkt versenden durchgeführt werden kann, muss zuvor sowohl Produkt bezahlt als auch Kundendaten hinterlegt sein. Die Bearbeitung von entweder Produkt mitnehmen oder Produkt versenden ergibt Produkteinkauf abgeschlossen.

Abb. 4.14: Vergleich der synonymfreien Konstruktion zu Abb. 4.1 mit einer alternativen Synonymkonstruktion

4.2.1. Prozessbedingte Alternativkonstruktionen

Neben der sprachlichen Verschönerung kann der Zweck einer alternativen Konstruktion auch durch die klarere Darstellung der Zusammenhänge begründet werden. Wenn spezielle (Teil-)Prozessmuster oder (Teil-)Netzeigenschaften vorliegen, können Aussagen über Abläufe abgeleitet werden. Diese können entsprechend sprachlich wiedergegeben werden.

Hinweise auf diese prozessbedingten Alternativkonstruktionen geben die unterschiedlichen Einsatzzwecke der Prozesselemente. So werden in der Praxis Stellen sowohl für Ereignisse, Zustände[6] oder Entscheidungen eingesetzt. Die bisher vorgestellten Formulierungen unterscheiden nicht zwischen diesen drei Einsatzzwecken. Jedoch ist es bei einem XOR-Split in einer Teilnetzkonstellation, die free-choice erfüllt, wahrscheinlich, dass die entsprechende Stelle eine Entscheidung darstellt. Sprachlich kann dieser Fall gut abgebildet werden. So kann aus dem Beispiel der Abb. 4.15 die folgende Formulierung erstellt werden: „Entscheide, wenn Produkt bezahlt, ob Produkt mitnehmen durchgeführt oder ob Produkt versenden durchgeführt werden soll.".

---

[6] Enthält vorliegende Dokumente (Objektspeicher)

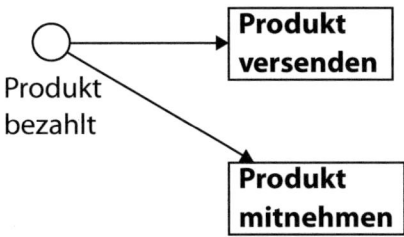

Abb. 4.15: Stelle als Entscheidung

Die genannte Formulierung kann nur bei der Erfüllung der Netz-Eigenschaft free-choice eingesetzt werden. Wird eine weitere Stelle eingefügt und verknüpft, sodass in dem Beispiel die Netz-Eigenschaft free-choice nicht erfüllt ist, kann das Synonymkonstrukt nicht mehr genutzt werden. Dies ist in Abb. 4.16 dargestellt.

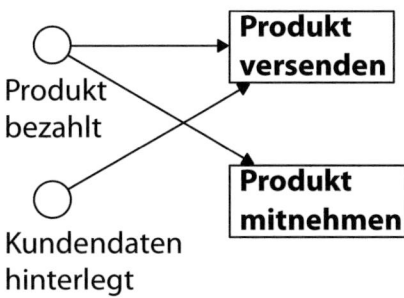

Abb. 4.16: Free-choice verletzt

Im Beispiel kann eine Entscheidung ausgehend von „Produkt bezahlt" nur durchgeführt werden, wenn auch „Kundendaten hinterlegt" vorliegt. Liegt Letzteres nicht vor, kann nur „Produkt mitnehmen" ausgeführt werden. Diesen Sachverhalt in knappen Worten, d. h. nur in einem Satz darzustellen, erschwert das Verständnis.

Eine prozessbedingte Alternativkonstruktion stellt eine Besonderheit dar, da diese auch als Hauptkonstruktion der Sätze im Falle der Strukturerfüllung festgelegt werden kann.

4.3. Alternatives Parsing durch eindeutige Trennzeichen

Die vorgestellte Parsingtechnik nutzt den Satzbau zur Erkennung der Inhalte. So werden Merkmale von natürlichen Sätzen gesucht, die als Trennzeichen im Huckepack-Verfahren genutzt werden. Alternativ können explizite Trennzeichen gewählt werden. Im Folgenden werden musterhaft einige davon vorgestellt und eine Abwägung des Einsatzes im Vergleich untereinander und im Vergleich zum zuvor vorgestellten Konzept vorgestellt.

In diesem Abschnitt wird lediglich das Parsing betrachtet. Dementsprechend ist die Gegenrichtung, also die Erstellung von Texten aus Petri-Netzen nicht weiter betroffen, außer dass die erstellen Texte um die entsprechenden Trennzeichen erweitert werden müssen.

Zur Erläuterung werden die vorgestellten Trennzeichen mithilfe des Beispiels aus Abb. 4.17 illustriert.

Abb. 4.17: Erläuterungsbeispiel

Dieses Beispiel wird mit dem zuvor beschriebenen Konzept durch den folgenden Text repräsentiert, der die Informationen ohne explizite Trennzeichen enthält:

> Sobald Pause begonnen vorliegt, kann entweder Tee trinken durchgeführt oder Kaffee trinken durchgeführt werden. Das Erledigen von entweder Tee trinken oder Kaffee trinken erfüllt Pause beendet.

Abb. 4.18: Textdarstellung des vorherigen Beispiels

Trennzeichen gehören verschiedenen (nicht immer disjunkten) Kategorien an. Diese Kategorien werden in dieser Arbeit durch die im Folgenden aufgelisteten eigenen Begriffe definiert:

- *Monozeichen*

  Monozeichen sind einzelne Zeichen, die für unterschiedliche Bedeutungen eingesetzt werden. Insbesondere werden Monozeichen sowohl als Start- als auch als Stoppzeichen zur Aufteilung von Zeichenketten eingesetzt. Die Unterscheidung der Bedeutung entsteht durch Bestimmung der Reihenfolge des Auftretens. So markiert das erste Auftreten eines Monozeichens häufig eine Startposition für eine Teilzeichenkette und das folgende Auftreten des gleichen Zeichens die Stoppposition. Vielfach wird zu diesem Zweck das einfache oder doppelte Anführungszeichen[7] eingesetzt. Die zeilenweise Verarbeitung, mit der durch einen Zeilenumbruch etwas Neues signalisiert wird, stellt auch eine Monozeichentrennung dar. In dieser Arbeit kann ein Anführungszeichen genutzt werden, um die Trennung der Inschriftentexte zu erkennen oder zu verdeutlichen. Im Beispiel verändert sich der Text durch die zusätzliche Nutzung von Anführungszeichen, wie es in Abb. 4.19 abgebildet ist.

Sobald "Pause begonnen" vorliegt, kann entweder "Tee trinken" durchgeführt oder "Kaffee trinken" durchgeführt werden. Das Erledigen von entweder "Tee trinken" oder "Kaffee trinken" erfüllt "Pause beendet".

Abb. 4.19: Textdarstellung mit Nutzung des Monozeichens (")

- *Klammerungszeichen*

  Klammerungszeichen sind ähnlich wie Monozeichen einzelne Zeichen. Sie unterscheiden sich jedoch darin, dass sie einen Beginn eines zu markierenden Textes mit einem anderen Symbol kennzeichnen als das Ende davon. Dies erlaubt die eindeutige Zuordnung einer Stelle unabhängig der zuvor genutzten Symbole oder eine hierarchische Anordnung der Texte. Die Klammerung von mathematischen Formeln entspricht der hierarchischen Anordnung. So ist es auch oft üblich, die verfügbaren Klammersymbole einzusetzen. Diese sind (), [], <> und {}. Im Beispiel kann eine nicht-hierarchische Klammerung zur Erkennung der Stellen- und Transitionsinschriften wie in Abb. 4.20 eingesetzt werden. Hierzu werden zur Unterscheidung von Stellen und Transitionen verschiedene Klammerungen, die auch eine gewisse Ähnlichkeit mit den zugehörigen graphischen Symbolen besitzen, zunutze gemacht.

---

[7] Üblicherweise werden von Systemen zuverlässig verfügbare Zeichen des Zeichenvorrats verwendet, d. h. die Zeichen der ASCII-Tabelle. Der weitere Zeichenvorrat ist abhängig von den lokalen Systemeinstellungen (Sprache). Beispielsweise werden in angepassten Systemen für die deutsche Sprache unterschiedliche Anführungszeichensymbole zum Beginn und Ende eines Zitates eingesetzt. Aus Kompatibilitätsgründen werden jedoch die einheitlichen Symbole aus dem ASCII-Zeichenvorrat zum Parsing verwendet. Diese sind das 39. ASCII-Zeichen (einfaches Anführungszeichen) und das 34. ASCII-Zeichen (doppeltes Anführungszeichen).

Sobald (Pause begonnen) vorliegt, kann entweder [Tee trinken] durchgeführt oder [Kaffee trinken] durchgeführt werden. Das Erledigen von entweder [Tee trinken] oder [Kaffee trinken] erfüllt (Pause beendet).

Abb. 4.20: Textdarstellung mit Nutzung von Klammerung

- *Individuelle Trennzeichenketten*

  Die individuellen Trennzeichenketten bilden eine Obermenge der vorherigen Kategorien. Verbreitet sind XML-Tags, mit deren Hilfe durch eine gestaltbare Start- und Ende-Syntax Texte durch Strukturierung für Computersysteme verarbeitbar verfasst werden können. Gegenüber der Klammerung mit einfachen Symbolen können die individualisierbaren Zeichenketten für Menschen verständliche Inhalte transportieren. Im Beispiel können XML-konform die Stellen und Transitionen entsprechend der Abb. 4.21 gestaltet werden. Beispielhaft für eine Hierarchie sind die Listenelemente darin aufgeführt.

Sobald <Stelle>Pause begonnen</Stelle> vorliegt, kann entweder <Liste><Transition>Tee trinken</Transition> durchgeführt oder <Transition>Kaffee trinken</Transition> durchgeführt werden</Liste>. Das Erledigen von entweder <Liste> <Transition>Tee trinken</Transition> oder <Transition>Kaffee trinken</Transition></Liste> erfüllt <Stelle>Pause beendet</Stelle>.

Abb. 4.21: Textdarstellung mit XML-Tags

- *Mitgelieferte Segmentierungspositionen*

  Mitgelieferte Segmentierungspositionen werden eingesetzt, um beispielsweise durch Zeilen- und Spaltennummern spezielle Textsegmente zu erkennen. Dies kann relativ zur aktuellen Textposition innerhalb des Textes an verschiedenen Stellen eingesetzt werden. Ebenso können diese an definierter Stelle als Ganzes in einem Text vorangestellt werden, am Ende aufgeführt werden oder als zusätzliches Dokument mitgegeben werden. Die Segmentierung kann neben den Positionsangaben auch Angaben über den Typ des Segments enthalten. In dem Anwendungsfall dieser Arbeit ist das beispielsweise die Angabe, ob ein Segment eine Stelle oder Transition beschreibt. So ist das Beispiel in Abb. 4.22 durch eine satzweise relative Position mit Typangabe gestaltet.

Sobald Pause begonnen vorliegt, kann entweder Tee trinken durchgeführt oder Kaffee trinken durchgeführt werden. (Wörter 2-3 [Stelle]; Wörter 7-8 [Transition]; Wörter 11-12 [Transition])

Das Erledigen von entweder Tee trinken oder Kaffee trinken erfüllt Pause beendet. (Wörter 5-6 [Transition]; Wörter 8-9 [Transition]; Wörter 11-12 [Stelle])

Abb. 4.22: Textdarstellung mit mitgelieferten Segmentierungspositionen

Die verschiedenen Trennzeichendefinition besitzen in der Gegenüberstellung mit dem vorgestellten Konzept und jeweils untereinander Vor- und Nachteile für die Anwendungsfälle dieser Arbeit.

	Vorteile	Nachteile
Keine expliziten Trennzeichen	Menschlicher Lesefluss ungestört; kurze Gestaltung; Text zum Inhalt stets synchron; In natürlicher Weise zu sprechen und zu hören	Gestaltungsfreiheit der Texte auf einige Wortwahlen eingeschränkt; Viele Regeln zur Gestaltung eines Texts
Monozeichen	Menschlicher Lesefluss ungestört; kurze Gestaltung; Sprechbar; Wenige Regeln zu merken, um einen Text zu gestalten	Fehleranfällig auf ein vergessenes/überflüssiges Monozeichen; Aufwendige Suche nach Fehlern; Monozeichen müssen mit vorgelesen werden, wenn eine Weiterverarbeitung möglich sein muss
Klammerungszeichen	Menschlicher Lesefluss kaum gestört; kurze Gestaltung; Hierarchie einfach abbildbar; Fehlersuche auf Textposition begrenzbar; wenige Regeln zu merken, um einen Text zu gestalten	Klammerungszeichen stören das Sprechen und Hören; Fehleranfällig auf fehlendes oder überflüssiges Klammerzeichen

	Vorteile	Nachteile
Individuelle Trennzeichenketten	Interpretation der Textelemente eindeutig; Einfache Anreicherung mit Zusatzinformationen und Hierarchien	Menschlicher Lesefluss gestört; ausgedehnte Textgestaltung; Sprechen und Hören unnatürlich
Mitgelieferte Segmentierungs- positionen	Text kann nahezu beliebig gestaltet werden; Zusatzinformationen möglich	Synchronisierung des Textes zu Positionsangaben aufwendig; Textinhalte reichen nicht zur Automatisierung aus; Sprechen und Hören umständlich

Nur die nicht expliziten Trennzeichen erlauben die Textdarstellung, sodass sie in natürlicher Weise vorgelesen und auditiv mit IT-Unterstützung weiterverarbeitet werden können. Dies gehört zu den vorgestellten Szenarien. Wenn die auditiven Funktionen nicht benötigt werden, können die hier vorgestellten Mittel des alternativen Parsings eingesetzt werden. Jede Alternative besitzt unterschiedliche Eigenschaften. Dementsprechend ist die Wahl vom zu unterstützenden Szenario abhängig.

	Implizit	Monozeichen	Klammern	Individuell	Segementpositionen
Hierarchien	○	○	●	●	◐
Interpretation	○	○	○	●	◐
Länge	●	●	●	○	◐
Lesefluss	●	●	●	○	○
Regelanzahl	◐	●	●	○	○
Sprechen/Hören	●	◐	○	○	○
Synchronisierung	●	●	●	●	○
Textgestaltung	○	◐	◐	◐	●
Zusatzinformation	○	○	○	●	●

Symbol	Erläuterung
○	**Wenig geeignet**
◐	**Teilweise geeignet**
●	**Gut geeignet**

Abb. 4.23: Einsatzszenarieneignung der Trennzeichen

4.4. Berücksichtigung der Dynamik

Die Instanziierung und Ausführung der Prozessmodelle werden durch Petri-Netze mithilfe von Marken unterstützt. Die Markenbelegung stellt einen Zustand des Prozesses dar. Durch Schalten einer Transition, die eine Aktivität im Geschäftsprozess ausdrückt, wird ein Folgezustand durch eine Folgemarkierung erreicht (siehe Abschnitt 2.2.2). Diese Dynamik soll auch durch eine geeignete Textdarstellungen repräsentiert werden.

Von der Darstellung sollen nicht anonyme Marken zunächst unberücksichtigt bleiben. Diese Marken enthalten voneinander unterscheidbare Informationen, die mit XML-Netzen [Len03, LeO03] auch umfassende Dokumente fassen können.

Marken können als Erweiterung statischer Prozessmodelle aufgefasst werden. Das Gleiche gilt für die sprachliche Umsetzung. Daher sollte die Textdarstellung eine Erweiterung der vorgestellten Satzkonstruktionen erzeugen. Folglich sollten die zuvor vorgestellten Formulierungen nur verändert werden, wenn Marken eingesetzt werden. Die Veränderung kann eine Erweiterung der bestehenden Sätze sein oder durch das Hinzufügen eines weiteren Satzes erreicht werden.

Neben der Festlegung, ob die bestehenden Sätze modifiziert werden sollen oder zusätzliche Sätze die Markenbelegung ausdrücken sollen, sind noch weitere grundsätzliche Gestaltungsfestlegungen möglich. Diese sind die Festlegung, wie unmarkierte Stellen textuell dargestellt werden, die Festlegung, ob zu jeder Erwähnung einer Stelle auch deren Markierungsaussage mitgeliefert werden muss, und die Festlegung, an welcher Position die Belegung beschrieben wird.

Die Gestaltungsfestlegungen sind nicht ausschließend. Das bedeutet, dass innerhalb eines Textes für verschiedene Stellen auch unterschiedliche Festlegungen möglich sein können. Dies erlaubt eine sprachliche Varianz zur Erreichung von Synonymkonstruktionen (siehe Abschnitt 4.2), die Hervorhebung von besonderen Stellen oder die möglichst eindeutige sprachliche Darstellung des Prozesszustands. Eine für diese Arbeit wichtige Eigenschaft ist die einfache Rücktransformationsmöglichkeit eines markierten Netzes auf den unmarkierten Zustand. Dies unterstützt die Laufzeitausführung, da nach Ausführung einer Aktivität ein veränderter Folgezustand erreicht wird, der textuell einem Nachfolgebearbeiter mitgeteilt werden kann.

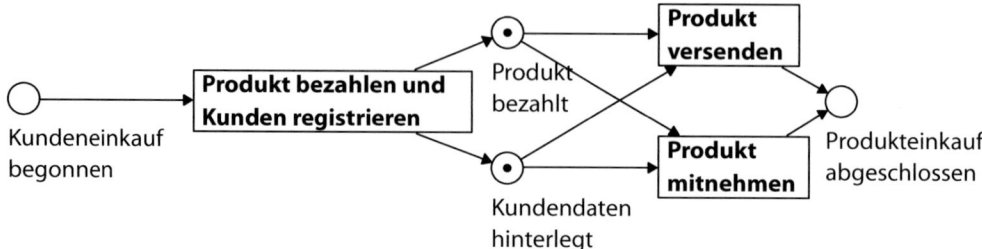

Abb. 4.24: Beispiel mit Markierung

In der Abb. 4.24 ist das Ursprungsbeispiel aus dem Anfang dieses Kapitels nun markiert. Die zwei mittleren Stellen besitzen jeweils eine Marke. Die verschiedenen Gestaltungsmöglichkeiten werden im Folgenden beleuchtet.

4.4.1. Gestaltung mit zusätzlichen Sätzen

Die Gestaltung mit zusätzlichen Sätzen kann die statischen Prozessmodelle unangetastet in ihren Formulierungen erweitern, sodass diese mit einfachen Mitteln extrahiert werden können. Hierfür müssen lediglich markenbeschreibende Texte erkannt und gelöscht werden. Die Abb. 4.25 zeigt die Textdarstellung des Beispiels mit zwei weiteren Sätzen (hier unterstrichen) zur Textdarstellung ohne Markierung.

Sobald Kundeneinkauf begonnen vorliegt, kann Produkt bezahlen und Kunden registrieren durchgeführt werden. Das Erledigen von Produkt bezahlen und Kunden registrieren erfüllt sowohl Kundendaten hinterlegt als auch Produkt bezahlt. Dies ist aktuell jeweils einmal erfüllt. Sobald sowohl Produkt bezahlt als auch Kundendaten hinterlegt vorliegt, kann entweder Produkt mitnehmen durchgeführt oder Produkt versenden durchgeführt werden. Dies liegt aktuell jeweils einmal vor. Das Erledigen von entweder Produkt mitnehmen oder Produkt versenden erfüllt Produkteinkauf abgeschlossen.

Abb. 4.25: Zusätzliche Sätze zur Markenbeschreibung

In diesem Beispieltext sind die markierungsbeschreibenden Sätze nach den kantenbeschreibenden Sätzen positioniert. Die beiden Sätze sind leicht unterschiedlich gebildet, je nachdem, ob diese Sätze nach einer Stellen-zu-Transitionen-Beschreibung oder einer Transitionen-zu-Stellen-Beschreibung auftreten. Um die Beziehung klarer abzubilden, wird das Verb entsprechend des vorherigen Satzes aufgegriffen (d. h. „erfüllen" oder „vorliegen"). Die Zusammenfassung der gleichen Belegung in diesem Fall bietet sich zur Verkürzung des Textes an. Sind die Belegungen der durch die Satzkantenmenge zusammengefassten Stellen verschieden, muss dies auch zum Ausdruck gebracht werden. Dies wird im Abschnitt 4.4.5 gezeigt.

4.4.2. Gestaltung durch Satzmodifikation

Die Gestaltung der Markierungsbelegung innerhalb der Sätze erzeugt längere Sätze, da weitere Informationen mit in einen Satz eingebaut werden sollen. So kann aber auch ein insgesamt kürzerer Text als durch das Hinzufügen neuer Sätze erreicht werden, da ein Bezug zu einer Stelle nicht durch ihre erneute Nennung hergestellt werden muss. Die zugehörige Abwägung ist nicht offensichtlich. Zur Unterstützung von Zielgruppen mit geringer Erfahrung für Prozessgestaltung sind kürzere Sätze eventuell zu bevorzugen. Das unterstützt das Textverständnis, da in jedem Satz jeweils nur eine Kernaussage enthalten ist, die vermittelt werden soll. Die zusätzliche Markierungsaussage erschwert ansonsten unter Umständen das Verständnis.

Des Weiteren können bestimmte Satzmodifikationen die Ableitung des unmarkierten Prozessmodells aufwendiger als die Gestaltung eigener Sätze machen. So können nicht in jedem Fall einfach die markierungsbeschreibenden Aussagen erkannt und gelöscht werden, um die unmarkierten Modelle zu extrahieren. Dies wird mit dem Beispiel der Abb. 4.26 illustriert.

Sobald Kundeneinkauf begonnen vorliegt, kann Produkt bezahlen und Kunden registrieren durchgeführt werden. Das Erledigen von Produkt bezahlen und Kunden registrieren erfüllt sowohl Kundendaten hinterlegt als auch Produkt bezahlt, _was jeweils einmal bereits erfüllt ist_. _Da aktuell jeweils einmal sowohl Produkt bezahlt als auch Kundendaten hinterlegt vorliegt_, kann _nun_ entweder Produkt mitnehmen durchgeführt oder Produkt versenden durchgeführt werden. Das Erledigen von entweder Produkt mitnehmen oder Produkt versenden erfüllt Produkteinkauf abgeschlossen.

Abb. 4.26: Markenbeschreibung durch Satzmodifikation

Die Markierungsbeschreibung ist doppelt enthalten. Im ersten Fall besteht diese aus einem nachgestellten Nebensatz. Das lässt sich leicht identifizieren und automatisch löschen. Im zweiten Fall ist jedoch der Satz umformuliert. Anstelle eines Satzes mit der Einleitung durch „Sobald" wird der Satz mit „Da" begonnen. Eine Rücktransformation auf ein unmarkiertes Netz erfordert neben der Löschung von Wörtern daher auch eine Umformulierung eines Wortes des Satzes.

Eine weitere Möglichkeit der Satzmodifikation ist durch den Einsatz von Trennzeichen (siehe Abschnitt 4.3) gegeben. Diese erlauben das schnelle Erkennen der Markierung und daher auch die einfache Beschreibung von Nachfolgezuständen. Dieser Weg benötigt eventuell zusätzliche Erläuterungen der Angaben. Die Abb. 4.27 stellt ein Beispiel für diese Gestaltungsmöglichkeit dar.

Sobald Kundeneinkauf begonnen vorliegt, kann Produkt bezahlen und Kunden registrieren durchgeführt werden. Das Erledigen von Produkt bezahlen und Kunden registrieren erfüllt sowohl Kundendaten hinterlegt (jetzt einmal erfüllt) als auch Produkt bezahlt (jetzt einmal erfüllt). Sobald sowohl Produkt bezahlt (jetzt einmal erfüllt) als auch Kundendaten hinterlegt (jetzt einmal erfüllt) vorliegt, kann entweder Produkt mitnehmen durchgeführt oder Produkt versenden durchgeführt werden. Das Erledigen von entweder Produkt mitnehmen oder Produkt versenden erfüllt Produkteinkauf abgeschlossen.

Abb. 4.27: Markenbeschreibung durch Satzmodifikation mit Klammern

4.4.3. Auslassung von unmarkierten Stellen

Da es in der Praxis der Geschäftsprozessmodellierung häufig viele leere (d. h. unmarkierte) Stellen gibt, sollten diese Stellen nicht durch explizite Angaben den Text verlängern. Andernfalls könnte für jede unmarkierte Stelle ein Text wiederholt werden, mit dem ausgesagt wird, dass ein zugehöriger Zustand oder ein zugehöriges Objekt nicht vorliegt. Dies kann zur Erfüllung einer Anforderung zur möglichst exakten Beschreibung von Prozesszuständen sinnvoll sein. Die vermehrt wiederkehrende Aussage, dass etwas nicht vorliegt, kann aber dennoch bei einer exakten Beschreibung ausgelassen werden, wenn jede andere Stelle, die Marken enthält, durch einen Textzusatz zur Markierung beschrieben wird. In einem spärlich markierten Prozessmodell, d. h. einem Prozessmodell mit überwiegend unmarkierten Stellen, verkürzt sich die Textdarstellung deutlich.

Die vorherigen Beispiele lassen bereits die unmarkierten Stellen aus. Zur Verdeutlichung der Gestaltung ohne Auslassung ist in Abb. 4.28 der vollständige Text des Beispiels der Abb. 4.25 dargestellt.

Sobald Kundeneinkauf begonnen vorliegt, kann Produkt bezahlen und Kunden registrieren durchgeführt werden. <u>Dies liegt aktuell nicht vor.</u> Das Erledigen von Produkt bezahlen und Kunden registrieren erfüllt sowohl Kundendaten hinterlegt als auch Produkt bezahlt. <u>Dies ist aktuell jeweils einmal erfüllt.</u> Sobald sowohl Produkt bezahlt als auch Kundendaten hinterlegt vorliegt, kann entweder Produkt mitnehmen durchgeführt oder Produkt versenden durchgeführt werden. <u>Dies liegt aktuell jeweils einmal vor.</u> Das Erledigen von entweder Produkt mitnehmen oder Produkt versenden erfüllt Produkteinkauf abgeschlossen. <u>Dies ist aktuell nicht erfüllt.</u>

Abb. 4.28: Zusätzliche Sätze ohne Auslassung

Die Auslassung erschwert nicht die Rückführungsmöglichkeit auf ein unmarkiertes Netz.

4.4.4. Auslassung doppelter Markierungsbeschreibungen

Die vorherigen Beispiele haben zu jeder markierten Stelle bei jeder auftretenden Textposition auch anschließend die Markierung angeführt. Dies führt zu einer Redundanz, wenn die gleiche Stelle durch verschiedene Kantenmengenelemente mehrfach beschrieben wird.

Es kann gewünscht sein, den Text knapp zu fassen und daher zu jeder Stelle nur einmalig die Markierung zu nennen. Dies darf jedoch nicht damit verwechselt werden, dass eine Stelle fehlerhaft als unmarkiert interpretiert wird (siehe 4.4.3). Daher muss, wenn beide Auslassungen zugleich erlaubt werden sollen, der gesamte Text betrachtet werden, um eine korrekte Aussage über die Markierung einer Stelle zu treffen, an deren Ursprungsposition keine Markierungsbeschreibung enthalten ist.

Die Abb. 4.29 verkürzt das Beispiel der Abb. 4.26 durch die Auslassung der ersten Markierungsbeschreibung.

Sobald Kundeneinkauf begonnen vorliegt, kann Produkt bezahlen und Kunden registrieren durchgeführt werden. Das Erledigen von Produkt bezahlen und Kunden registrieren erfüllt sowohl Kundendaten hinterlegt als auch Produkt bezahlt. <u>Da aktuell jeweils einmal sowohl Produkt bezahlt als auch Kundendaten hinterlegt vorliegt,</u> kann <u>nun</u> entweder Produkt mitnehmen durchgeführt oder Produkt versenden durchgeführt werden. Das Erledigen von entweder Produkt mitnehmen oder Produkt versenden erfüllt Produkteinkauf abgeschlossen.

Abb. 4.29: Auslassung doppelter Stellenmarkierungsbeschreibungen

Der entstandene Text ist kompakt formuliert und kann zumindest mit dem Wissen über die Gestaltungsfestlegung wieder auf das Petri-Netz überführt werden. Die Auslassung doppelter Markierungsbeschreibungen erschwert nicht weiter die Ableitung des unmarkierten Prozessmodells.

Die im Beispiel gegebene Positionierung der Angabe über die Markierung der Stellen in einem Stellen-zu-Transitionen-Satz und nicht im umgekehrten Fall ist für die menschliche Ausführungsunterstützung von Prozessen hilfreich. So kann ein lesender Bearbeiter leicht folgern, welche Tätigkeit als Nächstes zu erledigen ist. Für diesen Zweck ist jedoch die rückwärts gerichtete Betrachtung von geringerem Interesse. So kann zwar geschlussfolgert werden, welche Aktivitäten zuvor ausgeführt wurden; jedoch wird bei diesen nicht explizit erneut erwähnt, welche Markierung damit erreicht wurde.

Konsequentermaßen ist zur Ausführungsunterstützung zu empfehlen, die Auslassung bei Transitionen-zu-Stellen-Sätzen durchzuführen, sofern die Stellen in umgekehrten Kantenbeziehungen erwähnt werden. Letzteres ist nicht der Fall bei einer Ausgabestelle, da diese nur (von Transitionen beginnende) eingehende Kanten besitzt. Ist in der Ausgabestelle eine Marke enthalten, so darf der Text hierzu nicht ausgelassen werden.

4.4.5. Verkürzung durch Zusammenfassung ähnlicher Stellen

Die Beschreibung der Markierung bestimmter Stellen lässt sich teilweise zusammenfassen und damit kürzer ausdrücken. Dies ist in den vorherigen Beispielen mithilfe der Formulierungen, die das Wort „jeweils" enthielten, vorgestellt worden (u. a. Abb. 4.25). Die Zusammenfassung ist nur mit Stellen möglich, die eine gewisse Ähnlichkeit besitzen. Diese Ähnlichkeit drückt sich durch die gleiche Anzahl an Marken, die mehrere Stellen besitzen, und dem gemeinsamen Enthaltensein in dem gleichen Element der Satzkantenmenge aus. Das garantiert, dass die Stellen einen gemeinsamen Vor- oder Nachbereich einer oder mehrerer Transition/-en darstellen.

Die beiden folgenden Beispiele werden die Verkürzung genauer beleuchten.

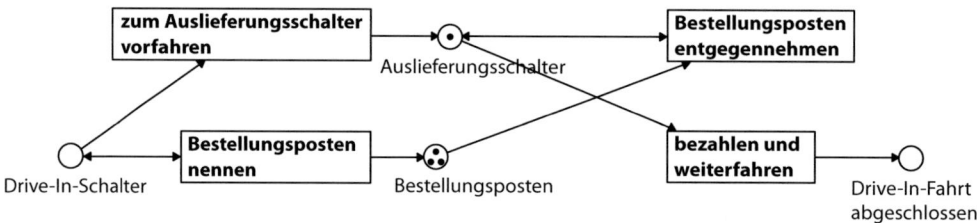

Abb. 4.30: Keine Verkürzung durch Zusammenfassung möglich

Sobald Drive-In-Schalter vorliegt, kann entweder Bestellungsposten nennen durchgeführt oder zum Auslieferungsschalter vorfahren durchgeführt werden. Das Erledigen von Bestellungsposten nennen erfüllt sowohl Bestellungsposten als auch Drive-In-Schalter.

Sobald sowohl Auslieferungsschalter (jetzt einmal erfüllt) als auch Bestellungsposten (jetzt dreimal erfüllt) vorliegt, kann Bestellungsposten entgegennehmen durchgeführt werden. Das Erledigen von entweder zum Auslieferungsschalter vorfahren oder Bestellungsposten entgegennehmen erfüllt Auslieferungsschalter.

Sobald Auslieferungsschalter (jetzt einmal erfüllt) vorliegt, kann bezahlen und weiterfahren durchgeführt werden. Das Erledigen von bezahlen und weiterfahren erfüllt Drive-In-Fahrt abgeschlossen.

Abb. 4.31: Textuelle Darstellung von Abb. 4.30

Die gegebene Markierung aus Abb. 4.30 erlaubt keine Verkürzung durch Zusammenfassung, da die beiden Stellen „Auslieferungsschalter" und „Bestellungsposten" verschieden viele Marken enthalten. Dennoch liegen diese Stellen innerhalb desselben Elements der Satzkantenmenge und stehen daher im gleichen Satz. Eine Zusammenfassung ist also möglich, wenn die beiden Stellen die gleiche Anzahl an Marken besitzen.

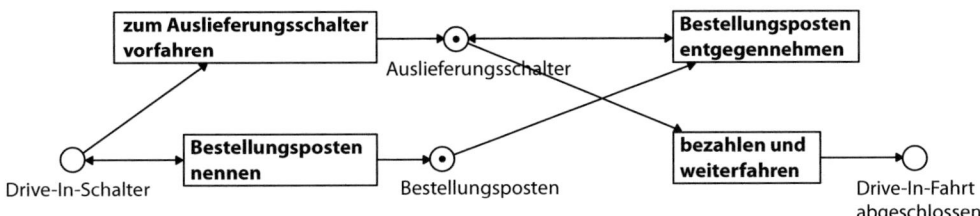

Abb. 4.32: Verkürzung durch Zusammenfassung möglich

Sobald Drive-In-Schalter vorliegt, kann entweder Bestellungsposten nennen durchgeführt oder zum Auslieferungsschalter vorfahren durchgeführt werden. Das Erledigen von Bestellungsposten nennen erfüllt sowohl Bestellungsposten als auch Drive-In-Schalter.

Sobald sowohl Auslieferungsschalter als auch Bestellungsposten (aktuell jeweils einmal erfüllt) vorliegt, kann Bestellungsposten entgegennehmen durchgeführt werden. Das Erledigen von entweder zum Auslieferungsschalter vorfahren oder Bestellungsposten entgegennehmen erfüllt Auslieferungsschalter.

Sobald Auslieferungsschalter (aktuell einmal erfüllt) vorliegt, kann bezahlen und weiterfahren durchgeführt werden. Das Erledigen von bezahlen und weiterfahren erfüllt Drive-In-Fahrt abgeschlossen.

Abb. 4.33: Textuelle Darstellung von Abb. 4.32

Infolgedessen ist in der Abb. 4.32 eine Zusammenfassung, wie in der zugehörigen textuellen Darstellung beschrieben, möglich. Diese Zusammenfassung ist auch mit den anderen Gestaltungsfestlegungen bildbar, wie es in den vorherigen Beispielen aus den Abschnitten 4.4.1-4.4.4 bereits gezeigt wurde. Um die eindeutige Interpretation eines Textes zu gewährleisten, sollte die Zusammenfassung von Stellen nur dann durchgeführt werden, wenn jede Stelle in einem Satzkantenmengenelement die gleiche Anzahl an Marken enthält. Wenn lediglich eine Teilmenge dieser Stellen die gleiche Anzahl enthält, kann dies zu Fehlinterpretationen führen. Des Weiteren ist aus der textuellen Darstellung von Abb. 4.33 ersichtlich, dass Stellen an verschiedenen Textpositionen mit unterschiedlichen anderen Stellen auftreten können. Die Zusammenfassung ist in solchen Fällen getrennt zu betrachten. D. h., dass die Zusammenfassung von Stellen keinen Einfluss auf die übrigen Sätze nimmt, sofern dies nicht von einer anderen Regel bereits erfasst wurde (z. B. einer Auslassungsgestaltungsregel wie in Abschnitt 4.4.4).

4.4.6. Auswahl der Gestaltungsregeln zur Dynamikdarstellung

Die gezeigten Gestaltungsregeln zur textuellen Darstellung von Markierungen können zu verschiedenen Zwecken eingesetzt werden. Relevante Faktoren zur Entscheidung, welche Regeln zum Einsatz kommen sollen, sind:

- Auditive Unterstützung
  - Vorlesen und Hören von Texten stellen andere Anforderungen als das schlichte Lesen der Texte.

- Interpretations-Eindeutigkeit
  - Die Bildung von Bezügen durch beispielsweise Demonstrativ- oder Relativpronomen kann eine ungewollte Mehrfachdeutung erzeugen.
- Einzelabschnittsbetrachtung
  - Wenn nur ein Abschnitt des Gesamttexts in den Fokus gestellt wird, sind möglicherweise weitere Informationen, die an anderer Stelle stehen, bedeutungsvoll.
- Kompakte Gesamtdarstellung und Redundanzfreiheit
  - Die Informationsdichte des Texts kann hoch sein, um die wesentlichen Inhalte offensichtlich zu vermitteln.
- Rückführbarkeit auf unmarkierten Zustand
  - Nach Durchführung von Aktivitäten sind neue Markierungen zu erwarten. Es kann hilfreich sein, diese als einfache Änderung des unmarkierten Zustands zu bilden.
- Schnelle Erfassung
  - Gleichförmigkeit und die Nutzung von auffälligen Formulierungen oder Sonderzeichen können den Blick auf Inhalte lenken.
- Variantenunterstützung
  - Um längere Texte nicht allzu monoton zu formulieren, können Varianten gefordert werden.

Neben diesen Faktoren existiert ein weiterer subjektiver Faktor, der sich schwierig ausdrücken lässt: die ästhetische Präferenz für sprachliche Formulierungen. In diesem Abschnitt wird dieser Aspekt nicht weiter betrachtet.

Es bestehen einige Abhängigkeiten zwischen den Faktoren. Beispielsweise kann es für einen Bearbeiter einer einzelnen Aktivität eines Gesamtprozesses ausreichen, nur einen einzelnen Abschnitt des Texts zu betrachten. Wenn die Beschreibung der Markierung jedoch an anderer Position steht und die Anforderung der Redundanzfreiheit die Wiederholung an dem betrachteten Abschnitt verhindert hat, kann die Einzelabschnittsbetrachtung nicht durchgeführt werden. Gleichfalls ist es für die auditive Unterstützung und für die Variantenunterstützung nicht sinnvoll, den Einsatz von Sonderzeichen zur schnellen Erfassung zu kombinieren.

	zusätzliche Sätze	Satzmodifikation	Auslassung unmarkierter Stellen	Auslassung doppelter Beschreibung	Zusammenfassung ähnlicher Stellen
Auditive Unterstützung	●	○	●	●	●
Interpretation	○	●	○	○	○
Einzelabschnitt	○	●	○	○	○
Kompakte Darstellung	○	●	●	●	●
Rückführbarkeit	●	○	●	●	●
Schnelle Erfassung	○	●	●	○	●
Variantenunterstützung	●	●	○	○	○

Symbol	Erläuterung
○	eher ungeeignet
●	geeignet

Abb. 4.34: Unterstützung der Faktoren durch die Gestaltungsregeln

4.5. Berücksichtigung von Kapazitäten

Kapazitätsangaben drücken eine maximale Beschränkung der Anzahl an möglichen Marken zu jeder einzelnen Stelle aus (siehe Abschnitt 2.2.2). In der Praxis sind viele Stellen unbeschränkt in der maximal fassenden Markenzahl (d. h., die Kapazität ist unendlich). In der graphischen Darstellung wird das zumeist nicht explizit angegeben.

Ähnlich wie bei den Markierungen findet so eine Erweiterung zu den Angaben der Stellen durch die Kapazitäten statt. Daher gelten auch die analogen Gestaltungsregeln wie für die Dynamikdarstellung (Abschnitt 4.4). Da mit diesen Gestaltungsregeln verschiedene Vor- und Nachteile einhergehen, sollten die Kapazitätsangaben entsprechend den gleichen Regeln folgen, um nicht unnötigerweise die kombinierten Nachteile der Regeln einzugehen.

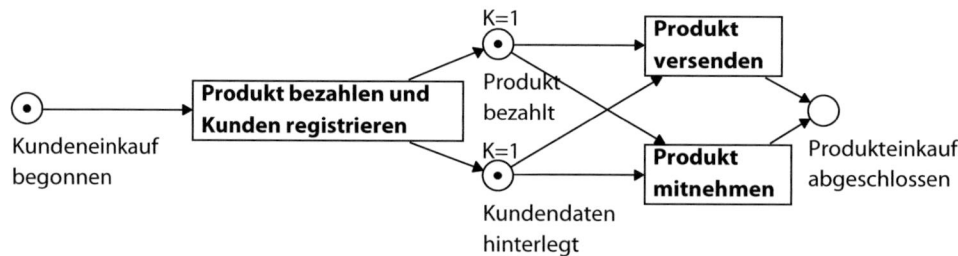

Abb. 4.35: Kapazitätsbeispiel

Das Beispiel der Abb. 4.35 kann entsprechend den Gestaltungsregeln mit neuen Sätzen, der Zusammenfassung ähnlicher Stellen und der Auslassung doppelter Beschreibung und unbeschränkter Stellen durch den Text in der Abb. 4.36 umgewandelt werden.

Sobald Kundeneinkauf begonnen vorliegt, kann Produkt bezahlen und Kunden registrieren durchgeführt werden. Dies ist aktuell einmal erfüllt. Das Erledigen von Produkt bezahlen und Kunden registrieren erfüllt sowohl Kundendaten hinterlegt als auch Produkt bezahlt. <u>Dies ist aktuell jeweils einmal von maximal einmal erfüllt.</u> Sobald sowohl Produkt bezahlt als auch Kundendaten hinterlegt vorliegt, kann entweder Produkt mitnehmen durchgeführt oder Produkt versenden durchgeführt werden. Das Erledigen von entweder Produkt mitnehmen oder Produkt versenden erfüllt Produkteinkauf abgeschlossen.

Abb. 4.36: Textdarstellung der Abb. 4.35

Mit einer anderen Auswahl an Gestaltungsregeln kann auch der in der Abb. 4.37 beschriebene Text abgeleitet werden. Hier werden Satzmodifikationen durch Klammern und keinerlei Auslassungen oder Zusammenfassungen durchgeführt.

Sobald Kundeneinkauf begonnen <u>(aktuell einmal von maximal beliebig oft erfüllt)</u> vorliegt, kann Produkt bezahlen und Kunden registrieren durchgeführt werden. Das Erledigen von Produkt bezahlen und Kunden registrieren erfüllt sowohl Kundendaten hinterlegt <u>(aktuell mit einmal maximal erfüllt)</u> als auch Produkt bezahlt <u>(aktuell mit einmal maximal erfüllt)</u>. Sobald sowohl Produkt bezahlt <u>(aktuell mit einmal maximal erfüllt)</u> als auch Kundendaten hinterlegt <u>(aktuell mit einmal maximal erfüllt)</u> vorliegt, kann entweder Produkt mitnehmen durchgeführt oder Produkt versenden durchgeführt werden. Das Erledigen von entweder Produkt mitnehmen oder Produkt versenden erfüllt Produkteinkauf abgeschlossen <u>(aktuell keinmal von maximal beliebig oft erfüllt)</u>.

Abb. 4.37: Textdarstellung der Abb. 4.35 mit umgekehrten Gestaltungsregeln

In beiden Textdarstellungen ist jedoch der folgende Zusammenhang, der durch die Kapazitätsbeschränkung bedingt ist, nicht klar ersichtlich. Es ist nicht möglich, die erste Transition zu feuern, sofern nicht zuvor eine der anderen beiden Transitionen gefeuert wurde. Der Zusammenhang ist zwar indirekt ableitbar, jedoch für einen unerfahrenen Benutzer nicht in jedem Fall aus dem Text erkennbar. Daher erhöht ein zusätzlicher Satz in dem speziellen Fall, dass Stellen die Kapazitätsschranke erreicht haben, das Textverständnis. Zur maschinellen Rücktransformation ist dieser Satz unbedeutend, da die Kapazität und Belegung bereits ohne einen solchen Satz abgedeckt ist. Das Erreichen der Kapazitätsgrenze wirkt sich auf die feuerbereiten Transitionen aus. Dies ist durch die Schaltregel systemimmanent.

Der Zusatzsatz sollte nach der ersten Nennung einer durch das Erreichen der Kapazitätsschranke blockierten Transition hinzugefügt werden.

115

Sobald Kundeneinkauf begonnen vorliegt, kann Produkt bezahlen und Kunden registrieren durchgeführt werden. Dies ist aktuell einmal erfüllt. Die Ausführung von Produkt bezahlen und Kunden registrieren ist aktuell aufgrund der Kapazitätsbeschränkung bei Kundendaten hinterlegt und Produkt bezahlt nicht möglich. Das Erledigen von Produkt bezahlen und Kunden registrieren erfüllt sowohl Kundendaten hinterlegt als auch Produkt bezahlt. Dies ist aktuell jeweils einmal von maximal einmal erfüllt. Sobald sowohl Produkt bezahlt als auch Kundendaten hinterlegt vorliegt, kann entweder Produkt mitnehmen durchgeführt oder Produkt versenden durchgeführt werden. Das Erledigen von entweder Produkt mitnehmen oder Produkt versenden erfüllt Produkteinkauf abgeschlossen.

Abb. 4.38: Zusatzsatz, um kapazitätsbeschränkte Transitionen hervorzuheben

4.6. Berücksichtigung von Kantengewichten

Im Gegensatz zu Kapazitäten liegen Kantengwichte an Kanten und nicht an Stellen an. Bisher wurden stets die Kantengewichte der Höhe 1 betrachtet. In der graphischen Repräsentation wird dieses Kantengewicht angenommen, wenn keine Kantengewichtsbeschriftung vorliegt. So ist auch eine Erwähnung in der Textform nicht notwendig. Die vorgestellte Transformation beschreibt jede Kante genau einmal in einem Satz. Die in einem Satz zusammengefassten Kanten sind bestimmt durch die Satzkantenmenge. Sind nun von 1 abweichende Kantengewichte einigen Kanten zugeordnet, sollte folglich diese Angabe innerhalb der Sätze beschrieben werden, die die jeweilige Kante darstellen.

Gehen Kanten mit Gewichten in Transitionen ein, so ist die der Gewichtung entsprechende Anzahl an Marken nötig, um die Transition feuern zu können. Gehen Kanten aus Transitionen aus, wird die Anzahl an Marken erzeugt, die durch das Gewicht vorgegeben wird. In weiterer Folge kann möglicherweise eine Transition aufgrund einer Kapazitätsbeschränkung nicht feuern. Der Bedeutungsunterschied der Kantengewichte muss sich in der Formulierung der Sätze wiederfinden.

Ein weiterer Aspekt ist die Beachtung von verschiedenen Kantengewichten innerhalb des gleichen Elements der Satzkantenmenge. Die Zusammenfassung der Kanten sollte in diesem Fall aufgehoben werden, sodass diese durch getrennte Sätze dargestellt werden. So aufgespaltene Elemente der Satzkantenmenge sollten auch dann eine Gewichtungsangabe erhalten, wenn das Gewicht 1 beträgt. Das lenkt die Aufmerksamkeit eines Lesers auf die Beachtung möglicherweise noch folgender abweichender Kantengewichtsangaben.

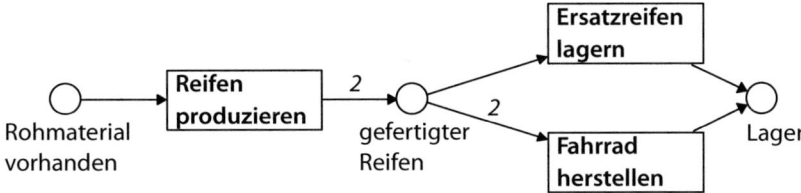

Abb. 4.39: Kantengewichtsbeispiel

> Sobald Rohmaterial vorhanden vorliegt, kann Reifen produzieren durchgeführt werden.
> Das Erledigen von Reifen produzieren erfüllt gefertigter Reifen <u>zweimal</u>.
>
> Sobald <u>einmal von</u> gefertigter Reifen vorliegt, kann Ersatzreifen lagern durchgeführt
> werden. Sobald <u>zweimal von</u> gefertigter Reifen vorliegt, kann Fahrrad herstellen
> durchgeführt werden. Das Erledigen von entweder Ersatzreifen lagern oder Fahrrad
> herstellen erfüllt Lager.

Abb. 4.40: Textuelle Darstellung der Kantengewichte

Dementsprechend sind beide Aspekte in der Transformation der Abb. 4.39 durch die Abb. 4.40 berücksichtigt. Dies bedeutet zum einen, dass die Gewichtsbeschreibung in Transitionen-zu-Stellen-Sätzen am Ende steht, während die Gewichtsbeschreibung in Stellen-zu-Transitionen-Sätzen am Anfang steht. Folglich steht die Gewichtsbeschreibung stets bei den Stellen. Zum anderen sind die beiden ausgehenden Kanten aus der Stelle „gefertigter Reifen" getrennt beschrieben worden, obwohl diese in dem gleichen Element der Satzkantenmenge enthalten sind. Wie gezeigt, hat dann auch die Kante mit dem Gewicht 1 eine textuelle Darstellung erhalten. Die implizit enthaltene Möglichkeit, dass Transitionen feuern können, wenn auch ein ganzes Vielfaches der Marken vorhanden ist, wird so nicht explizit formuliert. Diese Bedeutung kann auch explizit durch einen Zusatzsatz oder eine Zusatzformulierung eingefügt werden, die die maschinelle Verarbeitung ignorieren kann. Innerhalb eines Satzes kann beispielsweise direkt nach jedem Kantengewicht eine Angabe „(oder ein Vielfaches davon)" hinzugefügt werden. Da diese Angabe sich wiederholt und stets gültig ist, ist im Sinne der kompakten Darstellung eine Auslassung sinnvoll.

4.7. Auswahl der Formulierungsvarianten nach quantitativen Faktoren

Bisher wurden Varianten der Textgestaltung vorgestellt, die inhaltlich gleiche Sachlagen auf eine qualitativ unterschiedliche Weise beschreiben. Synonymkonstruktionen verleihen Texten eine geringere Monotonie (Abschnitt 4.2). Der Einsatz von Trennzeichenparsing erlaubt die besondere Unterstützung spezieller Anwendungsfälle (Abschnitt 4.3). Auch die Gestaltung der dynamischen Eigenschaften kann verschiedenen qualitativen Zwecken dienen. Über jeden Aspekt hinweg kann die Betrachtung der *Satz- und Wortlänge* einen messbaren Faktor zur Auswahl der richtigen Variante ergeben.

Die Satzlänge wird in der Regel mit der Anzahl der genutzten Wörter im Satz gezählt. Die Wortlänge ergibt sich aus der Anzahl der für ein Wort gebrauchten Buchstaben oder Silben. Hieraus können Lesbarkeitsindizes (siehe Abschnitt 2.1.3) gebildet werden, die eine Aussage zur allgemeinen Verständlichkeit eines Textes ergeben. Es wird dabei davon ausgegangen, dass lange Sätze und (viele) lange Wörter eine schlechtere Verständlichkeit erzeugen.

Auf dieser Basis können Synonymkonstruktionen und Gestaltungsregeln ausgewählt werden. Beispielsweise können Markenbeschreibungen in Satzmodifikationen vorkommen, solange die Sätze unterhalb eines festgelegten Schwellwerts von Wörtern liegen (z. B. 16 Wörter pro Satz). Ansonsten können eigenständige Sätze bevorzugt werden.

Auch die Anzahl von Kommas bzw. Bindestrichen oder der Einsatz von Klammern kann auf ein festgelegtes Niveau beschränkt werden, sodass im Bedarfsfall alternative Formulierungen einen geringeren Einsatz dieser Zeichen erlauben. Die Anzahl der Kommas führt möglicherweise auf viele eingeschobene Nebensätze. Die Anzahl von Klammern kann den Text zusammenhangslos erscheinen lassen. Beides kann durch viele Verschachtelungen eine hohe Komplexität der Satzstruktur bewirken.

Die Bestimmung der Grenzwerte sollte in der Praxis anhand eigener Untersuchungen durchgeführt werden. Dies geht über den Fokus dieser Arbeit hinaus und wird daher nicht genauer ausgearbeitet.

4.8. Textdarstellung von Petri-Netz-Erweiterungen

Das in den vorherigen Abschnitten beschriebene Konzept beschreibt die Hin- und Rücktransformation von Petri-Netzen in eine Textdarstellung. Im speziellen gehören die beschriebenen Petri-Netze der Klasse der Stellen/Transitionen-Netze an (siehe Abschnitt 2.2.2). Die als Grundidee entworfenen Texte aus Abschnitt 3.3 enthalten die Petri-Netz-Erweiterung *Leseverbindung*, die durch Stellen/Transitionen-Netze nicht definiert sind. In der Geschäftsprozessmodellierungspraxis sind einige weitere Erweiterungen im Einsatz, die durch entsprechende sprachliche Formulierungen abgebildet werden können. Die hohe Anzahl an Erweiterungen erzwingt, dass hier nur eine Auswahl betrachtet werden kann. So stehen Erweiterungen im Vordergrund, die in der Geschäftsprozess-Praxis häufiger eingesetzt werden.

Um den Einfluss auf die Satzgestaltung durch die Erweiterungen betrachten zu können, müssen auch deren Einsatzziele berücksichtigt werden. Das fällt nicht in jedem Fall leicht, da es teils an klaren Definitionen und Richtlinien mangelt, durch die der mögliche und sinnvolle Gebrauch vorbestimmt wird. Dies zeigt sich in der Beschreibung und Nutzung der Leseverbindung.

4.8.1. Leseverbindung

Leseverbindungen[8] ermöglichen den gleichzeitig[9] lesenden Zugriff auf ein Objekt durch mehrere verschiedene Transitionen [ChH93, MoR95, Obe96]. Häufig wird die Leseverbindung graphisch durch eine ungerichtete Kante dargestellt [MoR95, Obe96, VSY98]. Das Motiv zur Erweiterung von Petri-Netzen um Leseverbindungen kann verschiedene Gründe haben.

In der Beobachtung der Geschäftsprozessmodellierungspraxis zeigt sich, dass die Leseverbindung zumeist verwendet wird, um die *Nichtveränderbarkeit* von Objekten (bzw. deren Eigenschaften) hervorzuheben. So kann eine Leseverbindung darauf hindeuten, dass ein verwendetes Objekt, das durch eine (anonyme) Marke symbolisiert wird, bei Ausführung einer Aktivität nicht verändert werden soll. Ebenso können nicht anonyme Marken als strukturierte Dokumente verstanden werden, deren Inhalte nicht verändert werden sollen, wenn die an der Leseverbindung verknüpften Aktivitäten ausgeführt werden. Folglich erweitert die Leseverbindung in Geschäftsprozessmodellen die Bedeutung einer Kante um den Hinweis, keine Veränderungen gewisser Objekte bei der Ausübung einer Tätigkeit durchzuführen. Für die Ausführung des Petri-Netzes hat dieser Aspekt keine erweiternde Bedeutung, sodass eine Leseverbindung in dem Sinne dieses Motivs auch durch zwei gerichtete Kanten mit zueinander vertauschten Start- und Endknoten ersetzt werden kann. Im Resultat können damit die gleichen Schaltfolgen beschrieben werden.

---

[8] Auch Lesekante, Nur-Lese-Kante oder Testkante genannt.

[9] Genaugenommen ist eine zeitliche Gleichheit zwischen verschiedenen Ereignissen universell nicht möglich und wird nur aus Beobachtersicht angenommen. Sie basiert auf Toleranzen oder Ungenauigkeiten (und somit Zeitintervallen), die zur Erfüllung eines Zieles ausreichen. Des Weiteren werden mit nicht erweiterten Petri-Netzen ereignisdiskrete dynamische Systeme modelliert und die in dieser Arbeit vorgestellte Schaltregel erlaubt keine zeitliche Gleichheit. „Gleichzeitig" drückt hier aus, dass in einem Schritt für einen Beobachter zwei oder mehr Ereignisse gemeinsam stattfinden.

Jedoch werden in systemtheoretischen Arbeiten andere Motive zur Nutzung der Leseverbindung aufgezeigt. Dies kann die Absicht sein, eine Gleichzeitigkeit von verschiedenen Aktivitäten zu ermöglichen [MoR95] oder das gleichzeitige Lesen von Daten (durch beliebig viele Operationen) nicht durch zerstörendes Lesen und Wiederherstellen darzustellen [VSY98]. Beides betrachtet die für Geschäftsprozessmodelle seltener verbreitete Möglichkeit, in einem Schritt zwei oder mehr Transitionen gemeinsam schalten zu lassen. Dazu ist eine entsprechende Veränderung der Schaltregel notwendig. „In einem Netz, dessen Schaltregel es zulässt, dass mehrere Transitionen in einem Schritt (gleichzeitig) schalten, kann eine Testkante nicht durch eine Schlinge ersetzt werden, da sich dann ein anderes Schaltverhalten ergibt." [Web02]. Die Schlinge ist dabei als zwei gegeneinander gerichtete Kanten zu verstehen.

Abb. 4.41: Zwei Leseverbindungen an einer Stelle

Der beschriebene Unterschied des Motivs der Lesekante erzeugt eine sprachliche Hürde. Nur durch die strukturelle Betrachtung des Modells ist es nicht immer ersichtlich, ob eine Leseverbindung z. B. die Gleichzeitigkeit erlauben soll, oder ob die Unveränderbarkeit im Fokus steht. Ist eine Stelle ausschließlich mit genau einer Leseverbindung verknüpft, kann abgeleitet werden, dass die Unveränderbarkeit durch die Modellierung ausgedrückt werden soll. Letzen Endes können verschiedene Transitionen eine einzige Marke nur dann gleichzeitig verwenden, wenn die Stelle mit der Marke über mehr als eine Leseverbindung verfügt. In allen anderen Fällen muss eine klare Definition der Leseverbindung vorhanden sein.

Somit ergeben sich je nach Fokus verschiedene Arten der Formulierung. Das Beispiel der Abb. 4.41 ohne Betrachtung der Markierung kann durch einen der drei Sätze der Abb. 4.42 textuell dargestellt werden.

1. Sobald Materialliste vorliegt, kann <u>ohne Veränderung dieser</u> Verkaufsangebot erstellen <u>oder</u> Bestand prüfen durchgeführt werden.

2. Sobald Materialliste vorliegt, kann <u>gleichzeitig</u> Verkaufsangebot erstellen <u>und</u> Bestand prüfen durchgeführt werden.

3. Sobald Materialliste vorliegt, kann <u>ohne Veränderung dieser und gleichzeitig</u> Verkaufsangebot erstellen <u>und</u> Bestand prüfen durchgeführt werden.

Abb. 4.42: Drei Text-Varianten zur Leseverbindung

Die Geschäftsprozessmodellierung mit Leseverbindung sollte folglich nur durch Angabe eines Hinweises, welche Bedeutung im Fokus der Modellierung steht, durchgeführt werden. Entsprechende Modellierungsregeln helfen, möglichen Missverständnissen aus dem Weg zu gehen. Diese können für eine Festlegung einer textuellen Darstellung als Grundlage dienen. Auch umgekehrt kann der generierte Text dann helfen, eine ungewollte Fehlinterpretation zu vermeiden.

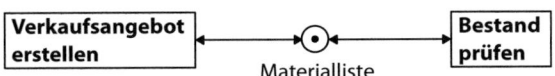

Abb. 4.43: Ersetzung der Leseverbindungen durch je zwei gegeneinander gerichtete Kanten

Ist keine Regelung getroffen, können Leseverbindungen auch textuell wie zwei gerichtete Kanten in jeweilige Gegenrichtungen dargestellt werden. Wenn die Notwendigkeit besteht, eine Nichtveränderbarkeit auszudrücken, kann dies auch in der Inschrift der Aktivität formuliert werden. Beispielsweise kann die Inschrift von „Bestand prüfen" in „Bestand ohne Veränderung der Materialliste prüfen". Jedoch ist es so aus oben genannten Gründen nicht möglich, mehrere Aktivitäten in einem Schritt zu betrachten. Nichtsdestotrotz sind die resultierenden Zustände nach Ausführung der Aktivitäten unabhängig von der Ausführung in einem Schritt oder in mehreren Schritten gleich.

Aus den genannten Gründen wird in dieser Arbeit eine Leseverbindung nicht von zwei entgegengesetzten Kanten unterschieden. Dies trifft auch für die sogenannte *Aktualisierungsverbindung* (siehe 3.3) zu.

4.8.2. Rollen und Ressourcen

Die Modellierung von Rollen und benötigten Ressourcen zur Ausführung von Aktivitäten ist für die Geschäftsprozessmodellierung von zentraler Bedeutung. Daher finden sich in Geschäftsprozessmodellen in der Regel an den Aktivitäten entsprechende Zuordnungen, die Rollen- und Ressourceninformationen ausdrücken. Es ist nicht immer eine Unterscheidung zwischen Rollen und Ressourcen gegeben, da Rollen auch als menschliche Ressource eine spezielle Form von Ressourcen annehmen können. Die sprachliche Textdarstellung lässt dies auch zu. Idealerweise gestalten sich Sätze dennoch besser mit einer Unterscheidung zwischen Rollen und Ressourcen.

Abb. 4.44: Beispiel mit Rollen und Ressourcen

Häufig besteht die Benennung der Rollen oder Ressourcen lediglich aus einem Nomen. Dieses Nomen steht mit einer Aktivität in einer Beziehung. Bei Rollen wird die Aktivität durch eine Instanz der Rolle ausgeführt. Bei Ressourcen ist die Ausführung oft mithilfe einer Instanz der angegebenen Ressource zu erledigen. Sprachlich kann eine Rolle durch Voranstellung der Präposition „von" und eine Ressource durch „mit" im Satz begleitet werden.

> Sobald Ware am Warenausgang vorliegt, kann Lieferschein erstellen <u>von Lagerarbeiter</u> durchgeführt werden. Das Erledigen von Lieferschein <u>von Lagerarbeiter</u> erstellen erfüllt erstellter Lieferschein.
>
> Sobald erstellter Lieferschein vorliegt, kann Frachtkosten berechnen <u>mit Logistiksystem</u> durchgeführt werden. Das Erledigen von Frachtkosten berechnen <u>mit Logistiksystem</u> erfüllt berechnete Frachtkosten.

Abb. 4.45: Textuelle Darstellung des Beispiels

Alternative Präpositionen sind ebenfalls möglich. So sind die Präpositionen „durch", „mittels" oder „mithilfe von" verwendbar. Da keine Artikel in Geschäftsprozessmodellen benutzt werden, fehlen diese auch in den Sätzen. Präpositionen stehen mit individuellem Kasus für die betroffenen Nomen. Die Präpositionen im Beispiel stehen beide mit dem Dativ. Dies ist ohne den Artikel zumeist nicht ersichtlich. Eine Ausnahme bilden Nomen, die im Nominativ Plural auf „e", „el" oder „er" enden. Beispielsweise könnte als Rolle eine Gruppe mit Facharbeitern als „Facharbeiter" benannt werden. In dem Fall sollte die Gruppe in den Dativ Plural gesetzt werden (also „Facharbeitern"), da dadurch der Plural ersichtlich wird und die Präposition „von" korrekt dekliniert wird. Ressourcen sind gleichfalls betroffen („mit Hochleistungsrechnern"). Alternative Präpositionen stehen jedoch nicht immer im Dativ, sodass bei diesen Präpositionen andere Anforderungen notwendig sind.

4.8.3. Konnektoren

Konnektoren werden in der Geschäftsprozessmodellierung verwendet, um Abläufe verkürzt graphisch darzustellen. Hierbei handelt es sich um logische Operatoren für AND, OR oder XOR, die an Stellen oder Transitionen verknüpft werden. Diese Erweiterungen verkürzen dadurch die Modellierung, dass vor oder nach Stellen Und-Verknüpfungen bzw. vor oder nach Transitionen Oder-Verknüpfungen möglich werden, sodass keine weiteren Elemente dazwischen modelliert werden müssen, um den gleichen Ablauf zu erreichen. Dennoch wird der dadurch erreichte Ablauf unsichtbar für den Benutzer intern modelliert.

In der Praxis findet insbesondere eine Entscheidung durch eine Aktivität Anwendung für eine Transition mit einem gefolgten XOR-Konnektor. Dieser Sachverhalt ist beispielsweise in dem Werkzeug Horus [SVO11] durch ein rotes Oder-Zeichen am Ende einer Transition symbolisiert.

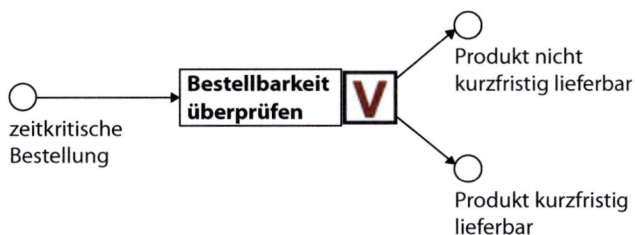

Abb. 4.46: Transition mit gefolgtem XOR-Konnektor

Die Konnektoren entsprechen sprachlich den passenden Konjunktionen. Diese sind bereits für Transitionen (AND) und Stellen (XOR) beschrieben worden. Folglich kann analog zu den bisherigen Beschreibungen ein Konnektor textuell dargestellt werden (vgl. Abb. 4.46 und Abb. 4.47).

Sobald zeitkritische Bestellung vorliegt, kann Bestellbarkeit überprüfen durchgeführt werden. Das Erledigen von Bestellbarkeit überprüfen erfüllt <u>entweder</u> Produkt nicht kurzfristig lieferbar <u>oder</u> Produkt kurzfristig lieferbar.

Abb. 4.47: Textdarstellung eines XOR-Konnektors

Ein zusätzlicher Konnektor-Typ könnte mit einem nicht exklusiven Oder (inklusives Oder) erzeugt werden. Das inklusive Oder wird im Deutschen eindeutig durch die Nutzung von „und/oder" dargestellt. Alternativ ist die Formulierung mit „oder auch" möglich.

4.9. Vollständigkeits- und Ausdrucksmächtigkeitsbetrachtung

Die Überführung der Petri-Netz-Modelle in Prozesstexte ist mit Bedacht auf Bijektivität entworfen. Daher lassen sich nahezu alle Prozessmodelle zu Texten und unter Regeln erstellte Texte wieder in Petri-Netze überführen. Es gibt jedoch eine Grundannahme, die stets erfüllt sein muss, um einen Text (mindestens ungeordnet) aus einem Petri-Netz erzeugen zu können. Diese ist, dass je Knoten mindestens eine Kante verbunden sein muss. Petri-Netze, die Stellen oder Transitionen ohne herein- oder herausführende Kanten besitzen, können nicht in einen Text überführt werden. Es ist denkbar, auch hierfür ein sprachliches Konstrukt zu erzeugen. Beispielsweise könnte als Fakt dargestellt werden, dass ein Objektspeicher existiert oder eine Aktivität ohne Bedingung und Auswirkung spontan ausgeführt werden kann. Bedingungen und Aktivitäten, die in der Ausführung der Prozesse nichts beitragen, sollten vermieden werden [Aal04]. Daher wird in dieser Arbeit darauf verzichtet. Unter der beschriebenen Annahme können mit dem Grundkonzept alle sonst konstruierbaren Petri-Netze in Textform überführt werden.

Die Gegenrichtung erfordert, dass die Grammatik zur Formulierung stets eingehalten wird. Eine Verletzung der Grammatik erfordert nicht, dass undefinierte Graphen erzeugt werden, sondern dass die Bearbeitung abbricht. Beispielsweise darf eine grammatikverletzende Formulierung eines Satzes mit einer (falschen) Stellen-zu-Stellen-Kante[10] nicht erkannt werden und somit kein falsches Netz erzeugen. Dies ist durch die Angabe der formalen Grammatik sichergestellt, wie sie mit ANTLR als erweiterte BNF definiert ist. Unter den Voraussetzungen, dass es keine kantenlosen Knoten gibt, der Text durch die Grammatik akzeptiert wird und jede Kante im Text beschrieben ist, kann durch eine Auswertung eines gesamten Textes jedes Petri-Netz vollständig wiederhergestellt werden.

Sofern eine Einschränkung der Petri-Netze auf Workflow-Netze gefordert wird[11], ist die Bedingung der nicht kantenlosen Knoten zwangsläufig per Definition der Workflow-Netze erfüllt. Jedoch kann eine Sicherstellung der Prozesstexte auf Erfüllung der Workflow-Netz-Eigenschaft nur durch eine Zusatzüberprüfung umgesetzt werden. Das heißt insbesondere, dass diese Eigenschaft nicht durch die formale, kontextfreie Grammatik überprüft werden

---

[10] Wie etwa „Sobald E-Mail erhalten vorliegt, ist ungelesene E-Mail erfüllt". Es fehlt eine Aktivität in dieser Beziehung.

[11] Zur Satzreihenfolgebestimmung wie im Grundkonzept beschrieben sinnvoll.

kann. Jedoch kann die Eigenschaft durch eine nachgestellte Überprüfung nach der Überführung in Petri-Netz-Form durchgeführt werden. Daraufhin kann entschieden werden, ob der Text den Anforderungen entspricht.

Es lässt sich also festhalten, dass die Ausdrucksmächtigkeit der Petri-Netze (bzw. der Workflow-Netze) sich auch in den Prozesstexten wiederfindet. Stellen/Transitionen-Netze können grundsätzlich alle Probleme der regulären Sprachen (Chomsky Typ-3), beschränkte kontextfreie Sprachen (Teilmenge Chomsky Typ-2) und einige kontextsensitive Sprachen (Teilmenge Chomsky Typ-1) beschreiben [Pet81].

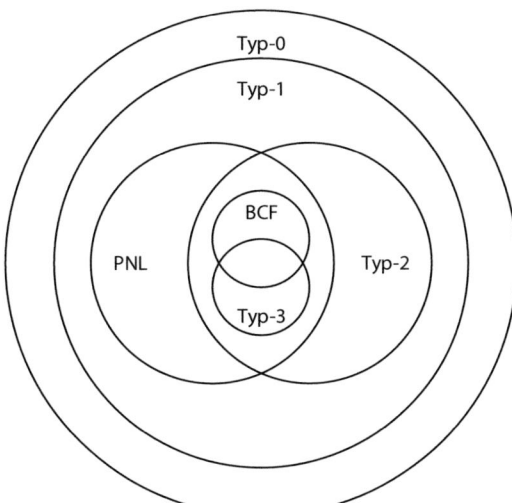

Abb. 4.48: Klassifikation der Petri-Netz-Sprachen (PNL) in der Chomsky-Hierarchie [Pet81]

Die Erweiterung von Stellen/Transitionen-Netzen um Elemente, die die Ausdrucksmächtigkeit erhöhen, können auch in die sprachliche Beschreibung übernommen werden. So ist ohne Erweiterung nicht möglich, eine unbeschränkte Stelle darauf zu überprüfen, dass keine Marke enthalten ist (Nulltest) [Pet81]. Die *Inhibitor-Kante* erlaubt als Erweiterung diese Überprüfung, indem eine Transition mit eingehender Inhibitor-Kante nur aktiviert[12] wird, wenn die davon ausgehende Stelle *keine* Marke enthält [Pet81]. Graphisch wird anstelle der Pfeilspitze an die Inhibitor-Kante ein kleiner, leerer Kreis gesetzt (siehe Abb. 4.49).

---

[12] Zusätzlich zur bestehenden Schaltregel.

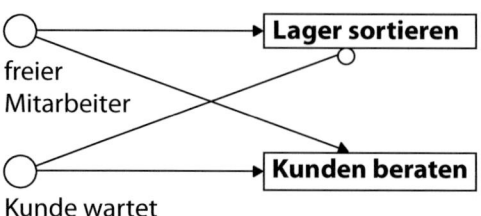

Abb. 4.49: Petri-Netz mit Inhibitor-Kante

Die Inhibitor-Kante erhöht die Ausdrucksmächtigkeit der Petri-Netze, sodass Turing-Vollständigkeit erreicht wird [Pet77]. Damit können also alle Beschreibungen zur Berechnung von Problemen mit dieser Erweiterung erstellt werden, die auch in einem beliebigen anderen Formalismus zur Berechnungsbeschreibung[13] auf Computersystemen existieren. Für das gegebene Beispiel kann die Inhibitor-Kante die folgende Formulierung erzeugen.

Sobald freier Mitarbeiter vorliegt <u>und nicht Kunde wartet vorliegt</u>, kann Lager sortieren durchgeführt werden.

Sobald sowohl freier Mitarbeiter als auch Kunde wartet vorliegt, kann Kunde beraten durchgeführt werden.

Abb. 4.50: Textdarstellung von Abb. 4.49

Ohne die Nutzung der Inhibitor-Kante kann das Beispiel nur dann mit nicht erweiterten Petri-Netzen beschrieben werden, wenn die „Kunde wartet"-Stelle durch eine Kapazität beschränkt ist. Alle Erweiterungen, die die Turing-Vollständigkeit erreichen, sind definitionsgemäß ineinander überführbar. Beispielsweise verändern Prioritäts-Netze die Schaltregel um den Zusatz, dass unter allen gewöhnlich aktivierten Transitionen nur eine Transition mit der höchsten Priorität feuern darf [Hac75]. In dem gegebenen Beispiel kann dies erreicht werden, indem die Inhibitor-Kante gelöscht wird und anstelle dieser der Transition „Lager sortieren" eine niedrigere Priorität gegenüber der Transition „Kunden beraten" gegeben wird (siehe Abb. 4.51). So wird dasselbe Schaltverhalten zur Modellierung mit der Inhibitor-Kante erreicht.

---

[13] d. h. Programmiersprachen

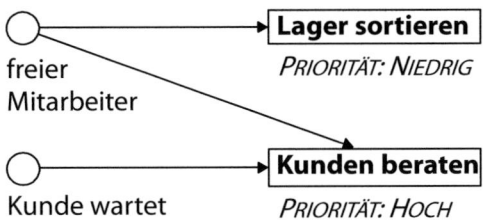

Abb. 4.51: Prioritäts-Netz

Prioritäten können verschieden formuliert werden. Es ist möglich, eine natürliche Zahl auf jeder Transition zuzuordnen. Sprachlich kann dies zwar auch genutzt werden, jedoch kann eine daraus entstandene Formulierung schwerer als eine textuelle Beschreibung zu verstehen sein. Deshalb wird in diesem Beispiel von „niedrig" und „hoch" gesprochen. So kann das gezeigte Beispiel mit dem folgenden Text repräsentiert werden:

Sobald freier Mitarbeiter vorliegt, kann, <u>sofern keine Tätigkeit von höherer Priorität als niedrig möglich ist,</u> Lager sortieren durchgeführt werden.

Sobald sowohl freier Mitarbeiter als auch Kunde wartet vorliegt, kann <u>mit hoher Priorität</u> Kunde beraten durchgeführt werden.

Abb. 4.52: Textdarstellung von Abb. 4.51

Solche Erweiterungen erhöhen zwar die Ausdruckmächtigkeit der Modellierung, aber die Analysefähigkeit des Netzes sinkt hingegen. So werden das Beschränktheits-Problem und das Erreichbarkeits-Problem für Stellen/Transitionen-Netze mit Inhibitor-Kanten-Erweiterung unentscheidbar [Hac75]. Durch die Überführung von Prozessmodellen zu Texten und durch die Rücküberführung der Texte zu Prozessmodellen wird keine Erweiterung der zugrunde liegenden Petri-Netze vorausgesetzt und damit die Analysefähigkeit nicht beeinträchtigt.

5. Empirische Betrachtung der Prozessformulierungen

In Kapitel 4 wurde die Grundidee zur Darstellung von Prozessmodellen in textueller Form systematisch vertieft und grundlegend formalisiert. Darin sind einige Alternativen und Synonymkonstruktionen vorgestellt worden. Diese haben neben den unterschiedlichen formalen Eigenschaften auch einen hohen subjektiven Charakter. Es gibt eine Autor bzw. Leser bezogene ästhetische Präferenz, die z. B. elegantere, prägnantere oder spannendere Wendungen bevorzugt. Die Präferenz einer Formulierung gegenüber einer anderen Formulierung kann durchaus von Menschen inhaltlich begründet sein. Jedoch findet in dieser Begründung eine Abwägung mit den Gegenargumenten statt, die wiederum von subjektiver Gestalt ist.

So ist eine Betrachtung der Formulierungsmöglichkeiten aus empirischer Sicht zweckmäßig. Eine Befragung von vielen Menschen kann helfen, allgemein verständliche Formulierungen zu ermitteln. In Folge können Wendungen ausgewählt werden, die von einem Großteil der befragten Menschen akzeptiert bzw. bevorzugt werden. Die in diesem Kapitel beschriebenen und durchgeführten Befragungen stellen damit eine Grundlage für die zielgerichtete Anpassung der Grundidee hin zur Implementierung dar. Es wird zunächst keine spezielle Anwendungsdomäne fokussiert.

Die durchgeführten Befragungen sind von *Tim Maurer* im Rahmen seiner Masterarbeit im Studiengang Wirtschaftsingenieurwesen entstanden [Mau13]. Die empirische Untersuchung ist zweigeteilt aufgebaut. Zunächst wurden Modellierungsexperten frei befragt, welche textuellen Formulierungen sie benutzen würden, um einfache Standardkonstruktionen von Prozessmodellen zu beschreiben. Diese Beschreibungen sollten lediglich automatisch generierbar sein. Es wurden also keine Vorgaben zur Formulierung selbst gegeben, um die direkte Beeinflussung zu vermeiden. Aus den gegebenen Antworten wurde eine Online-Umfrage entwickelt. Die Online-Umfrage wurde an einer großen Gruppe von wissenschaftlichen Mitarbeitern, externen Modellierungsexperten und Studierenden durchgeführt.

5.1. Grundlagen der empirischen Betrachtung

Es stellt sich bei der Betrachtung von Meinungen die Frage, wie diese systematisch untersucht werden können. Die in dieser Arbeit durchgeführte empirische Betrachtung greift dazu die Methoden der *empirischen Sozialforschung* auf und wendet diese geeignet an. Folglich kann ein nachvollziehbares Vorgehen ausgewählt und durchgeführt werden, das durchgehend begründet und erprobt ist. In dem benötigten Anwendungsfall wird nur eine Teilmenge der Instrumente der empirischen Sozialforschung benötigt. Dieser Abschnitt betrachtet die dafür notwendigen Grundlagen.

Nach Atteslander ist die empirische Sozialforschung „die systematische Erfassung und Deutung sozialer Tatbestände" [Att08]. Zu sozialen Tatbeständen zählen neben durch Sprache vermittelte Meinungen, die für diese Untersuchung relevant sind, auch beobachtbares Verhalten, von Menschen geschaffene Gegenstände, Informationen über Erfahrungen, Einstellungen, Werturteile und Absichten.

Empirische Untersuchungen sind nach Mayer [May13] theoriegeleitet. Das bedeutet, dass die Beobachtung eines Ausschnitts der Realität aus dem Blickwinkel einzelner Hypothesen[1] zu einer Begründung einer Theorie, die „ein System logisch widerspruchsfreier Aussagen über einen Untersuchungsgegenstand" [May13] beschreibt, führt. Dabei kann am Anfang eine Theorie überlegt worden sein, aus der Hypothesen abgeleitet sind, die dann durch Beobachtungen gestützt werden. Ebenso kann umgekehrt aus Beobachtungen eine Menge von Hypothesen hervorgehen und diese können zu einer Theorie zusammengefasst werden. Die unterschiedlichen Richtungen nennen sich nach Mayer Deduktion bzw. Induktion (siehe Abb. 5.1).

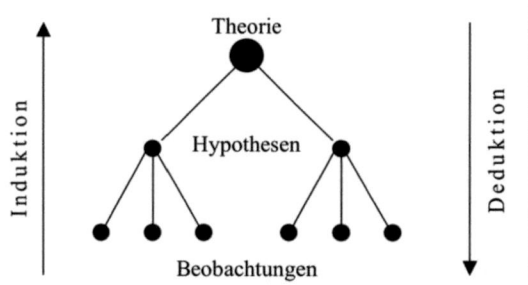

Abb. 5.1: Induktion und Deduktion einer Theorie [May13]

---

[1] Diese werden nach Mayer in einzelne Wenn-Dann und Je-Desto-Aussagen unterteilt.

In diesem Kapitel kommt vorrangig die Induktion zum Einsatz. D. h., aus der Beobachtung der Befragungen wird eine Theorie gebildet, die gute Formulierungen für Prozesstexte beschreibt.

Empirische Untersuchungen sind meist in fünf Phasen unterteilt [Att08, Die07]:

1. Formulierung und Präzisierung des Forschungsproblems (**Problembenennung**): Den Hintergrund für die Erforschung des zu untersuchenden Sachverhalts explizit darstellen und die Absichten und Ziele klar definieren.

2. Planung und Vorbereitung der Untersuchung (**Gegenstandsbenennung**): Definition der zu untersuchenden Variablen, die komplex (mehrdimensional) aufgebaut sein können. Die Strategie, wie die Variablen gemessen werden können, wird Operationalisierung genannt. Daraus leiten sich die möglichen Erhebungsinstrumente zur Untersuchung ab (z. B. Fragebogen). Des Weiteren sind der Typ und die Größe der Stichproben auszuwählen, die auch vom Forschungsetat abhängig sind. Ein oder mehrere Vortests[2] sichern beispielsweise die Verständlichkeit der Fragestellungen ab.

3. Datenerhebung (**Durchführung**): Neben der eigentlichen Durchführung müssen die Daten auch in einer analysefähigen Form erhoben sein und es sollten möglicherweise auftretende Fehler erkannt werden.

4. Datenauswertung (**Analyse**): Aufarbeitung der gesammelten Daten und Nutzung der geeigneten statistischen Instrumente.

5. Berichterstattung (**Ergebnisverwendung**): Dokumentation der Ergebnisse inklusive der methodischen Schritte. Für möglicherweise später aufbauende Auswertungen sind anonyme Einzelergebnisse sinnvoll.

Die wichtigsten Datenerhebungsmethoden sind Befragungen, Beobachtungen und Inhaltsanalysen [May13]. In dieser Arbeit wird die *Befragung* durchgeführt und auf Beobachtungen (z. B. Benutzerverhalten) oder Inhaltsanalyse (z. B. Inhalte von Benutzerkommunikation) verzichtet.

Wie im Kapiteleingang beschrieben, findet eine zweigeteilte Befragung zur Problemlösung statt. Die Expertenbefragung stellt eine Grundlage für eine folgende Umfrage dar. Die Expertenbefragung ist eine besondere Form eines *Leitfadeninterviews*. Für Leitfadeninterviews kennzeichnend ist, „dass ein Leitfaden mit offen formulierten Fragen dem Interview zu Grunde liegt" [May13]. Expertenbefragungen beschränken und fokussieren die Untersu-

---

[2] Auch Pretest genannt

chung auf ein Fachgebiet, mit dem die jeweiligen Experten vertraut sind. Der Leitfaden soll nach Mayer flexibel gestaltet werden. So sollen die Fragen nicht detailliert ausformuliert werden. Die Ergebnisse der Expertenbefragung liefern so die Fragen der folgenden Umfrage. Letztere ist somit von deutlich starrer Natur. Es muss vor der Durchführung einer Umfrage in Fragebogenform definiert sein, welche Fragestellungen gemessen werden sollen. Die Gestaltung der Fragen muss wohlüberlegt und mit Vortests überprüft werden.

5.2. Vorgehen zur empirischen Ermittlung geeigneter Prozesstextformulierungen

Die im vorherigen Abschnitt vorgestellten Grundlagen kommen in einem angepassten Vorgehen zur Ermittlung der Prozesstextformulierungen zum Einsatz. Hierzu werden die fünf Phasen (Abschnitt 5.3-5.7) durchschritten, um anhand einer Online-Umfrage die aus dem Forschungsproblem abgeleiteten Forschungsfragen zu beantworten.

Das Forschungsproblem (Abschnitt 5.3) wird von einer Betrachtung verwandter Arbeiten begleitet. Daneben werden Teilprobleme formuliert und angegangen, die zur Lösung des Gesamtproblems beitragen. Enthalten sind Fragen zur Auswahl und Beschriftung von Petri-Netzen zur Geschäftsprozessmodellierung. Die zweite Phase (Abschnitt 5.4) wird durch Expertenbefragungen gestützt, welche selbst wiederum eine eigene empirische Untersuchung ergeben. Nach einem Vortest wird in der dritten Phase die Durchführung der eigentlichen Online-Umfrage beschrieben (Abschnitt 5.5). Enthalten ist der Beginn der Umfrage mit der Bekanntmachung und der Zeitverlauf der Teilnahmezahlen. Die gesammelten Daten werden in der nächsten Phase (Abschnitt 5.6) aufbereitet und analysiert. Abschließend wird in der fünften Phase (Abschnitt 5.7) die Zusammenfassung der Ergebnisse bezogen auf das Forschungsproblem aufgezeigt. Daraus lassen sich Schlussfolgerungen für die Implementierung des Konzepts ziehen, die im weiteren Verlauf der Arbeit aufgegriffen werden.

5.3. Definition des Forschungsproblems

In diesem Abschnitt wird das Forschungsproblem beschrieben und durch Hauptfragestellungen gekennzeichnet, die nach Abschluss der empirischen Untersuchung möglichst beantwortet werden können. Damit keine bereits erforschten und beantworteten Fragestellungen angegangen werden, wird auf verwandte Arbeiten Bezug genommen.

Das Forschungsproblem ist wie folgt definiert: *Welche Formulierungen, die das Konzept unterstützen, werden zur textuellen, deutschsprachigen Beschreibung von Geschäftsprozessen auf Petri-Netz-Basis unter Nutzung der Inschriften präferiert?*

Im Rahmen von Literaturrecherchen ist keine Arbeit bekannt, die eine Untersuchung in der benötigten Form durchführt. Insbesondere fehlt eine Bewertung verschiedener Formulierungen in der wissenschaftlichen Betrachtung. Für einen Teilaspekt sind hingegen wenige Arbeiten vorhanden. Diese sind die Transformationsarbeiten, die bereits im Grundlagenkapitel (Abschnitte 2.5 und 2.6) vorgestellt wurden: [FMP11, HiW97, LMP12]. Hierdurch bleiben zur Lösung des Forschungsproblems die folgenden drei Teilfragen, deren Beantwortung Annahmen bilden, um die Durchführung der Online-Umfrage durchzuführen:

1. Welche Formulierungsregeln gelten für die Inschriften?
2. Welche Prozessmodelle können zur Ermittlung herangezogen werden?
3. Welche Formulierungen sollen vorgeschlagen werden?

Die ersten beiden Fragen werden in den folgenden Unterabschnitten beantwortet. Die letzte Frage wird mithilfe der Expertenbefragung in Abschnitt 5.4 geklärt.

5.3.1. Regeln für die Inschriften

Die erste Teilfrage ist die nach der Formulierung der Inschriften. Die Vereinheitlichung und Reglementierung erlaubt erst eine durchgehende Verwendung des vorgestellten Konzepts. Dies ist einerseits bereits in dieser Arbeit thematisiert worden (siehe 3.7) und andererseits auch in verwandten Arbeiten als Voraussetzung oder zumindest als Empfehlung gegeben. In der Modellierungsmethode mit EPK sind bereits einige Regeln vorgegeben, an denen sich die eigenen Regeln orientieren. Beispielsweise seien Ereignisse in EPK „sprachlich dadurch gekennzeichnet, dass einem vorangestellten Substantiv immer ein Partizip Perfekt des gewählten Verbs folgt" [RiS04]. Eine ähnliche Regel ist ebenso in Abschnitt 3.7 festgelegt.

Neben den in dem genannten Abschnitt gegebenen Regeln werden für die exemplarischen Prozesse der Untersuchung zwei weitere Details zur Auswahl der benutzten Verben beachtet. Einerseits werden ausschließlich transitive Verben eingesetzt, da dadurch im Aktiv stets der Akkusativ steht. Dadurch können diese Verben auch ins (Vorgangs[3]-)Passiv überführt wer-

---

[3] Das im Deutschen häufigere Vorgangspassiv wird mit dem Hilfsverb „werden" gebildet (z. B. „Der Kunde wird abgemahnt.").

den. Andererseits sind die gewählten Verben zusätzlich im Zustandspassiv[4] bildbar. Dazu beschreiben diese oft eine zustandsändernde Aktivität. Dies ist in der Prozessmodellierung üblicherweise der Fall. Gegenbeispiele für transitive Verben ohne Zustandspassiv sind „sehen", „zeigen" und „befragen". Durch die so ausgewählten Verben kann die Satzbildung vereinfacht werden, da damit die grammatikalische Korrektheit leichter zu gewährleisten ist. Eine Grundannahme ist, dass verschiedene Beschriftungen nicht wesentlich die gewählten Formulierungen beeinflussen. So sollten die Ergebnisse der Interviews und der Umfrage unabhängig von der Beschriftung sein, sofern diese den genutzten Regeln entspricht.

Die Einschränkungen der Auswahl sollte unter Beachtung von verschiedenen Prozessmodellen keine generelle Beeinträchtigung in der Prozessmodellierung verursachen. Eine zusätzliche Untersuchung könnte diese Annahme auf Korrektheit überprüfen. Dies wird in dem gesetzten Rahmen jedoch nicht durchgeführt.

5.3.2. Auswahl der Prozessmodelle

Eine weitere Teilfrage ist die nach der Auswahl der Prozessmodelle, die in der Befragung eingesetzt werden sollen. Dazu wird der Ansatz verfolgt, wichtige Grundbausteine der Prozessmodellierung zu identifizieren und diese als Vertreter daraus aufgebauter komplexer Modelle zu untersuchen. Eine Grundlagenarbeit in diesem Feld stellen die Workflow-Patterns [AHK03] von van der Aalst et al. dar. Die darin beschriebenen grundlegenden Ablauf-Patterns bilden in der Untersuchung den Grundstamm an den zu untersuchenden Prozessmodellen. Diese sind Sequenz, paralleler Split, Synchronisation, exklusive Auswahl und einfache Zusammenführung.

Die Patterns werden durch beschriftete Modelle als Petri-Netz exemplarisch für die Pattern-Klassen untersucht. Ausgehend von intuitiv erstellten Modellen soll in den Expertenbefragungen u. a. diskutiert werden, ob diese Modelle zur Lösung des Gesamtproblems beitragen können oder auch überarbeitet werden sollten. Jedes der in den Expertenbefragungen betrachteten Ausgangsmodelle wird im Folgenden aufgeführt.

---

[4] Das im Deutschen seltenere Zustandspassiv wird mit dem Hilfsverb „ist" gebildet (z. B. „Der Kunde ist abgemahnt.").

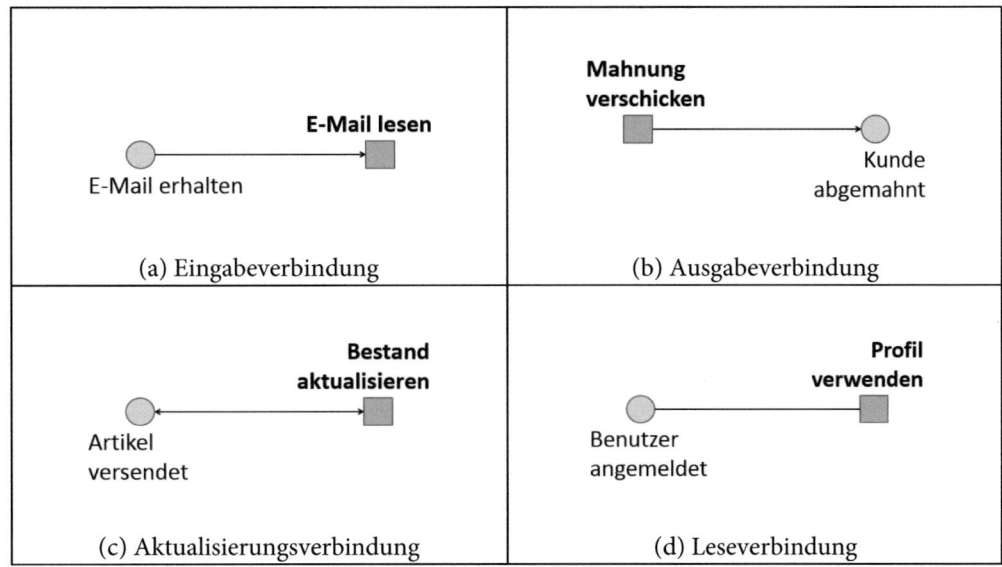

Abb. 5.2: Einfache Verbindungen

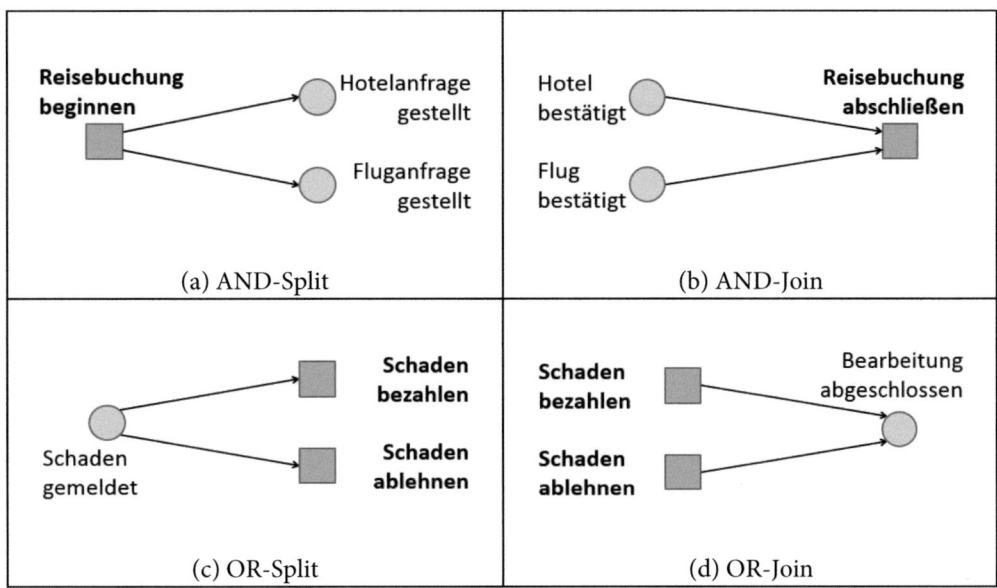

Abb. 5.3: Verzweigungen

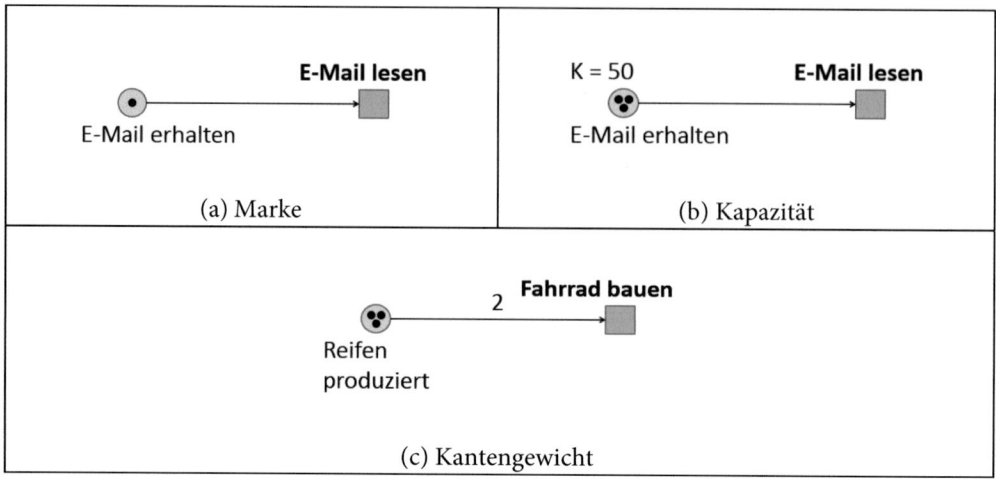

Abb. 5.4: Dynamische Elemente

Wie bereits in Kapitel 3 zur Erarbeitung herangezogen, sind einige Modelle an Beispielen des Praxisbuchs „Geschäftsprozesse für Business Communities" [SVO11] angelehnt. Diese sind die Eingabeverbindung, Aktualisierungsverbindung und Leseverbindung (Abb. 5.2). Weitere Beispiele wurden von Modellen aus [Obe96] inspiriert (AND-Split und AND-Join). Die anderen Beispiele sind mit entsprechender Vorüberlegung entstanden.

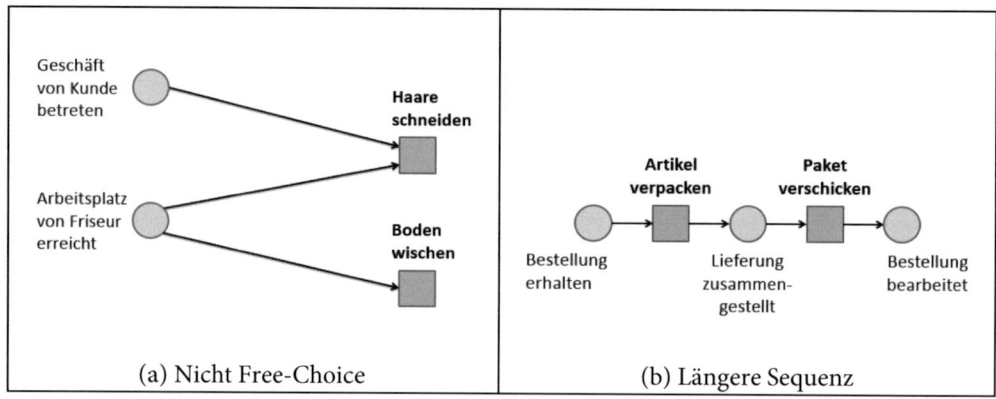

Abb. 5.5: Spezielle Ablaufstrukturen

Die speziellen Ablaufstrukturen stellen besondere Überprüfungsfälle dar (Abb. 5.5). Erfüllt ein Modell nicht die Eigenschaft free-choice, können Sätze möglicherweise schwierig kompakt formuliert werden (vgl. 4.2.1). Umgekehrt können Satzformulierungen bei einer längeren Sequenz evtl. verkürzt werden (vgl. 3.3). Die längere Sequenz bedeutet dabei, dass mehr als zwei Knoten (im Beispiel fünf) ohne Verzweigungen in einer Reihe verbunden sind.

Die gezeigten Modelle unterstützen das Konzept und die Regeln. Durch eine Expertenbefragung werden die Modelle folgenden Abschnitt analysiert.

5.4. Vorbereitung der Untersuchung mit Expertenbefragungen

Das Ergebnis dieser Phase soll eine Online-Umfrage sein, dessen Durchführung das Forschungsproblem löst. Die zuvor ausgewählten Prozessmodelle bilden eine Grundlage der Online-Umfrage. Diese sind bisher nicht auf Eignung überprüft worden, was Teil dieser Phase ist. Die Überprüfung findet mithilfe der Expertenbefragung statt. Des Weiteren sollen die Experten Vorschläge der zu den Prozessmodellen passenden Satzformulierungen machen. Um das Konzept dabei zu unterstützen, müssen die Formulierungen derart gestaltet sein, dass die gegebenen Inschriften wörtlich und in möglichst gleicher Reihenfolge enthalten sind.

Aufgrund der vorhandenen Möglichkeiten sind zehn Mitarbeiter eines Forschungsinstituts, deren Forschungskernthema u. a. die Prozessmodellierung mit Petri-Netzen ist, als Experten zur Befragung erreicht worden. Entsprechend den Grundlagen folgt die Befragung einem strukturierten Leitfaden, der Raum für freie Aussagen der Experten lässt. So ist sichergestellt, dass sowohl Kernfragen stets besprochen werden, als auch, dass die Möglichkeit gegeben ist, bisher von der Deduktion unberücksichtigte Fragestellungen zum Erkenntnisgewinn nutzen zu können. Zum einfachen Einstieg der Befragungen wird eine einleitende Frage an die Experten gestellt, mit der nach der jeweiligen Erfahrung und eigenen Arbeitsthema gefragt wird. Anschließend wird jedes der zuvor präsentierten Modelle auf einzelnen Blättern den Experten vorgezeigt und je mit den folgenden fünf Fragen besprochen:

- Wie würden Sie dieses Prozessmodell in der deutschen Sprache beschreiben?
- Welche Schwierigkeiten treten bei der Formulierung auf?
- Sind die gewählten Prozess-Beispiele und Beschriftungen angemessen?
- Was halten Sie von dem Konzept Prozessmodellierung durch Spracherkennung?
- Haben Sie weitere Anmerkungen, Vorschläge oder Ideen?

Die Antwortmöglichkeiten der Fragen sind nicht vorgegeben, um möglichst unvoreingenommene Antworten zu erhalten.

5.4.1. Ergebnisse der Expertenbefragung

Bei der Durchführung der Expertenbefragung wurden die gegebenen Antworten jeweils notiert. Die Ergebnisse der Expertenbefragung dienen der Erstellung der Online-Umfrage. Das Ziel ist vorrangig zur Vorformulierung von Prozesstexten in der Online-Umfrage, jedoch mit der Offenheit, auch weiterführende Erkenntnisse z. B. zu den vorbereiteten Prozessmodellen zu nutzen.

Wichtige Erkenntnisse neben den Formulierungsvorschlägen sind im Bezug auf die vorgestellten Prozessmodelle wie folgt:

- Die Leseverbindung ist wenig bekannt und so in ihrer Bedeutung oft unklar[5].
- Kapazitäten und Kantengewichte sind zwar sehr bekannt, jedoch seltener in der Geschäftsprozessmodellierung eingesetzt.
- Die Betrachtung von Verzweigungen mit genau zwei Kanten deckt möglicherweise nicht alle Fragestellungen ab. Die dreifache Verzweigung hilft, vielseitigere Satzstrukturen zu ermitteln.
- Ebenso sollten die Beispielmodelle mit einer Belegung von drei Marken statt einer Marke betrachtet werden, um umfassendere Satzkonstruktionen zu ermitteln.
- Es reicht in den Inschriften ein grammatischer Numerus, hier der Singular, aus, um Prozesse zu modellieren.

Die Formulierungsvorschläge zu den gegebenen Prozessmodellen sind erwartungsgemäß teils mit gleichen, teils mit ähnlichen und teils mit sehr verschiedenen Wörtern gewählt. Die von den Experten genannten Sätze wurden um die Sätze bereinigt, die das Prozessmodell nicht fehlerfrei widerspiegelten. Des Weiteren sind einige ähnliche Wörter mit dem Synonym ersetzt worden, das aktuell am häufigsten in Google Books Ngram Viewer (siehe Abschnitt 3.6) genannt wird.

---

[5] In der Petri-Netz-Definition ist die Leseverbindung nicht enthalten. Die in dieser Arbeit für Praxisbeispiele verwendete Quelle ([SVO11]) sieht diese Verbindung vor.

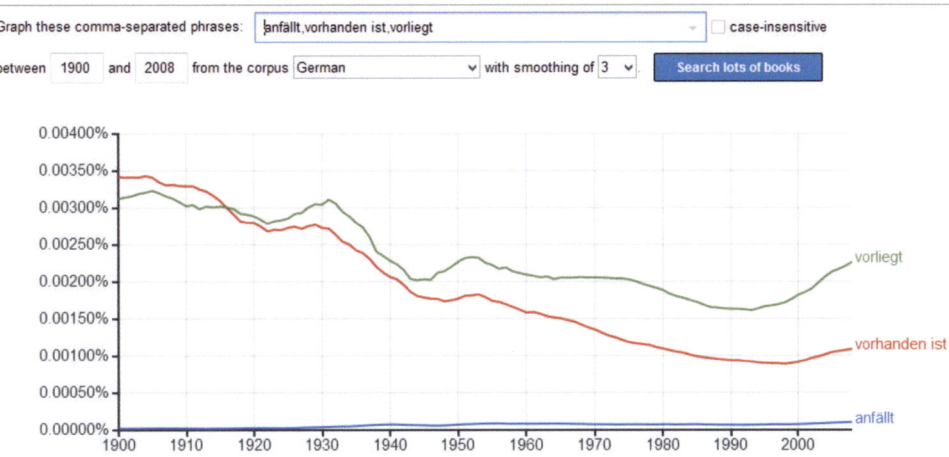

Abb. 5.6: Häufigkeitsverteilung über das Korpus von Google Books

Zur Aufbereitung der so gesammelten Sätze werden diese nach ihrer Funktion in Satzpositionen aufgeteilt. Diese Positionen in den Sätzen sind wie folgt bestimmt:

- Prä-Stelle: Satzfragment, das vor einer Stelle positioniert wird
- Stelle: Inschrift einer Stelle
- Post-Stelle: Satzfragment, das nach einer Stelle positioniert wird
- Prä-Transition: Satzfragment, das vor einer Transition positioniert wird
- Transition: Inschrift einer Transition
- Post-Transition: Satzfragment, das nach einer Stelle positioniert wird

In dieser angeführten Reihenfolge ist damit ein Satz zur Beschreibung der Eingabeverbindung möglich. Im Beispiel sind hierzu zehn mögliche Sätze ermittelt und entsprechend der Abb. 5.7 aufgeteilt.

Nr.	Prä-Stelle	Stelle	Post-Stelle	Prä-Transition	Transition	Post-Transition
1	[ ]	E-Mail erhalten	,	[ ]	E-Mail lesen	.
2	Da	E-Mail erhalten	[]	Anschließend kann	E-Mail lesen	ausführen.
3	Das Ereignis	E-Mail erhalten	eingetreten ist,	dann	E-Mail lesen	ausgeführt werden.
4	Durch	E-Mail erhalten	erfüllt ist,	dann kann	E-Mail lesen	ausgeführt.
5	Falls	E-Mail erhalten	ist Vorbedingung	für die Aktion	E-Mail lesen	umgesetzt werden.
6	Mit Erfüllung von	E-Mail erhalten	ist,	kann	E-Mail lesen	durchführen.
7	Nachdem	E-Mail erhalten	liegt vor.	kann die Aktion	E-Mail lesen	durchgeführt werden.
8	Sobald	E-Mail erhalten	vorliegt,	soll die Transition	E-Mail lesen	durchgeführt.
9	Sofern	E-Mail erhalten	wird,	sollte nachfolgend	E-Mail lesen	schalten.
10	Wenn	E-Mail erhalten	wurde,	wird	E-Mail lesen	stattfinden.

Abb. 5.7: In Satzpositionen aufgeteilte Sätze zur Eingabeverbindung

Die weiteren Sätze zu den übrigen Prozessmodellen können analog nach diesem Schema aufgeteilt werden. Hierzu ändern sich die Reihenfolgen angepasst auf das betroffene Prozessmodell. Die Verkettung von mehreren Stellen bzw. Transitionen innerhalb von Verzweigungen wird mithilfe von *Inter-Stellen* bzw. *Inter-Transitionen* beschrieben, die die sprachlichen Konjunktionen darstellen.

5.4.2. Konzeption der Online-Umfrage

Um eine größere Anzahl an Teilnehmern zu erreichen, wird die Umfrage als Online-Umfrage entworfen. Dazu kommt die Plattform SoSci Survey[6] zum Einsatz, die für den wissenschaftlichen Bereich kostenfrei genutzt werden kann.

Einleitend zur Teilnahme an der Online-Umfrage wird dem Befragten ein kleiner Einführungs- und Bedienungshinweis mit Motiv und Thema der Arbeit präsentiert. Darin enthalten ist auch die Erklärung, dass die Auswertung anonym durchgeführt wird. Die Teilnahme an der Umfrage ist ohne Anmeldung oder Passwort frei zugänglich, sofern die Web-Adresse bekannt ist. Die Mehrfachteilnahme kann so nicht ausgeschlossen werden, jedoch ist durch die Angabe der E-Mail-Adresse dies ermittelbar.

Die erste Seite der Online-Umfrage stellt Fragen zur Personen-Klassifikation des Teilnehmers. Das enthält Berufsstand, Alter, Geschlecht und Selbsteinstufungsfragen zu themenspezifischen Kenntnissen. Nach diesen allgemeinen Fragen beginnen auf der nächsten Seite die Fragen zu Prozessmodell-Formulierungen. Dies wird mit dem zuvor gezeigten Eingabestellen-Prozessmodell (Stelle-zu-Transition) eingeführt.

An dem Beispiel der Eingabestelle sind die jeweiligen Prä- & Post-Stellen und Prä- & Post-Transitionen durch je ein Dropdown-Auswahlfeld mit der Auswahl der in der Abb. 5.7 gezeigten zehn Möglichkeiten selektierbar. Neben den in der Abbildung zusammengehörigen Phrasen sind dadurch auch weitere Kombinationen auswählbar. Um die Teilnehmer nicht zu beeinflussen, ist die Reihenfolge der auswählbaren Elemente der Dropdown-Felder jedes Mal neu zufällig angeordnet. Den beschriebenen Ausschnitt zur Eingabeverbindung der Online-Umfrage zeigt die Abb. 5.8.

---

[6] https://www.soscisurvey.de/

5. Wie würden Sie diesen Prozess-Abschnitt in der deutschen Sprache beschreiben?

Bitte formulieren Sie aus den vorgegebenen Antwortmöglichkeiten vollständige Sätze. Beachten Sie, dass in vielen Fällen auch eine leere Auswahl getroffen werden kann.

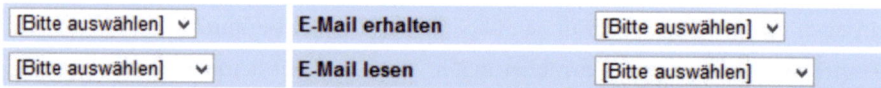

Abb. 5.8: Umfrage-Ausschnitt zur Formulierung der Eingabeverbindung

Die weiteren einfachen Verbindungen sind analog zu der Eingabeverbindung in der Umfrage umgesetzt. Die Verzweigungen werden jedoch nach einem anderen Muster abgefragt. Anstelle von Dropdown-Feldern werden je Verzweigungstyp sechs verschiedene ganze Sätze mit Radiobuttons zur Auswahl gegeben. Auf die Kritik der Experten eingehend werden zudem immer Verzweigungen mit je drei Kanten berücksichtigt.

Die Radiobuttons schränken die Vielfalt der Antwortmöglichkeiten ein, erleichtern aber umgekehrt die Beantwortung der Umfrage. Da zuvor bereits ein großer Freiraum in den möglichen Formulierungen bestand, verursachen die nun vorgeschlagenen ganzen Sätze keine Beeinflussung auf die einfachen Verbindungen. Das Ziel der Verzweigungsfragen ist die Ermittlung der geeigneten Konjunktionen und nicht die Betrachtung der Gesamtformulierung der Sätze. Für diesen Zweck hilft eine Einschränkung der Auswahl, die Aufmerksamkeit auf die präferierte Konjunktion zu lenken. Das wird durch die typografische Hervorhebung der Konjunktionen mittels fetter Schrift verstärkt. Für den AND-Split-Fall zeigt die Abb. 5.9 den Ausschnitt zur Umfrage. Die Fragen zu den übrigen Verzweigungs-Fragen gestalten sich analog. Auch die Frage nach der Formulierung von Marken in Petri-Netzen wird in dieser Frageform durchgeführt.

9. Welche der unten stehenden Formulierungen finden Sie am geeignetsten, um diesen Prozess-Abschnitt zu beschreiben?

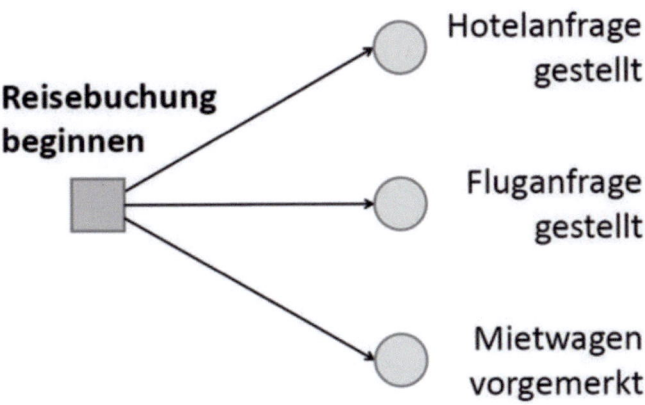

Nachdem Reisebuchung beginnen erledigt wurde, ...

○ ...ist **sowohl** Hotelanfrage gestellt **als auch** Fluganfrage gestellt **als auch** Mietwagen vorgemerkt.

○ ...ist Hotelanfrage gestellt **sowie** Fluganfrage gestellt **sowie** Mietwagen vorgemerkt.

○ ...ist Hotelanfrage gestellt **und** Fluganfrage gestellt **und** Mietwagen vorgemerkt.

○ ...ist Hotelanfrage gestellt, Fluganfrage gestellt **sowie** Mietwagen vorgemerkt.

○ ...ist Hotelanfrage gestellt, Fluganfrage gestellt **und** Mietwagen vorgemerkt.

○ ...ist Hotelanfrage gestellt, Fluganfrage gestellt, Mietwagen vorgemerkt.

Abb. 5.9: Umfrage-Ausschnitt für AND-Split

Sollte die Entscheidung zu schwierig für den Teilnehmer sein, besteht die Möglichkeit, die Frage zu überspringen.

Ein weiterer Fragetypus wird zur Formulierung einer längeren Prozesssequenz genutzt. Hierbei soll der Aspekt überprüft werden, ob nicht-verzweigte, längere Sequenzen alternative Formulierungen erhalten sollten. Diese Frage wird deutlich freier gestellt. Daher werden keine auswählbaren Vorgaben genannt, die die zuvor gezeigten Einschränkungen voraussetzen. Es werden freie, einzeilige Textfelder vor und nach jeder Stelle und Transition zum Ausfüllen vorgegeben, die auch leer gelassen werden können. Es sollen die Felder so ausgefüllt werden, dass ein vollständiger Satz gebildet wird oder auch mehrere vollständige Sätze gebildet werden. Mit diesem Fragetypus wird festgelegt, dass die Inschriften in der gegebenen Reihenfolge vorkommen und nicht erneut wiederholt werden (müssen). Daher kann eine kompakte Textdarstellung abgefragt werden.

Der Fragetypus erlaubt individuelle Antworten, die sich möglicherweise nicht durch Mehrheitsaussagen stützen lassen. Dies ist in dem Fall der kreativen Ideenfindung sinnvoll. Jedoch würde für die zuvor beschriebenen Fragestellungen der Fragetypus sehr viele unterschiedliche Antworten ermöglichen, die eine Mehrheitsmeinung möglicherweise erst mit einer hohen Anzahl von Befragten verdeutlicht. Des Weiteren sollte eine Überprüfung von ähnlichen Antworten über diese hohe Anzahl individuell getroffen werden. Wenn eine große Anzahl von Teilnehmern erreicht wird, ist der damit verbundene manuelle Aufwand unverhältnismäßig hoch, sodass davon abgesehen wird. In der Abb. 5.10 wird der freiere Fragetypus dargestellt.

14. Wie würden Sie diesen Prozess-Abschnitt in der deutschen Sprache beschreiben?

Bitte formulieren Sie korrekte, vollständige Sätze. Beachten Sie, dass Felder auch leer gelassen werden können.

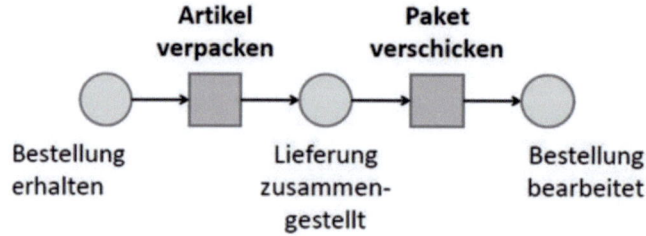

Abb. 5.10: Umfrage-Ausschnitt für die lange Prozesssequenz

Abschließend zu den Formulierungsfragen werden drei Meinungsfragen gestellt.

1. Welche Petri-Netz-Erweiterungen werden verwendet? Neben neun vorgeschlagenen Erweiterungen können in ein Freitextfeld eigene Erweiterungen genannt werden.

2. Für wie nützlich erscheint die durch das Konzept vorgestellte Idee? Die Frage ist unterteilt nach Richtung der Transformation (Text-zu-Modell und Modell-zu-Text) und nach Richtung der Sprachinteraktion (Spracheingabe und Sprachausgabe).

3. Zuletzt können freie Anmerkungen zu der Umfrage in ein mehrzeiliges Freitextfeld eingegeben werden.

5.4.3. Vortest der Online-Umfrage

Nach der Erstellung der Online-Umfrage ist vor Beginn der Durchführung ein Vortest (siehe Abschnitt 5.1) zur Sicherung der Qualität durchzuführen. Damit werden Fehler und Missverständnisse rechtzeitig angegangen, sodass die anvisierten Ziele der Umfrage verfolgt werden können.

Die zum Einsatz kommende Online-Plattform unterstützt Vortests, indem die Umfrage für ausgewählte Personen vorab freigeschaltet werden kann. Die in dem Vortest gesammelten Ergebnisse der Umfrage können von den Ergebnissen der tatsächlichen Umfrage getrennt werden. So werden für den Vortest geeignete Teilnehmer ausgesucht und angewiesen, die Umfrage durchzuführen und dabei sowohl auf inhaltlicher wie auch auf technischer Ebene Fehler oder Unklarheiten anzumerken. Im Vortest kann direkt zu jeder Frage durch ein Freitextfeld eine Anmerkung hinterlassen werden, sodass die Zuordnung erleichtert wird.

Nach Durchführung des Vortests mit fünf verschiedenen Personen sind die folgenden Probleme identifiziert worden:

- Browserkompatibilität: Safari hat Darstellungsprobleme erzeugt.
  o Behebung: Teilnehmer informiert, ausschließlich einen der Browser Chrome, Firefox oder Internet Explorer zu verwenden.
- Angekündigte Bearbeitungszeit von 15 Minuten erscheint zu lang für die tatsächliche Durchführung.
  o Behebung: Zeitankündigung neu ermittelt und auf zehn Minuten verkürzt.
- Befragung recht kompliziert.
  o Behebung nicht möglich, ohne den Erkenntnisgewinn zu reduzieren. Daher keine Behebung durchgeführt.

Es gab keine Probleme, die die grundsätzliche Durchführung der Umfrage verhinderten.

5.5. Durchführung der Online-Umfrage

Die zuvor konzipierte Online-Umfrage kann nach dem Vortest für einen großen Personenkreis freigeschaltet werden. Neben der rein technischen Freischaltung sind für das Gelingen der Umfrage auch Überlegungen zur Bekanntmachung und Motivation zur Teilnahme notwendig.

In diesem Fall werden fünf verschiedene Wege eingesetzt. Diese sind eine E-Mail-Verteilerliste an die Doktoranden Lehrstuhls mit einem verwandten Forschungsschwerpunkt, Internet-Foren im Studierendenportal für Veranstaltungen mit Bezug auf Geschäftsprozesse, Facebook-Nachrichten, persönliche E-Mails zu eigenen Kontakten und das persönliche Ansprechen von Personen mit Geschäftsprozesserfahrung. Es wird zudem dazu aufgerufen, geeigneten Kontakten davon zu berichten, die daran möglicherweise Interesse haben könnten. Es soll dabei beachtet werden, dass die Zielgruppe Erfahrungen im Bereich der Prozessmodellierung insbesondere mit Petri-Netzen besitzen sollen. Die Teilnahme von Personen mit geringer Erfahrung zu den Themen Petri-Netzen und Geschäftsprozessen kann durch die entsprechende Zuordnung in der Selbsteinschätzungsfrage ermittelt werden. Damit können auch Aussagen getroffen werden, die darauf hinweisen, dass unterschiedliche Kenntnisse zur Prozessmodellierung verschiedene Antworten bevorzugen.

Zur Teilnahmemotivation wird unter allen Teilnehmern bei Angabe der mit den restlichen Antworten nicht verknüpften E-Mail-Adresse ein 20-Euro-Gutschein zufällig verlost. Die Angabe wird am Ende optional den Teilnehmern zur Verfügung gestellt. Als kritische Mindeststichprobengröße wird die Anzahl von 50 Teilnehmern definiert. Dies liegt am oberen Ende der in der Literatur empfohlenen Mindeststichprobengröße von 30-50 [Hil98]. Der Teilnahmezeitraum soll je nach erreichter Teilnehmerzahl mindestens zwei Wochen umfassen. Bei Bedarf kann dieser Zeitraum unter Maßnahmen zu Verbesserung der Reichweite oder Motivation verlängert werden.

5.5.1. Ablauf

Der durchgeführte Online-Umfragezeitraum war vom 13.07.2013 bis zum 28.07.2013. Bereits innerhalb der ersten zwei Tage wurde die festgelegte Mindestanzahl von 50 Teilnehmern erreicht. Ein Großteil der Teilnehmer wurde bereits nach drei Tagen erreicht. Die zeitliche Entwicklung der Teilnehmerzahlen ist in Abb. 5.11 dargestellt.

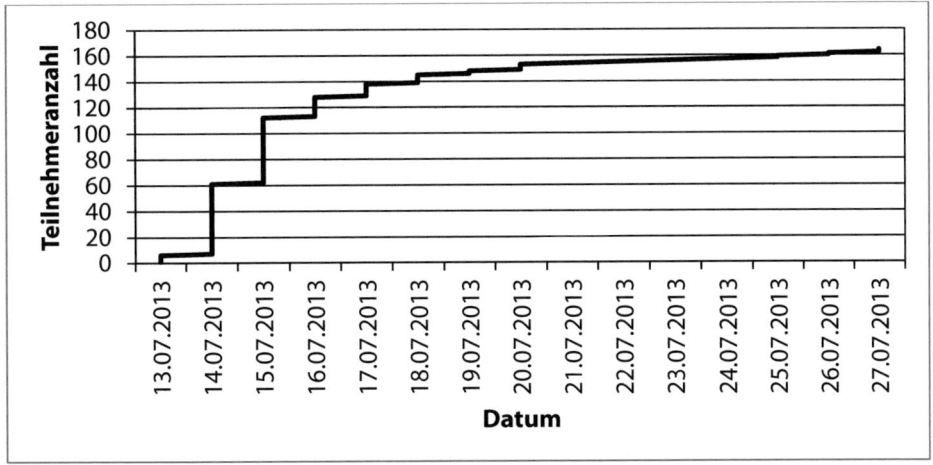

Abb. 5.11: Anzahl der Teilnehmer im Befragungszeitraum

Die Teilnehmerzahlen wurden während der Umfrage täglich erfasst, um Fehlentwicklungen so früh wie möglich zu erkennen.

5.6.   Analyse der Ergebnisse

Die gesammelten Antworten der Online-Umfrage lassen sich von der genutzten Plattform als CSV[7]-Format für Microsoft Excel und als SPS[8]-Format für IBM SPSS Statistics zur Analyse herunterladen. Die meisten Analysen der durchgeführten Umfrage lassen sich mit Excel auswerten. Zur Erzeugung der Häufigkeitstabellen wird SPSS Statistics eingesetzt. Es lassen sich einige Vorfilterungen der gesammelten Antworten durchführen. In dem vorliegenden Fall werden leere Datensätze, die dadurch entstehen, dass Teilnehmer lediglich durch die Umfrage blättern, ohne eine Frage zu beantworten, aus den exportierten Daten gelöscht. Nur teilweise beantwortete Umfragen werden berücksichtigt, da einige Fragen absichtlich nicht beantwortet werden können. Die gewonnenen Erkenntnisse der Umfrage werden in den folgenden Unterabschnitten vorgestellt.

---

[7] Comma-Separated Values
[8] Statistical Package Syntax

5.6.1. Teilnehmerzusammensetzung der Online-Umfrage

Insgesamt sind im Befragungszeitraum 164 Beantwortungen der Online-Umfrage im System eingegangen. Diese Teilnehmer hatten die beabsichtigte Möglichkeit, keine Antworten auf einige Fragen zu hinterlassen. Diese Möglichkeit wurde am stärksten genutzt bei den abschließenden Meinungsfragen. Die Auswahlantwort mit der geringsten Teilnahmeanzahl hatte 99 Antworten erhalten.

Die Zusammensetzung der teilgenommenen Personen ist nach eigenen Angaben überwiegend von Studierenden (76,3 %), dann von privatwirtschaftlich Beschäftigten (16,0 %) und von wissenschaftlichen Mitarbeitern (7,7 %) durchgeführt worden. Ein Drittel der Teilnehmer war weiblich. Im Median- und Modalwert ist das Alter der Teilnehmer 26 Jahre, der Bereich bewegt sich von 19 bis 51 Jahre.

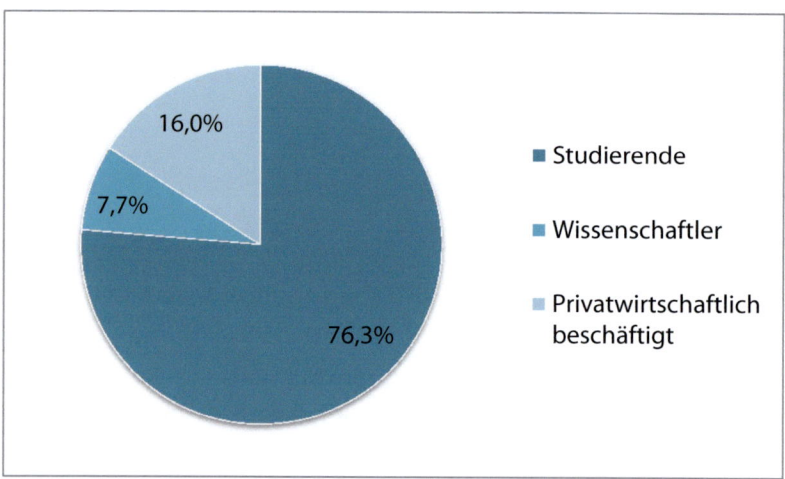

Abb. 5.12: Aufteilung nach Beschäftigung der Teilnehmer

Die Vorkenntnisse der Teilnehmer sind durch Selbsteinschätzung erfasst. In jedem befragten Bereich finden sich sowohl Expertenkenntnisse, Anfängerkenntnisse und alle dazwischen möglichen Abstufungen wieder. Die Verteilung der Werte ist in der Abb. 5.13 aufgeführt. Die Kenntnisse sind demnach in der Befragungsgruppe im allgemeinen Bereich der Wirtschaftswissenschaften hoch und im allgemeinen Bereich der Informatik solide ausgeprägt. Kenntnisse zur Prozessmodellierung sind im Mittelwert durchschnittlich vorhanden.

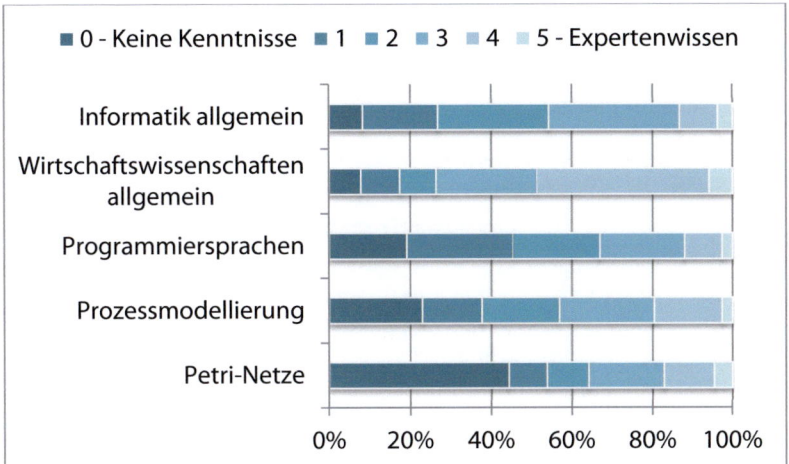

Abb. 5.13: Selbsteinschätzung der Vorkenntnisse der Teilnehmer

Den Bereich der Petri-Netze kennen etwa 44 % der Teilnehmer bisher nicht. Dennoch sind die Angaben dieser Personen nicht gegenstandslos. Zum einen sind die Symbole der Petri-Netze anhand der in der Umfrage gegebenen Beispiele intuitiv erlernbar. Zum anderen interessiert für die Auswertung die Präferenz deutschsprachiger Formulierungen von bestimmten Sachverhalten. Diese kann auch genannt werden, wenn Petri-Netze nicht bekannt sind.

5.6.2. Ergebnisse der Formulierung von einfachen Verbindungen

Dieser Abschnitt der Ergebnisauswertung behandelt die Präferenzen-Ermittlung von Prozessmodellteilen, die graphisch durch zwei Elemente, die mit einer nicht verzweigten Kante verbunden sind, dargestellt werden. Das wird als einfache Verbindung in dieser Arbeit beschrieben. Die Antworten dieser Kategorie sind durch Dropdown-Felder gestaltet worden (siehe 5.4.2). Um diese auszuwerten, wird im Folgenden ein Algorithmus beschrieben, der die bevorzugten validen Antwortmöglichkeiten in die entsprechende Rangfolge sortiert. Ausgang zur Ermittlung sind die Häufigkeiten der jeweiligen Auswahl von Prä-Stellen, Post-Stellen, Prä-Transitionen und Post-Transitionen. Als relevante Teilformulierungen werden die jeweils fünf häufigsten Antworten pro Auswahl gefiltert. Sollten mehrere fünft-häufigste Antworten ermittelt werden, da diese die gleiche Anzahl der Nennungen besitzen, werden entsprechend diese zusätzlich als relevante Teilformulierungen gekennzeichnet.

Für den Fall der Eingabeverbindung (siehe Abschnitt 5.3.2) sind die relevanten Nennungen inklusive der Inschriften zur Verdeutlichung in der Abb. 5.14 aufgelistet. Die Zahl in Klammern nach dem genannten Eintrag stellt die Anzahl der Teilnehmer dar, die diesen insgesamt ausgewählt haben. Die Einträge „vorliegt," und „wird," wurden jeweils gleich häufig an der fünften Position genannt und sind daher beide aufgelistet.

Prä-Stelle	Stelle	Post-Stelle	Prä-Transition	Transition	Post-Transition
Sobald (33)		wurde, (48)	kann die Aktion (44)		ausgeführt werden. (42)
Nachdem (30)		eingetreten ist, (19)	kann (18)		durchgeführt werden. (27)
Wenn (30)	E-Mail erhalten	ist Vorbedingung (15)	wird (18)	E-Mail lesen	stattfinden. (14)
Das Ereignis (15)		erfüllt ist, (13)	für die Aktion (12)		. (13)
Falls (9)		vorliegt, (11)	dann (10)		schalten. (9)
		wird, (11)			

Abb. 5.14: Anzahl der relevanten Nennungen zur Eingabeverbindung

Für die aufgeführten Einträge werden die möglichen Kombinationen ermittelt, um eine Rangfolge der präferierten Einträge zu finden. Die Präferenzrangfolge ist das kompakte Ergebnis der Umfrage, mit dem weitere Vorgehensempfehlungen ermöglicht werden. In dieser soll neben der Präferenz der Formulierung auch eine mögliche Varianz der beliebteren Möglichkeiten ableitbar werden. Damit ist beabsichtigt, die Monotonie der Prozesstexte geringer zu halten (siehe Abschnitt 4.2). Das kann dadurch erreicht werden, dass Satzteile, die in der Rangfolge bereits als höher präferiert ermittelt wurden, in den nachfolgenden Plätzen der Rangfolge nicht wiederverwendet werden.

Der dafür entwickelte Algorithmus durchsucht sukzessiv die ersten möglichen Sätze nach den häufigsten Teilformulierungen ab und speichert diese in der Rangfolge nach den kumulierten Häufigkeiten aus den genutzten Teilformulierungen. Alle verwendeten Teilformulierungen werden dann aus der ursprünglichen Liste entfernt, sodass diese in den folgenden noch möglichen Sätzen nicht erneut zum Einsatz kommen. Der Algorithmus wird in Pseudo-Code wie folgt beschrieben.

Algorithmus zur Rangfolgebestimmung

Eingabe: Anzahl der ausgewählten Einträge, Kombinationsmöglichkeiten

Ausgabe: Präferenzrangfolge (Ranking) der kombinierbaren Sätze

```
While (Tabelle[2, 1] != null) Do
  Satz = Tabelle[2, 1].Satz;
  Stimmen = Tabelle[2, 1].Stimmen;
  For Spalte = 2 To 6 Do
    For Zeile = 2 To Tabelle[Spalte].Laenge Do
      If (Satz.KombinierbarMit(Tabelle[Zeile, Spalte].Satz))
        Satz += " " + Tabelle[Zeile, Spalte].Satz;
        Stimmen += Tabelle[Zeile, Spalte].Stimmen;
        If (Spalte != 2 && Spalte != 5)
          // Verbleibende Spalteneinträge rutschen eine Zeile hoch
          Tabelle.Entfernen(Tabelle[Zeile, Spalte]);
        End If
        Break;
      End If
      Else
        If (Zeile == Tabelle[Spalte].Laenge)
          Algorithmus.Beenden();
        End If
      End Else
    End For
  End For
  Ranking.Hinzufuegen(Satz, Stimmen);
  Ranking.SortierenNach(Stimmen);
End While
```

Hinweise zum Verständnis: Tabelle ist ein zweidimensionales Array mit den Antwortmöglichkeiten (Zeilenposition) und deren Position im Satz (Spaltenposition) vergleichbar zu Abb. 5.14. Die Kombinationsmöglichkeiten müssen einmalig manuell erstellt werden und zu allen möglichen Satzanfängen die Kombinierbarkeit mit der aktuellen Satzposition überprüfen. Das Ergebnis wird in einem Ranking-Objekt gespeichert, das über eine Sortiermethode nach der Stimmenanzahl verfügt.

Für die Eingabestelle ergeben sich nach Durchlaufen des Algorithmus die folgenden drei präferierten Formulierungen:

- Sobald [Stelle] wurde, kann die Aktion [Transition] ausgeführt werden.
  - o Akkumulierte Stimmenanzahl von 167.

- Nachdem [Stelle] eingetreten ist, kann [Transition] durchgeführt werden.
    - Akkumulierte Stimmenanzahl von 94.
- Wenn [Stelle] erfüllt ist, wird [Transition] stattfinden.
    - Akkumulierte Stimmenanzahl von 75.

Für die Ausgabestelle ergeben sich analog nach Durchlaufen des Algorithmus die folgenden drei Formulierungen:

- Wenn die Aktion [Transition] ausgeführt wurde, ist [Stelle].
    - Akkumulierte Stimmenanzahl von 140.
- Die Aktion [Transition] führt dazu, dass [Stelle] wird.
    - Akkumulierte Stimmenanzahl von 117.
- Nachdem [Transition] durchgeführt wurde, wird [Stelle] erfüllt.
    - Akkumulierte Stimmenanzahl von 76.

Der Fall, dass eine Aktualisierungsverbindung zum Einsatz kommt, wird von den Teilnehmern nach Durchlaufen des beschriebenen Algorithmus wie folgt bewertet:

- Jedes Mal wenn [Stelle] wurde, muss auch die Aktion [Transition] durchgeführt werden.
    - Akkumulierte Stimmenanzahl von 150.
- Immer wenn [Stelle] wird, muss die Aktion [Transition] ausgeführt werden.
    - Akkumulierte Stimmenanzahl von 86.
- Nachdem [Stelle] eingetreten ist, wird [Transition] durchgeführt.
    - Akkumulierte Stimmenanzahl von 53.

Es wird in dem Online-Fragebogen zusätzlich abgefragt, ob die Aktualisierungsverbindung als zwei getrennte Kanten in Gegenrichtung beschrieben werden sollte, oder ob dies als besondere Verbindung eigenständig formuliert werden sollte. Dabei ergab sich, dass ein knappes Drittel sich für die getrennte Beschreibung ausspricht und etwa zwei Drittel zusammenhängende Formulierungen, wie sie in der Rangfolge beschrieben sind, bevorzugt.

5.6.3. Ergebnisse der Formulierung von verzweigten Verbindungen

Die Auswertung der verzweigten Verbindungen kann aufgrund des einfacheren Fragetypus leicht ausgewertet werden. Hierzu werden im Folgenden die drei häufigsten Varianten mit der Stimmenanzahl aufgelistet. Diese sind vom gegebenen Beispiel abstrahiert, indem in eckigen Klammern Inschriften von Stellen bzw. Transitionen stehen sollen.

Für AND-Split sind von insgesamt 106 Nennungen die drei häufigsten Nennungen wie folgt:

- Nachdem [t1] erledigt wurde, ist [s1], [s2] sowie [s3]. (31 Stimmen)
- Nachdem [t1] erledigt wurde, ist sowohl [s1] als auch [s2] als auch [s3]. (26 Stimmen)
- Nachdem [t1] erledigt wurde, ist [s1], [s2] und [s3] (26 Stimmen)

Für AND-Join sind von 104 Nennungen die drei häufigsten Nennungen:

- Wenn sowohl [s1] als auch [s2] als auch [s3] ist, kann [t1] durchgeführt werden. (36 Stimmen)
- Wenn [s1], [s2] sowie [s3] ist, kann [t1] durchgeführt werden. (25 Stimmen)
- Wenn [s1], [s2] und [s3] ist kann [t1] durchgeführt werden. (25 Stimmen)

Die Betrachtung von AND-Split und AND-Join zusammen zeigt, dass die „Sowohl-Als-Auch"-Formulierung die meisten kumulierten Stimmen erreicht.

Für OR-Split sind von 104 Nennungen die drei häufigsten Nennungen:

- Wenn [s1] ist, kann entweder [t1], [t2] oder [t3] durchgeführt werden. (31 Stimmen)
- Wenn [s1] ist, kann entweder [t1] oder [t2] oder [t3] durchgeführt werden. (23 Stimmen)
- Wenn [s1] ist, kann aus den Alternativen [t1], [t2] und [t3] ausgewählt werden. (22 Stimmen)

Die drei am häufigsten ausgewählten OR-Join-Formulierungen sind bei 105 Stimmen:

- Nachdem entweder [t1], [t2] oder [t3] erledigt wurde, ist [s1]. (40 Stimmen)
- Nachdem entweder [t1] oder [t2] oder [t3] erledigt wurde, ist [s1]. (20 Stimmen)
- Nachdem [t1], [t2] oder [t3] erledigt wurde, ist [s1]. (15 Stimmen)

In der gemeinsamen Betrachtung von OR-Split und OR-Join werden die „Entweder-Oder"-Formulierungen klar bevorzugt. Die jeweils zwei häufigsten Antworten unterscheiden sich dabei nur in der Wiederholung oder Auslassung der Konjunktion.

5.6.4. Ergebnisse der Formulierung spezieller Petri-Netz-Modelle

Die Umfrage betrachtet explizit den Fall eines Petri-Netzes, das die Free-Choice-Eigenschaft verletzt. Ähnlich zu den verzweigten Modellen entfällt auf die drei meist genannten Antwortmöglichkeiten ein Großteil der 103 Stimmen. Diese sind:

- Wenn sowohl [s1] als [s2] ist, kann entweder [t1] oder [t2] durchgeführt werden. Wenn nur [s2] ist, kann lediglich [t2] durchgeführt werden. (32 Stimmen)

- Wenn [s2] ist, kann [t2] durchgeführt werden. Falls zusätzlich [s1] ist, kann auch [t2] durchgeführt werden. (25 Stimmen)
- Wenn [s2] ist, kann entweder [t2] oder - sofern [s1] ist – [t1] durchgeführt werden. (22 Stimmen)

Die im Abschnitt 4.2.1 eingeführte prozessbedingte Alternativ-Konstruktion mit „Entscheide"-Formulierung wurde nur von sieben Teilnehmern genannt.

Recht nahe liegen die Formulierungen von anonymen Marken in Petri-Netzen zusammen. Bei 101 Stimmen haben vier Formulierungen ähnliche Häufigkeiten erhalten:

- Wenn [s1] (aktuell [x] Mal erfüllt) ist, kann [t1] durchgeführt werden. (23 Stimmen)
- Wenn [s1] ist, kann [t1] durchgeführt werden. [s1] ist aktuell [x] Mal erfüllt. (22 Stimmen)
- [s1] liegt 3 Mal vor. Somit kann [t1] durchgeführt werden. (22 Stimmen)
- Wenn [s1] ist, kann [t1] durchgeführt werden. Aktuell liegt [x] Mal [s1] vor. (18 Stimmen)

Die Aufgabe, eine längere Sequenz zu formulieren, zeigt, dass die durch die Fragestellung mit Freitextfeldern sehr unterschiedliche Antworten erhalten werden. Nahezu alle gegebenen Antworten sind seltener als fünfmal genannt. Die Formulierungsbestandteile „Nachdem", „Sobald", „Wenn", „wurde", „kann", „kann die Aktion", „wird", „ausgeführt", „durchgeführt werden" und Satzzeichen sind häufiger in den Antworten enthalten. Dies lässt mit den gewonnenen Erfahrungen durch das vorherige Auswählen Sätze mit ähnlichen Formulierungen herleiten. Die Überlegung, ob die lange Sequenz bevorzugt als ein Satz und nicht als Aneinanderreihung von mehreren verschiedenen Sätzen gebildet werden sollte, lässt sich damit teilweise zugunsten der Aneinanderreihung beantworten. Von 164 Antworten lassen 30 Formulierungen zu, die lange Sequenz mit weniger Sätzen als Sequenzschritten ergeben. Neben der in dieser Arbeit zuvor gezeigten Formulierung mit „sodass" sind folgende neue Formulierungen mit „gilt, dass" „sowie", „und dadurch" „und damit ist" „und führt zu" „wodurch" und „womit" dabei. Die meisten Antworten formulieren eigene Sätze pro Kantenbeziehung.

5.6.5. Ergebnisse der zusätzlichen Fragen

Die drei abschließenden Fragen betreffen weitergehende Überlegungen und zielen nicht auf die Formulierungspräferenzen ab. Die Liste der selbst eingesetzten Petri-Netz-Erweiterungen hat keine Ergänzung durch die Teilnehmer neben den vorgegebenen Antwortmöglichkeiten erfahren. Von den vorgegebenen Antworten sind von den mit Petri-Netzen erfahrenen Personen am häufigsten Kapazitäten (23 Mal), Kantengewichte (18 Mal), Ressourcen (14 Mal) ausgewählt. Personen ohne Petri-Netz-Erfahrung sind von der Auswertung ausgeschlossen.

Die Nützlichkeit der Grundidee erhält positive Bewertungen. Sowohl die Übersetzung von Texten zu Prozessmodellen als auch die Übersetzung von Prozessmodellen zu Texten und die Spracheingabe von Prozessen werden jeweils nur von unter 5 % der Teilnehmer als nicht nützlich bewertet. Die Sprachausgabe wird von 9 % der Teilnehmer als nicht nützlich bewertet. Über 50 % der Teilnehmer sieht mindestens mittlere bis hohe Nützlichkeit der vier bewertbaren Teilideen. Am nützlichsten erscheint den Teilnehmern die Text-zu-Modell-Richtung.

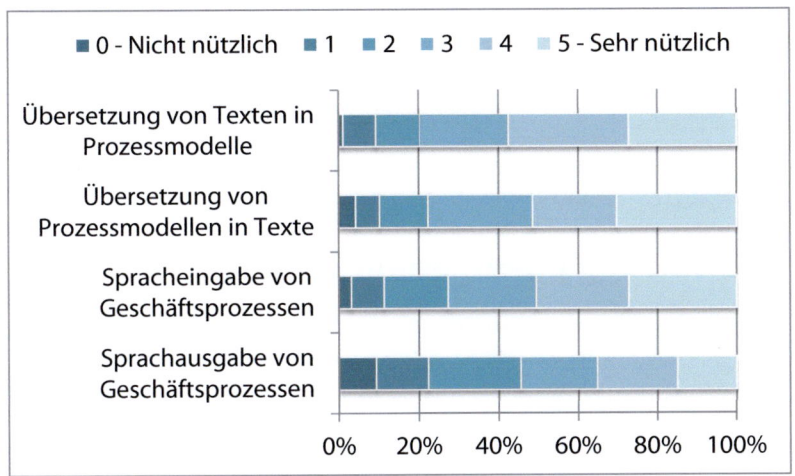

Abb. 5.15: Bewertung der erwarteten Nützlichkeit

Die letzte Frage ermöglicht freie Anmerkungen. Zwei Personen finden die Fragen teilweise schwierig für Petri-Netz-Laien. Explizit genannt wird dabei die Frage nach den eingesetzten Petri-Netz-Erweiterungen. Aus diesem Grund sind die Antworten dieser Fragen nach der Selbsteinschätzung der Teilnehmer bezüglich ihrer Petri-Netz-Kenntnisse gefiltert. Ein Teilnehmer wünscht sich hingegen weitere freie Formulierungsmöglichkeiten. Die Möglichkeit ist ausschließlich in der Frage zur längeren Sequenz gegeben. Jedoch ist die Anzahl indifferenter Antworten, die dadurch ermöglicht sind, zu hoch, um über einen eingeschränkt großen Teilnehmerkreis eindeutige Aussagen ableiten zu können. Ein anderer Teilnehmer sieht hingegen insbesondere im Einstieg aufgrund der vielen Wahlmöglichkeiten zur Satzbildung Schwierigkeiten. Der Fragetyps der Formulierungsfragen ist hierbei von Teilnehmerindividueller Bedeutung. Ohne oder mit wenig Petri-Netz-Erfahrung hilft die Auswahl möglicher Antworten, die Bedeutung durch die eingeschränkte Auswahl in der Umfrage zu erlernen. Mit umfassender Vorerfahrung kann die Auswahl größer oder freier gestaltet werden. Möglicherweise kann eine angepasste Umfrage je nach überprüfter (getesteter) Vorerfahrung die Ergebnisse dieser Umfrage erweitern.

Ein Vorschlag eines Teilnehmers nennt das Anführungszeichen als Trennzeichen von Inschriften zum restlichen Text. Die Möglichkeit wird in dieser Arbeit berücksichtigt (siehe Abschnitt 4.3) und kann je nach Anwendungszweck vereinfachend (z. B. Regelverständnis) oder erschwerend (z. B. Spracheingabe) sein.

Ein weiterer Teilnehmer spricht sich für das Einfügen eines Zurück-Buttons aus. Die Auslassung des Buttons ist mit der Verminderung zur Beeinflussung der ersten Fragen durch die Gestaltung der letzten Fragen begründet. Die Umfrage erhält von zwei Teilnehmern positive Anmerkungen. Einerseits, da diese für einen Teilnehmer eine interessante Themenstellung behandelt, und andererseits, da deren Gestaltung für einen anderen Teilnehmer aufgrund der Rechtschreib- und Grammatikfehlerfreiheit gelobt wird.

5.7. Fazit und Implementierungsfolgerungen

Die Umfrage bekräftigt die Grundüberlegung, dass der Zusammenhang von Texten mit Prozessmodellen herstellbar ist. Den Teilnehmern ist es gelungen, die Fragen sinnvoll zu beantworten. Der Zweck zur Ermittlung einer Rangfolge der bevorzugten Formulierungen für die grundlegenden Modelle ist ebenso erfolgreich erreicht (siehe 5.6.2 und 5.6.3). Die jeweils Ersten drei der am besten bewerteten Formulierungen (Top-3) vereinen zusammen stets über 50 % der Gesamtstimmen pro Teilfrage. Zwischen den ersten drei Plätzen der Bewertungen sind durch den erarbeiteten Rangfolgealgorithmus größere Abstände zwischen den Plätzen der einfachen Verbindung. Daher kann hier jeweils ein klarer Favorit für die Fragen des Dropdown-Fragetypus genannt werden.

In den Verzweigungsfragen vereinen die Top-3-Antworten sogar 69 %-78 % der jeweiligen Gesamtstimmenzahl. Jedoch sind die Abstände der Platzierungen der Verzweigungsfragen zumeist geringer als die der einfachen Verbindungen. Die Unterschiede der meist gewählten Auswahlmöglichkeiten fallen auch sprachlich geringer gegenüber den anderen Formulierungsfragen aus. So sind in einigen Fällen keine eindeutigen Favoriten zu erkennen. Interessant ist auch, dass es keine vorgeschlagene Formulierung gibt, die nicht mindestens einmal ausgewählt wurde.

Die Umfrage hat mit den erlangten Ergebnissen das Hauptziel erreicht. Weitere Überlegungen können in einer neuen zielgruppenspezifischen Umfrage beleuchtet werden. Je nachdem, welche Einsatzszenarien und davon betroffene Zielgruppen von dem Grundkonzept abgedeckt werden sollen, kann eine Untersuchung der Formulierungen speziell für Modellierungsexperten, Fachexperten oder generell unerfahrenen Benutzern auf verschiedene Favoritenformulierungen hinweisen. Ebenso kann eine Untersuchung zwischen gesprochenen und gelesenen Prozesstexten die Unterschiede herausarbeiten. Diese Untersuchungen stehen jedoch bei der durchgeführten Umfrage nicht im Zentrum.

Die Umsetzung zu Software-Werkzeugen kann aus zwei Blickwinkeln betrachtet werden. Einerseits kann eine vielfältige Text-Eingabe zur Prozessmodellerzeugung unterstützt werden. Dazu sind die jeweiligen Top-3-Antworten ein guter Anfang, um die naheliegenden Formulierungen zu unterstützen. Im weiteren Betrieb einer Software sollte auf die Rückmeldungen der Benutzer geachtet werden, sodass eine Anpassung gewünschter Formulierungen durchgeführt werden kann. Andererseits kann im Fokus eine absichtlich restriktive Textdarstellung von Prozessmodellen stehen. In diesem Fall sollte nur die meistgenannte Formulierungsvariante ausgewählt werden. Die Interpretierbarkeit von Texten wird durch die verringerte Formulierungsmöglichkeit weniger kompliziert, da Synonymkonstruktionen nicht erlernt werden müssen. Soll jedoch aus Prozessmodellen eine Beschreibung abgeleitet werden, die eine starre Formulierungsmonotonie vermeiden soll, sind auch hier die Top-3-Formulierungen empfehlenswert. Beispielsweise können dann die Formulierungen gleichverteilt in einem Text eingebaut werden.

6. Implementierung

Das zuvor beschriebene Konzept ist aufgrund der textuellen Darstellung in einem breiten Feld einsetzbar. So ergeben sich für eine mögliche Umsetzung des Konzepts auch verschiedene Wege. Ausgehend von Geschäftsprozessorientierung kann eine Integration des Konzepts in Werkzeugen zur Prozessmodellierung, -analyse und -ausführung umgesetzt werden. Ausgehend von der Kommunikationssicht sind Erweiterungen für Kommunikationsumgebungen um die Unterstützung der Prozesstexte zielführend. Überdies kann ein eigenes Werkzeug die Adaption beider Sichten auf spezielle Anwendungsfälle umsetzen.

Jeder dieser drei Wege benötigt eine ähnliche Kernkomponente. Diese Kernkomponente muss die Hin- und Rücktransformation von/zu Petri-Netz-basierten Prozessmodellen in/aus Texten ermöglichen. Weitere Komponenten sind dann spezifisch für den ausgewählten Implementierungsweg zu entwerfen. Aufgrund verschiedener technischer Plattformen von Geschäftsprozessmanagement-Werkzeugen und Kommunikationssystemen ist die Kernkomponente nicht mit der Entwicklung einer einzigen Umsetzung erstellt. Diese Herausforderung wird mit der Umsetzung eines Prototyps durch die Nutzung einerseits von Java (Betriebssystemunabhängigkeit) und andererseits von ANTLR (Sprachenunabhängigkeit) begegnet.

6.1. Implementierung eines Kernkomponentenprototyps zur Geschäftsprozessmodellierung

Die Unterstützung zur Modellierung und Analyse von Geschäftsprozessen durch das Konzept wird in diesem Abschnitt anhand eines Prototyps für das Geschäftsprozessmanagement-Werkzeug *Horus*[1] vorgestellt. Horus ist Ergebnis langjähriger Forschungsarbeit zwischen dem Institut für Angewandte Informatik und Formale Beschreibungsverfahren (AIFB) am Karlsruher Institut für Technologie (KIT) und dem Forschungszentrum Informatik (FZI) in Zu-

---

[1] Ausgeschrieben *Horus Business Modeler*

sammenarbeit mit dem Industriepartner PROMATIS software GmbH [SVO11]. Die mit diesem Werkzeug erstellten Geschäftsprozessmodelle werden als Ablaufmodelle auf Basis einer Petri-Netz-basierten Sprache umgesetzt. Daher lässt sich das vorgestellte Konzept in dieses Werkzeug ohne die zusätzliche Einführung einer Zwischentransformation integrieren.

Das Werkzeug Horus ist eine Java-Entwicklung und kann daher auf verschiedenen Systemplattformen betrieben werden. Ferner baut Horus auf der Rich Client Platform (RCP) von Eclipse[2] auf. Dadurch kann das Plug-In-Konzept von Eclipse genutzt werden, um Komponentenerweiterungen zu entwickeln. Die Benutzeroberfläche entspricht durch Eclipse dem Aussehen der genutzten Betriebssystemplattform, während zur graphischen Modellierung auf das Eclipse Graphical Editing Framework (GEF) zurückgegriffen wird. Letzteres stellt sowohl die graphischen Editorfunktionen als auch das zugrunde liegende Abstrahierungskonzept mittels eines Model-View-Controller-Frameworks, um die entsprechende Datenstruktur zu realisieren, zur Verfügung.

In diesem Abschnitt wird die durchgeführte Implementierung eines Prototyps beschrieben, der durch das Plug-In-Konzept eine Integration der Ablaufmodelle mit dem zuvor beschriebenen Konzept umsetzt. Der Prototyp wird im Folgenden den Namen WORT (*Workflow-Oriented Rich Text*) tragen.

6.1.1. Anforderungen an WORT

Entsprechend der angestrebten Integration in Horus ergeben sich für WORT die folgenden Anforderungen:

- **Java/Eclipse-Plug-In:** Der Zielplattform folgend muss WORT als Plug-In für Horus und insofern auf Basis eines Java/Eclipse-Plug-In entwickelt werden.
- **Horus-Ablaufmodell-Integration:** Die Ablaufmodelle in Horus bilden als Prozessmodelle die Grundinhalte des Konzepts. Die bidirektionale Interaktion mit diesen Modellen ist für WORT notwendig.
- **Modell-zu-Text:** Aus Ablaufmodellen, die zumindest die Workflow-Netz-Eigenschaft besitzen, müssen Texte derart generiert werden, dass die Struktur mit dem vorgeschlagenen Konzept übereinstimmt.
- **Text-zu-Modell:** Aus Texten, die entsprechend der Konzeptstruktur gestaltet wurden, müssen die passenden Ablaufmodelle in Horus generiert werden.

---

[2] http://www.eclipse.org/home/categories/rcp.php

- **Wiederverwendbarkeit**: WORT soll in Hinsicht auf einerseits andere Geschäftsprozessmanagement-Werkzeuge und andererseits Kommunikationsplattformen entwickelt werden. So sollen nach Möglichkeit realisierte Fragmente zur Umsetzung anderer Zwecke wiederverwendet werden können.

6.1.2. Architektur WORT

Die Anforderungen induzieren die Nutzung der Eclipse Plug-In-Architektur. Die Integration mit Plug-Ins harmonisiert mit der Umsetzung von Horus, da dieses im Großteil aus Bündeln verschiedener Plug-Ins für Eclipse realisiert ist. Die Benutzerinteraktion des Plug-Ins wird mit einer Eclipse-View erreicht. Diese View ist der Angelpunkt zur Ausführung der WORT-Funktionen. Die jeweiligen Transformationsrichtungen stehen für eigenständige Funktionen, die jeweils umgekehrte Eingaben und Ausgaben besitzen.

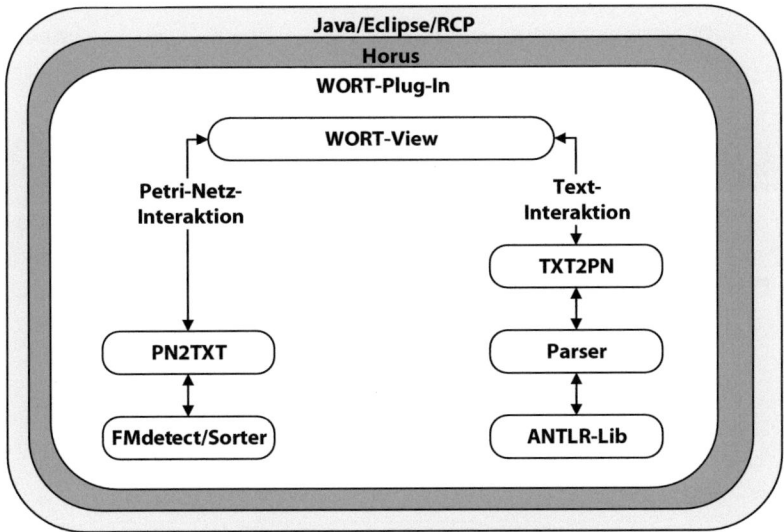

Abb. 6.1: Architektur WORT

Die Texte zu einem Ablaufmodell werden zur Laufzeit bei Bedarf generiert, wenn die View geöffnet wird. Hierzu muss ein Workflow-Netz erkannt und dies nach dem erarbeiteten Konzept aufbereitet werden. D. h., die Satzkantenmenge wird ermittelt und vom Sorter geordnet. Umgekehrt werden eingegebene Texte bei Bedarf analysiert. Dies wird mit einem von ANTLR-generierten Java-Parser durchgeführt. Wenn die Struktur einer bekannten textuellen Prozessbeschreibung entspricht, wird ein entsprechendes Ablaufmodell erzeugt.

Die beiden Komponenten zur Generierung und die darunter liegenden Funktionen können für andere Implementierungen auf ähnliche Weise umgesetzt werden oder bei Kompatibilität wiederverwendet werden.

Die Abb. 6.1 verdeutlicht die Architektur gemäß der Beschreibung. Die großen, abgerundeten Rechtecke stellen Laufzeitumgebungen dar, in denen die implementierten Komponenten ausgeführt werden. Damit wird die Laufzeithierarchie abgebildet. Die mit Pfeilen verbundenen Felder stehen für die Kernkomponenten des Plug-Ins. Die Pfeile wiederum beschreiben die Komponenten-Kommunikation. Die Beschriftung der Pfeile nennt das hauptsächliche Ziel der Komponenten-Kommunikation.

6.1.3. Umsetzung WORT

Das Eclipse Plug-In WORT wurde gemäß der Architektur umgesetzt. Die Funktionalität des Plug-Ins wird durch Öffnen der Ansicht (View) *WORT* aufgerufen. In dem ersten Prototyp sind die Basisfunktionen implementiert. D. h., dass Text aus einem Ablaufmodell erzeugt werden kann und dass aus eingegebenem Text ein Ablaufmodell generiert werden kann.

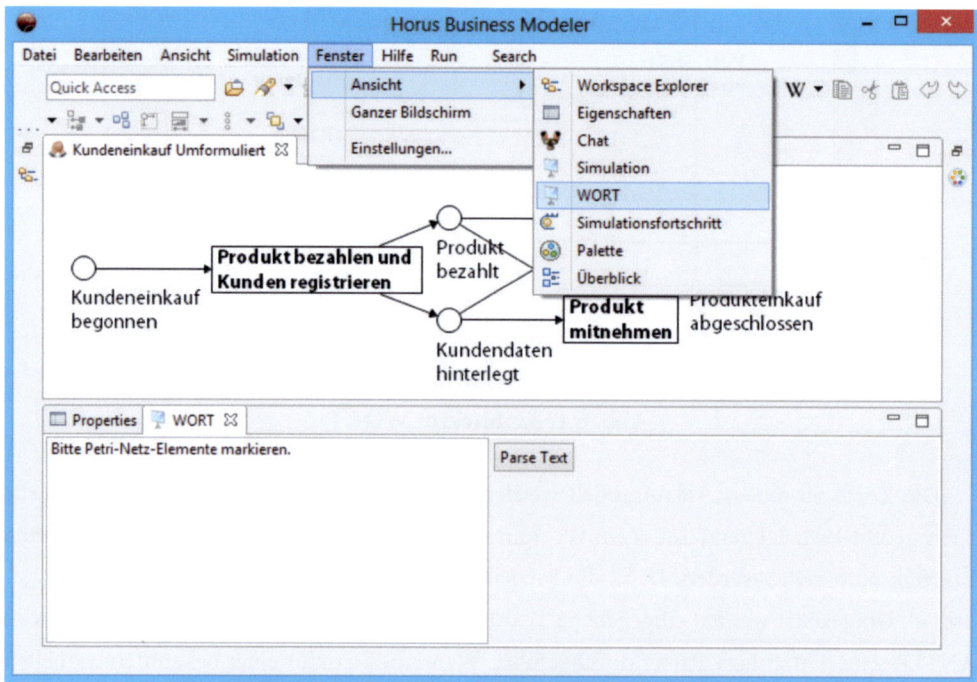

Abb. 6.2: Screenshot zur Aktivierung von WORT

Ist die WORT-Ansicht aktiviert, wird auf Selektionsänderung in einem aktiven Ablaufmodell reagiert. Es wird bei Selektion aller Elemente der Text des Ablaufmodells erzeugt, sofern es den Grundbedingungen genügt. Die Grundbedingung ist stets mit der Eigenschaft Workflow-Netz erreicht. Darüber hinaus sind einzelne Objektspeicher (Stellen in Horus) selektierbar, um während der Modellierung bereits eine textuelle Kontrolle der Einzelteile zu unterstützen. Aktivitäten (Transitionen) werden textuell abgebildet, wenn diese über keine eingehende oder ausgehende Verzweigung verfügen. Wenn mehrere Knoten selektiert werden, müssen diese immer die Workflow-Netz-Eigenschaft erfüllen. Wenn dies nicht erfüllt ist, werden Hinweise ausgegeben, ob der Netzzusammenhalt nicht erfüllt ist, oder die Ein-/Ausgabestelle nicht gefunden werden kann.

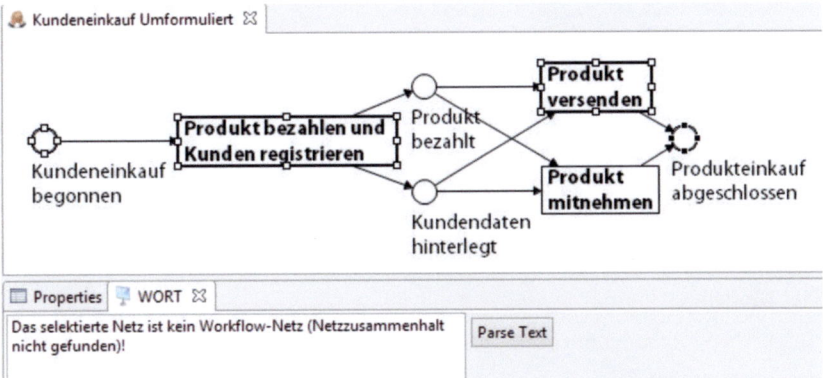

Abb. 6.3: Selektion ist nicht zusammenhängend

Das Selektieren eines Workflow-Netz-konformen Ablaufmodells gibt den automatisch generierten Text zu diesem aus. Die Abb. 6.4 zeigt ein Beispiel dazu.

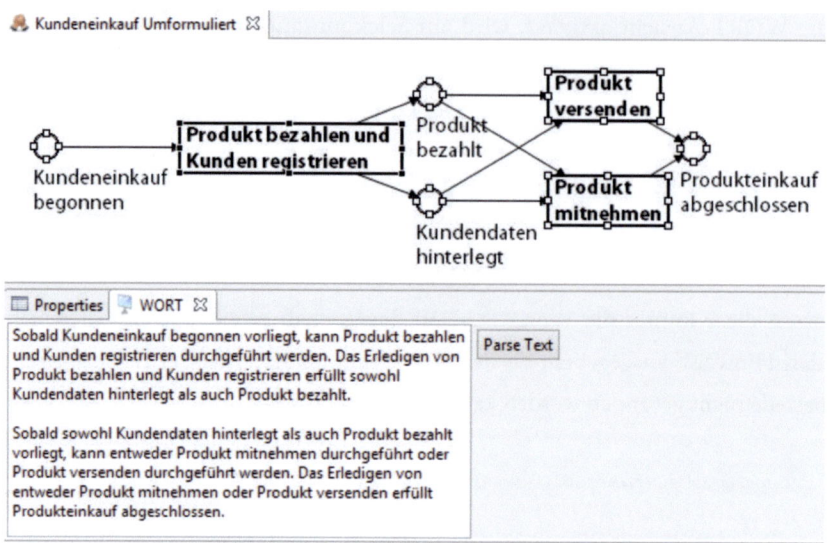

Abb. 6.4: Textgenerierung zu selektierten Ablaufmodell

Die Umkehrung der Funktion wird aufgerufen durch Betätigung der *Parse Text* Schaltfläche. Da in dem Text keine Layout-Informationen enthalten sind, wird dadurch ein Ablaufmodell erzeugt, das die in Horus voreingestellten Layout-Funktionen nutzt. Abb. 6.5 zeigt ein
so erstelltes Modell.

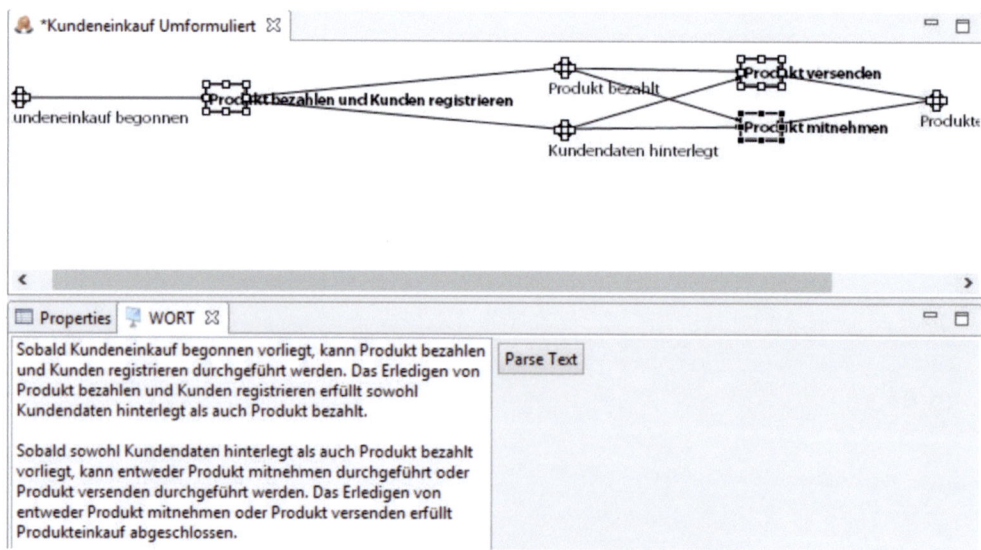

Abb. 6.5: Aus Text erzeugtes Ablaufmodell

Das dafür notwendige Parsing wird durch eine von ANTLR (siehe Abschnitt 3.8) generierte Klasse durchgeführt. Die Erkennung der Textteile gelingt über das sogenannte *Visitor*-Verfahren, d. h. die Iteration der erkannten Elemente des AST wird hierarchisch von oben durchlaufen. Die zugrunde liegende Backus-Naur-Form kann unabhängig von dieser Implementierung wieder aufgegriffen werden. Dazu kann diese mit ANTLR auch zur C# oder C++ Klassengenerierung genutzt werden und in anderen Programmen und Plattformen zum Einsatz kommen (siehe Abschnitt 6.2).

Fehler in der Formulierung der Texte werden ignoriert und erzeugen ein Ablaufmodell, sofern mindestens eine Satzformulierung konform zur Erkennung ist. Es gibt derzeit keine direkte Ausgabe, um falsche Formulierungen zu markieren.

6.2. Implementierung in einem IT-Kommunikationssystem

Die Darstellung der Prozesse als Text soll eine Einbindung von Kommunikationssystemen in prozessorientierten Umgebungen verbessern. In Abschnitt 6.1 wurde gezeigt, wie innerhalb der Geschäftsprozessmanagementsysteme eine Umsetzung durchgeführt werden kann. Bestehende Kommunikationssysteme werden damit jedoch nicht direkt eingebunden. In diesem Abschnitt wird anhand eines weiteren Prototyps der mögliche Einsatz der Prozesstexte in der Kommunikation vorgestellt.

Als Kommunikationssystem wird das Client-Produkt Microsoft Office Outlook 2010 in einer Umgebung mit Microsoft Exchange Server betrachtet. Microsoft Exchange Server ist nicht für den beschriebenen Prototyp notwendig, wird aber häufig zusammen mit Outlook eingesetzt. Das entwickelte Outlook-Add-In wird im Folgenden *WORTlook* bezeichnet.

6.2.1. Anforderungen WORTlook

Entsprechend der angestrebten Integration in Microsoft Office Outlook ergeben sich für WORTlook die folgenden Anforderungen:

- **Outlook-Add-In:** Der Zielplattform folgend muss WORTlook als Add-In für Outlook und insofern auf Basis eines VSTO (siehe 6.2.2) C#-Add-In entwickelt werden.
- **Text-zu-Modell:** Aus E-Mail-Texten, die entsprechend der Konzeptstruktur gestaltet wurden, müssen die passenden Ablaufmodelle generiert und im Kontext der E-Mail dargestellt werden.
- **Lesen und Erstellen unterstützen:** Sowohl empfangene Nachrichten als auch selbst erstellte Nachrichten können Prozesstexte enthalten. Beides soll unterstützt werden.

- **Empfängern eine Prozessabbildung mitschicken:** Auf Wunsch soll bei der Erstellung einer Nachricht mit Prozesstext zusätzlich ein Anhang erstellt werden, der die graphische Abbildung des beschriebenen Prozesses enthält.

- **Prozesstext-Repository:** Zur Wiederverwendung sollen Prozesstexte in einem Repository gespeichert und wiederverwendet werden können.

- **Nahtloses Bedienungskonzept:** Die Einbindung von WORTlook soll einerseits dem zu Outlook bekannten Designkonzept folgen und andererseits die Verwendung von Outlookfunktionen ohne Prozesstext nicht stören.

6.2.2. Technische Grundlagen WORTlook

Zur Umsetzung von WORTlook kommt neben den zuvor beschriebenen Bibliotheken ANTLR (siehe 3.8) zum Parsing und Graphviz (siehe 3.2.2) zur Petri-Netz-Darstellung, die hier jeweils als C#-Variante genutzt werden, vor allem die Bibliothek Visual Studio Tools for Office[3] (kurz VSTO) zur Outlook-Programmierung zum Einsatz. Mittels VSTO können Add-Ins für Microsoft Office Produkte in C# entwickelt werden. Diese benötigen je nach Office Version eventuell die Installation einer VSTO-Runtime auf den verteilten Office-Produkten.

Die Version 2010 von Office liefert bereits die Runtime für VSTO 2010 aus, sodass für die Zielumgebung des Prototyps neben dem Add-In keine weiteren Software-Installationen notwendig sind. VSTO-Add-Ins werden mit Microsoft Visual Studio auf Basis des .NET-Frameworks entwickelt. Daher kann auch eine andere Sprache neben C# eingesetzt werden, sofern diese durch das .NET-Framework unterstützt wird.

Für C# spricht die Möglichkeit der *Wiederverwendung* von bereits entwickelten Komponenten in Java für das Horus-Plug-In. So ist es mit geringem Aufwand möglich, die Datenstrukturen zur Petri-Netz-Speicherung in C# zu überführen, anstelle diese vollständig erneut zu entwickeln. Die Bibliothek ANTLR unterstützt die Generierung von C#-Klassen zum Parsing. Daher kann die Grammatik zur Erkennung der Prozesstexte unverändert wiederverwendet werden. Die Java-Klassen zur Auswertung des AST zum Petri-Netz sind ähnlich einfach überführt.

Des Weiteren kann ein Petri-Netz in das Graphviz-Format zur graphischen Darstellung überführt werden. Auch Graphviz kann über C# gesteuert werden.

---

[3] http://msdn2.microsoft.com/en-us/office/aa905533.aspx

Die Erweiterung von Outlook durch andere Sprachen oder Umgebungen wie Visual Basic for Applications (VBA) mit der Makro-Programmierung würde die genannten Vorteile der Überführung von Java und Wiederverwendung von ANTLR-Grammatiken verlieren. Daher wird dieser Weg nicht weiter betrachtet.

6.2.3. Architektur WORTlook

Die Einbindung in Outlook über ein VSTO-Add-In ist als Anforderung bereits ein Kernmerkmal der genutzten Architektur. So ist WORTlook ein Add-In, das innerhalb von E-Mail-Fenstern von Outlook interagiert. Über ein User-Control werden drei Hauptfunktionen gesteuert. Diese sind die Kommunikation mit den E-Mail-Eigenschaften (Text und Anhänge), die Erkennung von Prozesstexten zu entsprechenden Petri-Netzen daraus und schließlich die Erstellung einer graphischen Darstellung als Bild-Datei.

Eine weitere Funktion ist die Wiederverwendungsmöglichkeit von Prozesstexten. Diese ist direkt in dem User-Control integriert und kommuniziert mit den E-Mail-Eigenschaften, um den Inhalt und das Betreff-Feld einer neu formulierten E-Mail zu modifizieren.

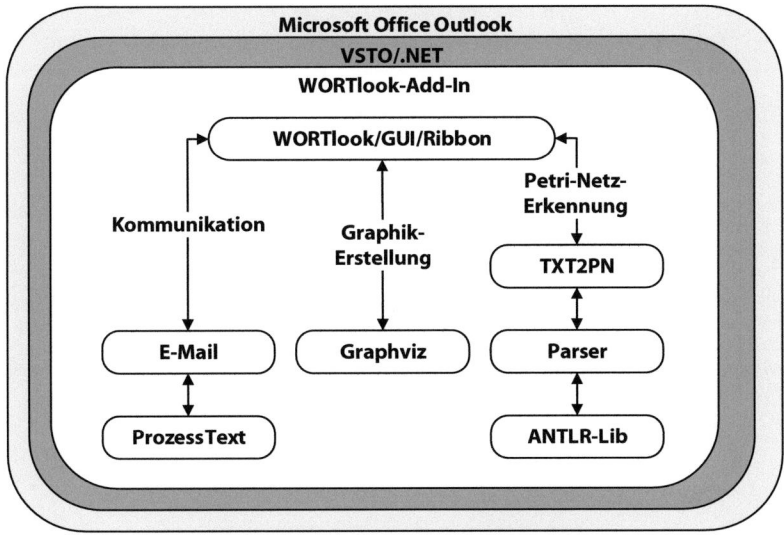

Abb. 6.6: Architektur WORTlook

Da in der E-Mail-Kommunikation neben den Prozesstexten weitere Inhalte wie Grußformeln ausgetauscht werden können, ist in der E-Mail-Kommunikations-Komponente eine einfache Ermittlung von Prozesstexten enthalten. Diese kann den Beginn und das Ende eines

Prozesstextes erkennen und so die weiteren Inhalte der E-Mail-Korrespondenz für die spätere Weiterverarbeitung filtern.

Die Abb. 6.6 verdeutlicht die Architektur gemäß der Beschreibung. Die großen, abgerundeten Rechtecke stellen Laufzeitumgebungen dar, in denen die implementierten Komponenten ausgeführt werden. Damit wird die Laufzeithierarchie abgebildet. Die mit Pfeilen verbundenen Felder stehen für die Kernkomponenten des Add-Ins. Die Pfeile wiederum beschreiben die Komponenten-Kommunikation. Die Beschriftung der Pfeile nennt das hauptsächliche Ziel der Komponenten-Kommunikation.

6.2.4. Umsetzung WORTlook

Das Outlook-Add-In WORTlook bindet sich als Erweiterung in die Menüleiste von E-Mail-Nachrichten ein. Nach Installation des Add-Ins erscheint ein zusätzlicher Reiter *WORTlook*, in dessen Ribbonleiste[4] drei zusätzliche Schaltflächen zur Verfügung stehen. Die Ribbonleiste ist in der Abb. 6.7 abgebildet.

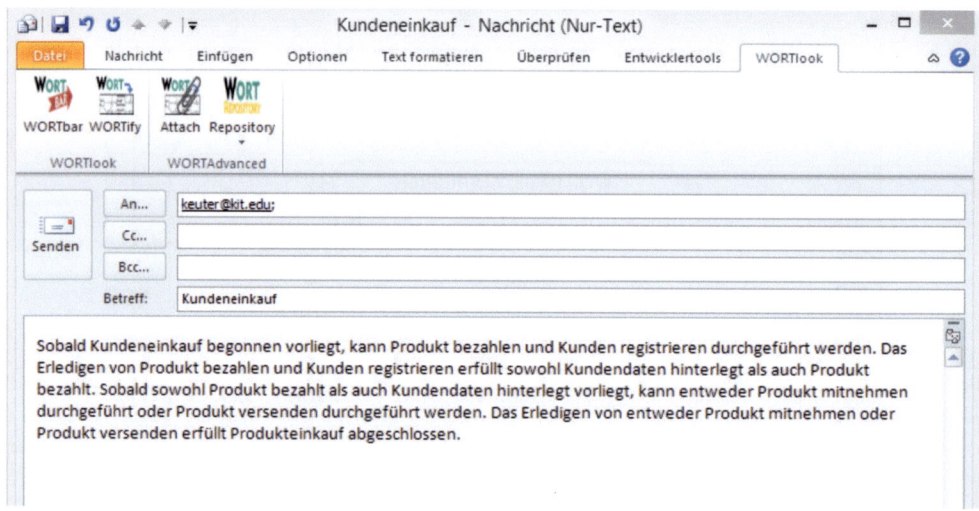

Abb. 6.7: WORTlook-Ribbonleiste

Das Betätigen der ersten Schaltfläche aktiviert oder deaktiviert die WORTlook-Aufgabenleiste auf der rechten Seite eines E-Mail Fensters. In dieser Leiste wird durch Drücken der zweiten Schaltfläche nach einer Untersuchung des E-Mail-Textes auf einen enthal-

---

[4] Die Ribbonleiste ist die von Microsoft in Office 2007 eingeführte kontextsensitive Menüleiste.

tenen Prozesstext gegebenenfalls eine graphische Petri-Netz-Darstellung des Textes angezeigt. Unabhängig, ob der Text gerade verfasst wird oder empfangen wurde, steht die Funktion zur Verfügung. Dies wird in der Abb. 6.8 gezeigt.

Die Petri-Netz-Darstellung wird von der integrierten Graphviz-Bibliothek übernommen.
Da die Bibliothek zur allgemeinen Erstellung von Graphen genutzt wird, muss eine DOT-
Format-konforme Beschreibung der Netze als Knoten und Kanten an die Bibliothek überge-
ben werden. Aus Übersichtsüberlegungen sind die Stellen nicht als Kreise, sondern als Ellip-
sen dargestellt. Andernfalls werden die Kreisradien entsprechend der Länge ihres Textes unterschiedlich groß und benötigen viel Platz in der vertikalen Achse. Alternativ sind Knoten-
beschreibungen außerhalb der Knoten denkbar. Jedoch hat dies einerseits Einfluss auf die
automatische Anordnung und Lesbarkeit, da Kanten durch Beschriftungen führen können,
und andererseits ist ein erhöhter Entwicklungsaufwand notwendig, der für den Prototyp
nicht zur Verfügung stand. So kann durch einfache Mittel die ausgereifte Anordnung von
Knoten und Kanten automatisch durch die genutzte Bibliothek verwendet werden.

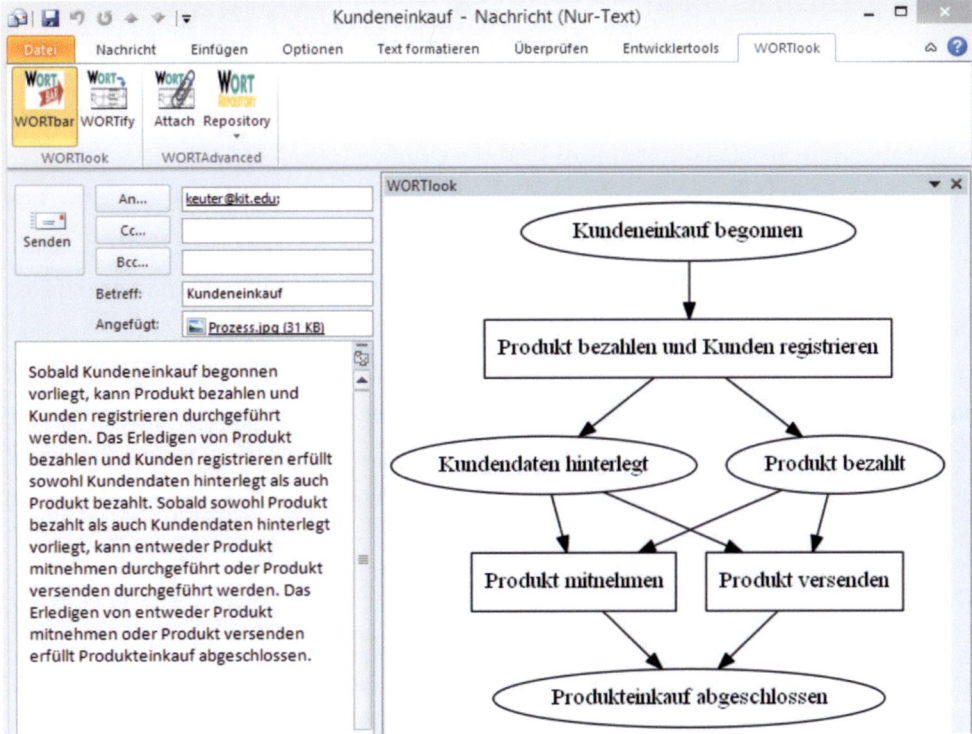

Abb. 6.8: Darstellung des Textes als Petri-Netz im E-Mail-Fenster

Die dritte Schaltfläche („Attach") fügt einer gerade verfassten Nachricht einen Anhang hinzu. Dieser enthält eine JPEG-Bilddatei, die das Petri-Netz der Aufgabenleiste abbildet. Dies erlaubt das Versenden von Prozesstexten an Empfänger, die das Add-In zur Auswertung nicht besitzen und dennoch eine graphische Darstellung benötigen.

Abb. 6.9: Prozesstext-Repository

Die Repository-Schaltfläche gibt alle in einem definierten Pfad enthaltenen Prozesstexte zur Auswahl. Diese können zur Gestaltung einer neuen E-Mail wiederverwendet werden, sodass ein zuvor modellierter Prozess einfach zu starten ist. Ist die E-Mail, in der diese Funktion versucht wird aufzurufen, eine empfangene E-Mail, wird dadurch ein neues E-Mail-Fenster mit dem gewählten Prozesstext gestartet. Ist das aktive E-Mail-Fenster eine noch nicht verschickte, neue Nachricht, wird dem bestehenden Nachrichtentext der ausgewählte Nachrichtentext hinzugefügt. Zudem wird bei einem leeren Betreff-Feld der Name des Prozesses eingefügt. Falls das Feld bereits einen Inhalt vorweist, wird es nicht geändert.

Um Grußformeln und weiteren Text zu erlauben, sind gewisse Trennsymbole möglich. Diese können Monozeichen, Klammerungszeichen, individuelle Trennzeichenketten oder Segmentierungspositionen sein (siehe Abschnitt 4.3). In dem vorliegenden Prototyp kann nur ein Prozesstext pro E-Mail erkannt werden und dieser muss, falls in der E-Mail zusätzlicher Text zum Prozesstext steht, durch die individuellen Trennzeichenketten der Form „>>>Prozesstext>>>" und „<<<Prozesstext<<<" eingeschlossen werden. Ein Beispiel dazu ist in Abb. 6.10 angegeben.

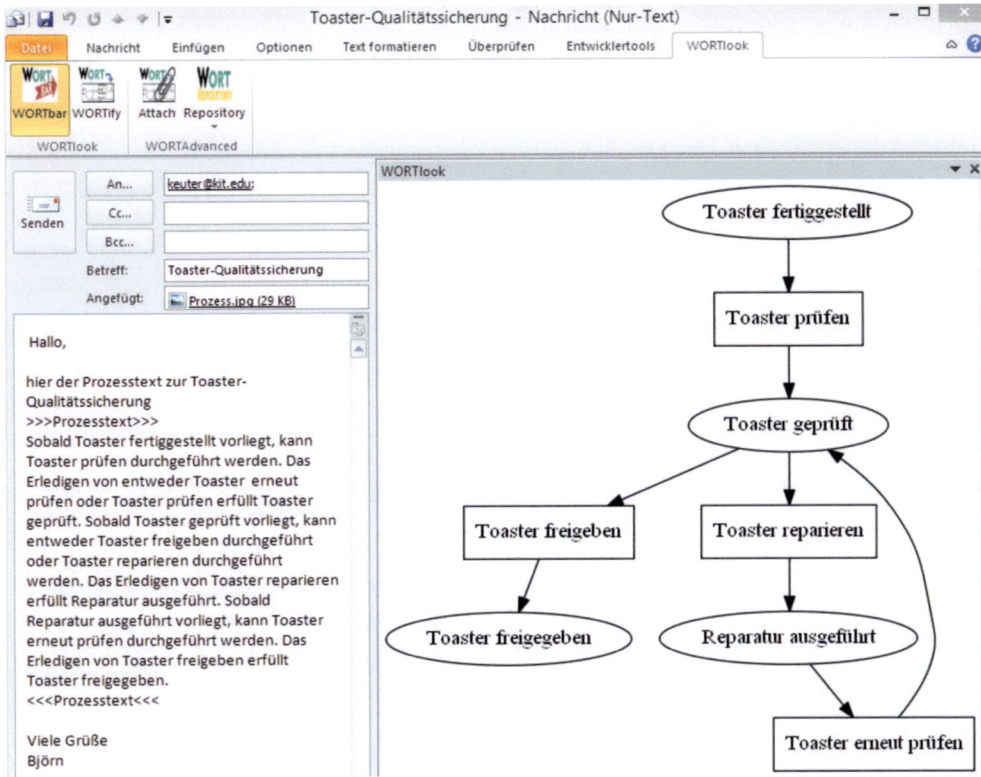

Abb. 6.10: E-Mail mit Prozesstext und umgebenden Nachrichtentext

Wenn ausschließlich Prozesstext in einer E-Mail enthalten ist, kann die Angabe der Trennzeichenketten auch ausgelassen werden. Die hier gewählten Trennzeichenketten sind für den Prototyp implementiert und können bei Produktivnutzung auch durch andere Trennzeichen ersetzt werden. Denkbar ist auch eine Angabe zum Namen des mitgeteilten Prozesses in strukturierter Form innerhalb der Trennzeichen. Ebenso kann das Betreff-Feld der E-Mail ausgelesen und dazu genutzt werden. Eine Versionierung verschiedener Prozesstexte ist implizit durch E-Mail-Datum gegeben.

6.3. Entwurf eines individuellen Werkzeugs

Die Anpassung und Erweiterung bestehender Software bietet sich zur Verbesserung etablierter Systeme an. Dies wurde in den vorherigen Abschnitten prototypisch gezeigt. Mittels individueller Software-Werkzeuge oder -Systeme können spezifische Prozesse ideal umgesetzt werden.

In diesem Abschnitt wird ein nicht implementiertes Muster durch Mock-Ups mit dem fiktiven Namen *Process Communicator* entworfen, das die Leistungsfähigkeit des beschriebenen Konzepts aufzeigt. So können komplexe Prozesse über Organisationsgrenzen durch IT-Systeme unterstützt werden. Das fiktive Werkzeug soll die vollständige Unterstützung der Prozessmodellierung, -ausführung und -analyse mit der geschäftlichen IT-Kommunikation vereinen, sodass neue Automatismen ermöglicht werden.

Auch wenn ein solches Werkzeug unabhängig von Prozessmodellierungs- und Kommunikationswerkzeugen funktioniert, sollten Schnittstellen zum Import und Export der Inhalte beachtet werden. In Bezug auf Petri-Netze ist dafür beispielsweise die Implementierung des PNML-Standards sinnvoll (vgl. Abschnitt 3.2.1).

6.3.1. Texteingabeunterstützung und Überprüfung

Das Konzept erwartet zur Formulierung von Texten eine Einschränkung der Wortwahl und Satzstruktur. Diese Einschränkung ist gerade im Einstieg aufwendig zu erlernen. Um folglich Benutzern eine Hilfestellung zu geben, ist es möglich, kontextsensitive Eingabevorschläge auf Wortebene zu liefern. Ähnlich werden häufig in der Softwareentwicklung automatische Ergänzungsvorschläge durch die Entwicklungsumgebungen[5] oder in der Texterststellung durch Textverarbeitungsprogramme[6] gegeben.

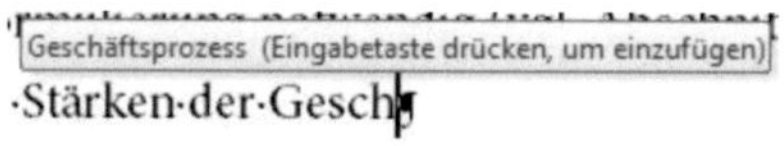

Abb. 6.11: Autotext in Microsoft Office Word

Die Eingabe syntaktisch falscher Textfragmente kann dadurch eine frühe Meldung erzeugen. Des Weiteren kann in Echtzeit zur Texteingabe eine Generierung der fertigen Prozessteile dargestellt werden. Damit kann ein sofortiger Vergleich zum Eingabezeitpunkt mit dem daraus zu schlussfolgernden Inhalten durchgeführt werden. Das verringert die Wahrscheinlichkeit der Falscheingabe oder Fehlformulierung zum frühestmöglichen Zeitpunkt.

---

[5] Wie Eclipse (Content Assist) oder Microsoft Visual Studio (IntelliSense)
[6] Wie Microsoft Office Word (Autotext)

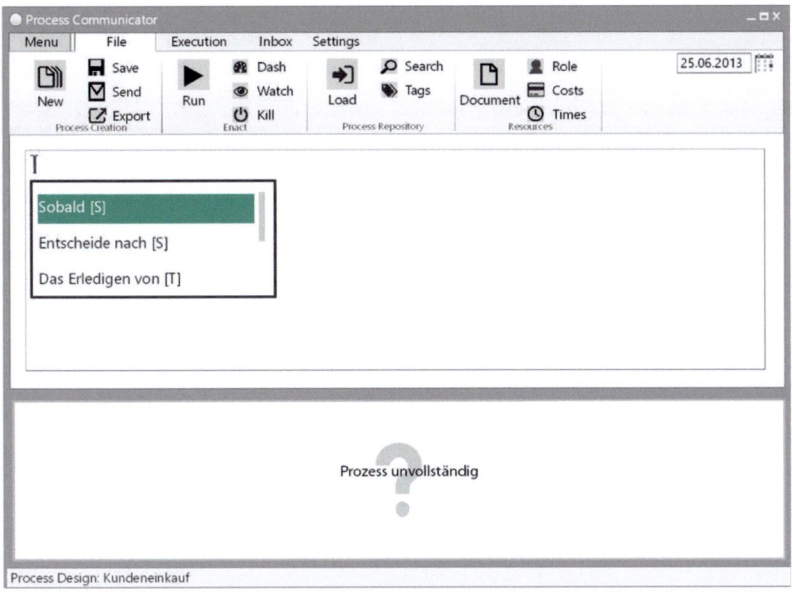

Abb. 6.12: Leeres Prozesstexteingabefeld

In der Abb. 6.12 wird beispielhaft gezeigt, wie im Process Communicator die Texteingabe aussehen könnte. Das aktivierte leere Textfeld ermöglicht in diesem Beispiel die Eingabe einer Stelle-zu-Transitionsbeziehung durch den Text „Sobald", die Alternativsatzkonstruktion einer Free-Choice-Beziehung mit „Entscheide nach" oder die Eingabe einer Transition-zu-Stellebeziehung durch „Das Erledigen von". Weitere Text-Anfänge sind denkbar und von dem jeweiligen Modell abhängig.

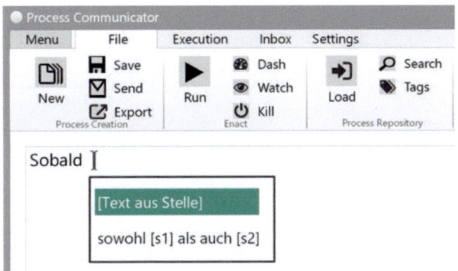

Abb. 6.13: Nach Eingabe von „Sobald"

Wurde hieraus „Sobald" ausgewählt bzw. eingegeben, wird dynamisch zu dem neuen Text eine neue Auswahl des möglichen Textes angezeigt (siehe Abb. 6.13). Der Text zur Beschreibung einer Stelle, wie er nach einem „Sobald" einzugeben ist, wird nicht vorgeschlagen, da dieser eine (nahezu) beliebige Inschrift sein kann. Es kann jedoch eine Liste von Stellen folgen. Nach einer Eingabe der Stellenbeschreibung, der notwendigen Mittelformulierung und folgender Transitionsbeschreibung kann der Satz entsprechend vollendet werden (siehe Abb. 6.14).

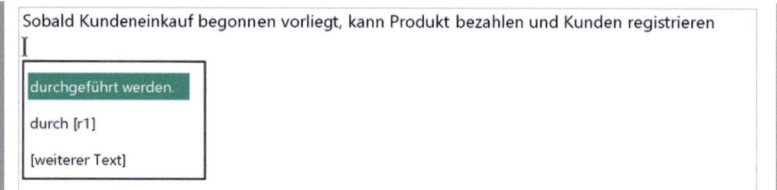

Abb. 6.14: Satz vollenden

Das Vollenden eines syntaktisch korrekten Satzes löst die Modellgenerierung innerhalb des Gesamtfensters aus. Folglich kann die Aussage des Texts mit dem Modell direkt verglichen werden (Abb. 6.15).

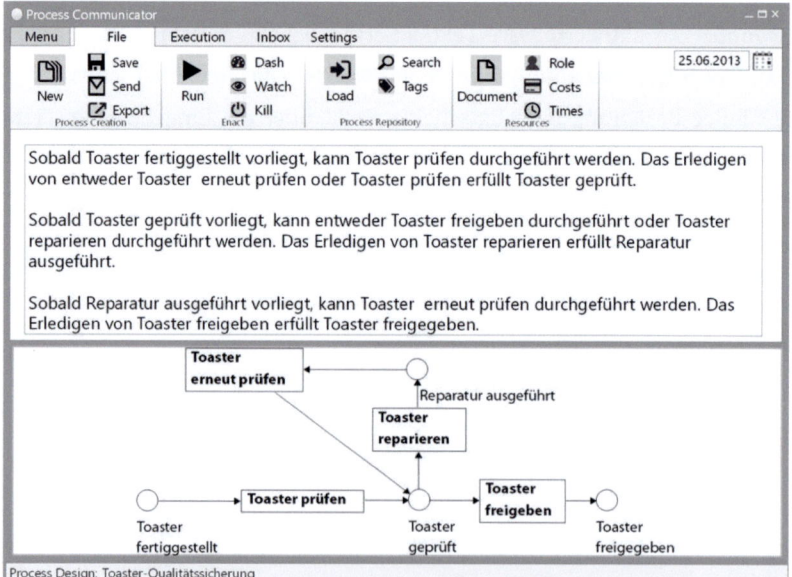

Abb. 6.15.: Generierung des Modells aus einem Text

6.3.2. Rollen und Ressourcen in Prozessmodellen

Die Angabe von Rollen und Ressourcen kann in der Modellierung optional durchgeführt werden (siehe Abschnitt 4.8.2). Die entsprechenden Texte sind möglicherweise von hoher Redundanz. So kann der Process Communicator eine Funktion bereitstellen, die neben der Darstellung und Hervorhebung dieser Informationen auch das Verstecken der erweiterten Angaben erlaubt. Dadurch können zweck- und zielgruppengerecht die Informationen darge-stellt werden.

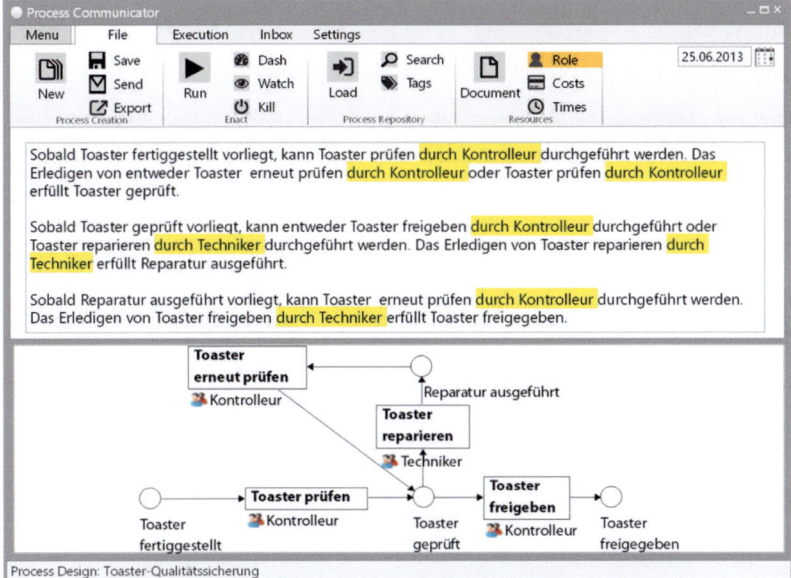

Abb. 6.16: Rollenerweiterung hervorgehoben dargestellt

Eine Erweiterung entsprechend den Formulierungsregeln ist auch in dem Process Com-municator denkbar. Eine Berücksichtigung der eigenen Rolle kann Einfluss auf die Darstel-lung nehmen. Wird folglich die eigene Rolle zu einer Aktivität erkannt, kann eine besondere Hervorhebung durchgeführt oder das Verstecken der anderen Rollen ausgeübt werden.

Weitere Verknüpfungsmöglichkeiten können mit Ressourcen erzeugt werden. So kann die Erkennung einer bekannten Ressource zu einer Datenbank mit Eigenschaften zu dieser führen. Damit wird beispielhaft der Aufwand zur Ermittlung von vorhandenen Ressourcen verringert.

6.3.3. Unterstützung der Ausführung

Zur Unterstützung der Ausführung von Prozessen ist die Berücksichtigung der dynamischen Netz-Eigenschaften und ihrer Formulierung notwendig (vgl. Abschnitt 4.4). Mit der Ausführungs-Unterstützung können die Stärken der Geschäftsprozess-Management-Werkzeuge mit den Kommunikationswerkzeugen vereint werden. Nach der (textuellen) Modellierung eines Geschäftsprozesses kann dieser instanziiert werden. Dabei kann zum Start eine Markierung als Startzustand anzugeben sein. Die Folgezustände ergeben sich aufgrund der Schaltreihenfolge von Transitionen (Aktivitäten).

Die Unterstützung der Ausführung ist in der Lage, aktivierte Transitionen zu entdecken und entsprechend hervorzuheben. So ist ein Anwender in der Lage, mögliche Aktivitäten, die in den nächsten Schritten ausführbar sind, schnell zu identifizieren. Insbesondere manuelle und semi-automatische Aktivitäten, die also eine menschliche Interaktion benötigen, sollen so auswählbar werden. In der Abb. 6.17 ist zu der ausführbaren Aktivität ein Startsymbol im Text als Kennzeichnung angegeben.

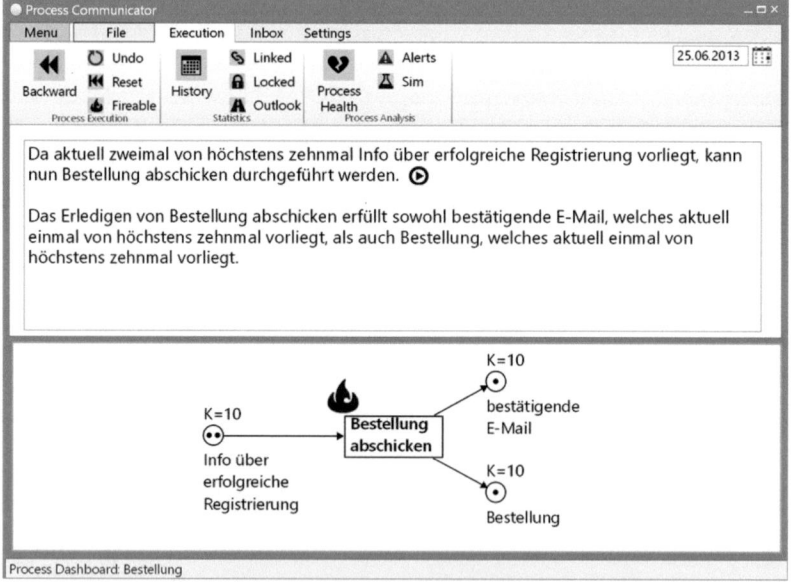

Abb. 6.17: Darstellung einer ausgeführten Prozessinstanz

Stehen dem Anwender nun eine oder mehrere Aktivitäten zur Auswahl, kann er diese als erledigt markieren, indem ein Startsymbol durch Klicken aktiviert wird. Anschließend wird der neue Markierungszustand dargestellt und der Text synchron aktualisiert. Da das Werkzeug sich den vorherigen Zustand merken kann, erlaubt eine Undo-Funktion, den ausgeführten Schritt rückgängig zu machen. Dadurch kann ein Anwender die Folgen seiner Entscheidung, welche Aktivität er auswählt, besser abschätzen.

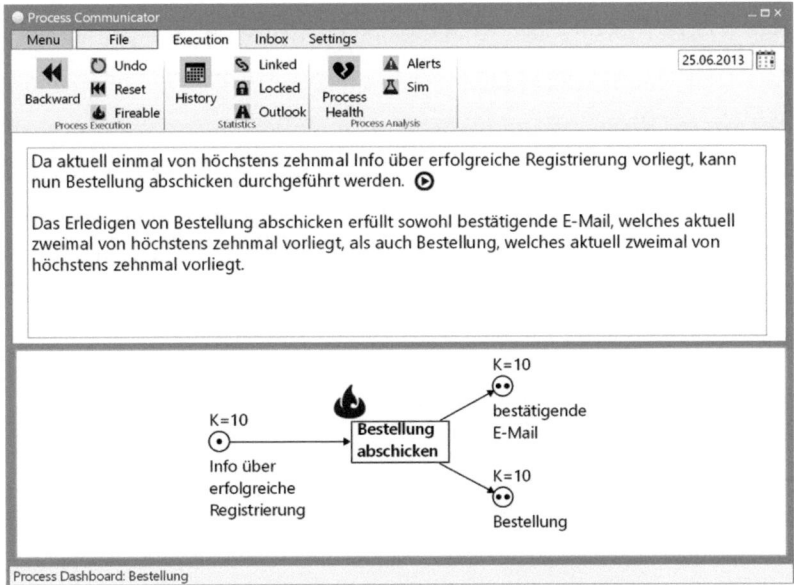

Abb. 6.18: Nach Ausführung der Aktivität

Aus der Sicht eines Anwenders kann die Oberfläche auf die nötigste Abfrage reduziert werden. So soll ein Anwender, der lediglich die Ausführung einer Aktivität bestätigen muss, nicht von einer Vielzahl erweiterter Funktionen abgelenkt werden. Nach Durchführungsbestätigung aller notwendigen Aktivitäten kann der Prozess von weiteren Akteuren fortgesetzt werden oder die Bestätigung der Prozessbeendigung einem Prozessverantwortlichen gemeldet werden.

Eine Sichteinschränkung erscheint insbesondere sinnvoll, wenn Teilpfade des Prozesses bereits ausgeführt wurden, sodass Alternativpfade nicht mehr zum Tragen kommen. Beispielsweise kann ein XOR-Split bereits durchgeführt worden sein, ohne dass dieses erneut auftreten kann, und Transitionen, die nach der gegenteiligen Entscheidung folgen, sind nicht mehr durch Schaltfolgen aktivierbar. Die durch die Transitionen beschriebenen Aktivitäten sind dadurch für die Instanzenausführung nicht weiter von Interesse. Dennoch sollte eine Verknüpfung für das nicht instanziierte Geschäftsprozessmodell bestehen bleiben. Dies erlaubt beispielsweise spätere Analysen.

6.3.4. Formulardaten zur Laufzeit

Häufig werden zur Ausführung eines Prozesses nicht nur die Ausführungsbestätigungen der einzelnen Aktivitäten notwendig, sondern auch die Eingabe von Informationen. Diese sind beispielsweise Daten, mit denen Formularfelder gefüllt werden. In erweiterten Petri-Netzen wie den XML-Netzen können solche Informationen in den Marken gespeichert werden. Eine Darstellung ein einem Text kann durch eine vordefinierte Syntax nachgeahmt werden.

Eine Aktivität mit Weitergabe und Sammlung von Informationen findet sich oft im Alltag der E-Mail-Kommunikation. Zwar existieren keine gleichen Textstrukturen, in denen die Abfrage stattfindet. Ferner werden sogar nicht selten vollkommen freie Texte dafür verwendet. Nichtsdestotrotz kann eine Fokussierung auf die notwendigen Inhaltsabfragen die Kommunikation erleichtern. In dem Beispiel der Abb. 6.19 ist eine solche Strukturierung abgebildet.

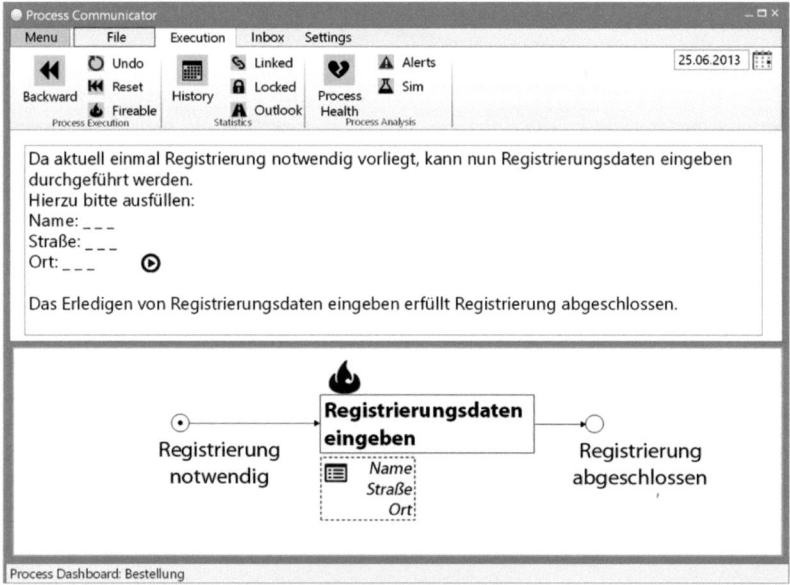

Abb. 6.19: Formulardaten

Wird die Aktivität der Abbildung ausgeführt, kann das Werkzeug aus der Textstruktur ableiten, dass drei Texteingaben zur Ausführung notwendig sind. Diese Daten können durch ein zusätzliches Fenster vom Anwender abgefragt werden. Nach der Eingabe kann der Text entsprechend modifiziert werden.

In einem größeren, instanziierten Prozessmodell können solche leeren Textfelder versteckt werden, die einer nicht aktivierten Transition angehören. Das ist nur empfehlenswert, solange der Prozess vollständig in dem Process Communicator verarbeitet wird. In einem textverarbeitenden System wie der E-Mail-Kommunikation würde jedoch das Verstecken nicht möglich sein, ohne relevante Informationen zu verlieren.

6.4. Anbindung an Spracherkennung

Durch die universelle Beschreibung von Prozessen durch deutschsprachige Texte kann über automatische Spracherkennung die Modellierung von Prozessen ohne Maus und Tastatur durchgeführt werden. In diesem Abschnitt wird exemplarisch anhand einer Erweiterung des zuvor vorgestellten Plug-Ins WORT für Horus (siehe 6.1) die Anbindung der mit Windows ab der Version Vista mitgelieferten Spracherkennung gezeigt.

6.4.1. Anforderungen

Ziel der Anbindung an eine Spracherkennung soll nicht die Implementierung einer eigenen Spracherkennungssoftware sein, sondern die Rahmenbedingung zur Steuerung der Oberfläche mit einer existierenden Spracherkennungssoftware fördern. Hierfür wurden die folgenden Anforderungen ermittelt:

- Start der externen Spracheingabe durch eine Benutzeraktion in Horus/WORT.
- Einfügen der gesprochenen Texte in das dafür vorgesehene Textfeld in Horus/WORT.
- Sprachsteuerung der graphischen Generierung der Modelle nach dem Einsprechen der Texte.

6.4.2. Grundlage Spracherkennung

Die Spracherkennung (engl. Automatic Speech Recognition, ASR) überführt gesprochene Sprache automatisch in weiterverarbeitbare Texte [Rab89]. Spracherkennungssoftware findet sich heute in verschiedenen Geräten zu unterschiedlichen Zwecken wieder. Sogenannte smarte Alltagsgegenstände, die aufgrund ihrer Bauform kaum Standardeingabegeräte unterstützen können, werden inzwischen häufig mit Sprachsteuerung über eine Spracherkennung ergänzt. Darunter fallen Smartphones, Smartwatches, Smart-TVs oder auch sich für die Zukunft abzeichnende Wearable Computer wie Brillen.

Ein Standard-Werk zu den Grundlagen der Spracherkennung wurde von Rabiner und Juang verfasst [RaJ93]. Die Architektur eines vereinfachten Spracherkenners [JuM00] verdeutlicht die generelle Funktionsweise der automatischen Spracherkennung. Zunächst werden die akustischen Signale als Wellenform in kürzere Abschnitte (Frames) unterteilt und die relevanten spektralen Merkmale ermittelt [JuM00]. Anschließend wird mit statistischen Verfahren die Phonemerkennung durchgeführt, die eine Wahrscheinlichkeitsaussage zu allen möglichen Phonemen erreicht [JuM00]. Im letzten Schritt werden Wörterbücher zur Aussprache und Sprachmodelle eingesetzt, um die Wahrscheinlichkeiten für mögliche Wörter auf Basis der akustischen Ereignisse zur ermitteln [JuM00]. Das Ergebnis mit der höchsten Wahrscheinlichkeit gilt dann als erkannt.

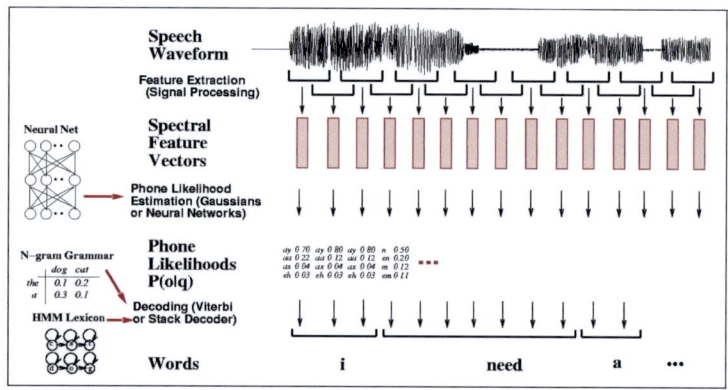

Abb. 6.20: Schematische Architektur eines vereinfachten Spracherkenners [JuM00]

Die eingesetzten statistischen Verfahren benötigen in der Regel ein Training zur Verbesserung der Erkennungsleistung [Rab89].

6.4.3. Technischer Hintergrund

In dieser Arbeit wird zur prototypischen Umsetzung exemplarisch die Spracherkennung von Microsoft Windows der Versionen ab Windows Vista genutzt. Diese wird mit dem Betriebssystem ausgeliefert und benötigt daher keine zusätzliche Installation. Die Windows Spracherkennung wird lokal auf dem Rechner ausgeführt und nutzt daher keine Internetverbindung. Sie baut für jeden Benutzer ein eigenes Sprachprofil auf. Dies wird zur Verbesserung der Erkennungsquote und Speicherung benutzerspezifischer Wörterbücher eingesetzt. Daher sollte vor dem praxisrelevanten Einsatz das dafür vorgesehene Trainingsprogramm der Spracherkennung einmal pro Anwender durchgeführt werden. Damit können bedeutende Verbesserungen der Spracherkennungsquote erreicht werden. Auch während des produktiven Einsatzes versucht die Software eine stete Verbesserung der Erkennungsquote, indem Korrekturen, die auch über die Spracherkennung selbst gesteuert werden können, gespeichert und für Verbesserungen automatisch analysiert werden. Zusätzlich können kleinere Diktate, die als Ergänzung zum Trainingsprogramm dienen helfen, die Erkennungsquote zu steigern. Die Qualität des eingesetzten Mikrofons und dessen Kalibrierung durch die Einstellungen der Spracherkennungssoftware haben weiteren Einfluss auf den erfolgreichen Einsatz. Bei Start und Benutzung der Spracherkennung sind über eine eingeblendete Mikrofonleiste die Einstellungen erreichbar und diese zeigt die erkannten Spracheingabekommandos an.

Die Software kann sowohl zur Erkennung von eingesprochenen Texten z. B. zur Textverarbeitung genutzt werden, als auch zur Steuerung von Systemelementen und Anwendungen. Die Steuerung von Elementen setzt die Kenntnis der durch das Lernprogramm vermittelten Sprachbefehle voraus. Beispielsweise kann eine Schaltfläche, die eine Beschriftung besitzt mit dem Sprachbefehl „auf <Beschriftung der Schaltfläche> klicken" aktiviert werden, wobei der Inhalt der spitzen Klammer entsprechend des Namens der Schaltfläche ausgetauscht werden muss. Diese Steuerung funktioniert nur bei textuell beschrifteten Elementen. Grafisch orientierte Oberflächen mit vielen Symbolen (und wenigen Beschriftungen) müssen über sogenannte *Mausraster* gesteuert werden. Hierzu wird iterativ ein Bildschirmausschnitt in neun gleichgroße Felder unterteilt. Das über Nennung einer zugehörigen Nummer ausgewählte Feld wird erneut unterteilt, bis der Mauszeiger an die richtige Bildschirmposition navigiert wurde. Damit kann zwar an jede beliebige Bildschirmposition approximiert werden, es ist jedoch ein mehrschrittiges Verfahren. Eine häufige Nutzung der Funktion ist daher zeitaufwendig. Zur Modellierung von Petri-Netzen in Horus durch Spracherkennung ohne die in dieser Arbeit erstellten Komponenten kann nur hiermit gearbeitet werden, sodass die praxisnahe Anwendung der Spracherkennung aufgrund der mühseligen Bedienung schwierig zu vermitteln ist.

Neben der genutzten Spracherkennungssoftware existieren weitere Alternativen mit vergleichbaren Funktionen wie z. B. Dragon NaturallySpeaking von Nuance. Des Weiteren können in anderen Fällen auch Spracherkennungsdienste mit Webverbindungen genutzt werden, die Teile der Erkennungsberechnungen auf Serverfarmen im Internet übernehmen. Mithilfe solcher Techniken wird die Spracherkennung auf Smartphones unterstützt. Es können aber auch selbst-entwickelte Anwendungen mithilfe von Webservices um Spracherkennungsfunktionen erweitert werden. Anbieter für solche Dienste sind u. a. Google, Microsoft, Nexiwave oder Nuance. Hierfür muss die eigene Anwendung eine Aufzeichnung des Gesprochenen an die Anbieter übermitteln und erhält eine Textinterpretation dessen zurück.

6.4.4. Umsetzung

Das in Abschnitt 6.1 beschriebene Plug-In WORT für das Geschäftsprozessmodellierungs-werkzeug Horus ist durch geringe Modifikationen für die Spracherkennung erweitert. Hierzu ist in der WORTView-Komponente ein Button hinzugefügt, durch dessen Aufruf die Windows-Spracherkennung startet, sofern diese nicht bereits gestartet wurde. Die wird über den systemrelativen Pfad umgesetzt, um verschiedene Systemversionen und Installationsvari-anten zu unterstützen.

Des Weiteren wird mit dem Aktivierungsbutton der Fokus auf das Texteingabefeld gelegt, das bereits in der bestehenden WORT-Komponente zum Einsatz kommt. So kann nach Betä-tigung der Funktion direkt die Spracheingabe durchgeführt werden. Um eine Sprachaktivie-rung der Textfeldeingabe zu ermöglichen, ist der Button mit „Spracheingabe" bezeichnet, welches damit auch den zugehörigen Sprachbefehl darstellt. Die Funktion, den Text zu par-sen, um daraus ein Prozessmodell zu erstellen, ist bereits in WORT implementiert, jedoch zur besseren Benutzung als „Modell zu Text" umbenannt worden. Das erlaubt eine vereinfachte Sprachsteuerung durch Nennung der jeweiligen Button-Bezeichnungen.

Die Eingabe der Texte durch die Spracherkennung sollte mit der voreingestellten Option der Diktierzwischenablage durchgeführt werden. Damit werden beim Diktieren die bisher erkannten Sprachinhalte angezeigt und können mit vorgegebenen Sprachkommandos korri-giert werden. Ein falsch erkanntes Wort kann dann mit „<Wort> korrigieren" in die richtige Wortwahl gewandelt oder buchstabiert werden. Sobald der gesprochene Satz korrekt erkannt wurde, kann dieser mit dem Sprachkommando „Einfügen" in das Texteingabefeld von Horus eingefügt werden (siehe Abb. 6.21).

Ist in dem Texteingabefeld der vorgesehene Text über die Sprachsteuerung erfolgreich eingegeben worden, kann durch Nennung des Sprachkommandos „Text zu Modell" der Text in ein Petri-Netz automatisch überführt werden. Hierbei verhält sich das Plug-In gleich zur ursprünglichen Tastatur- und Maussteuerung.

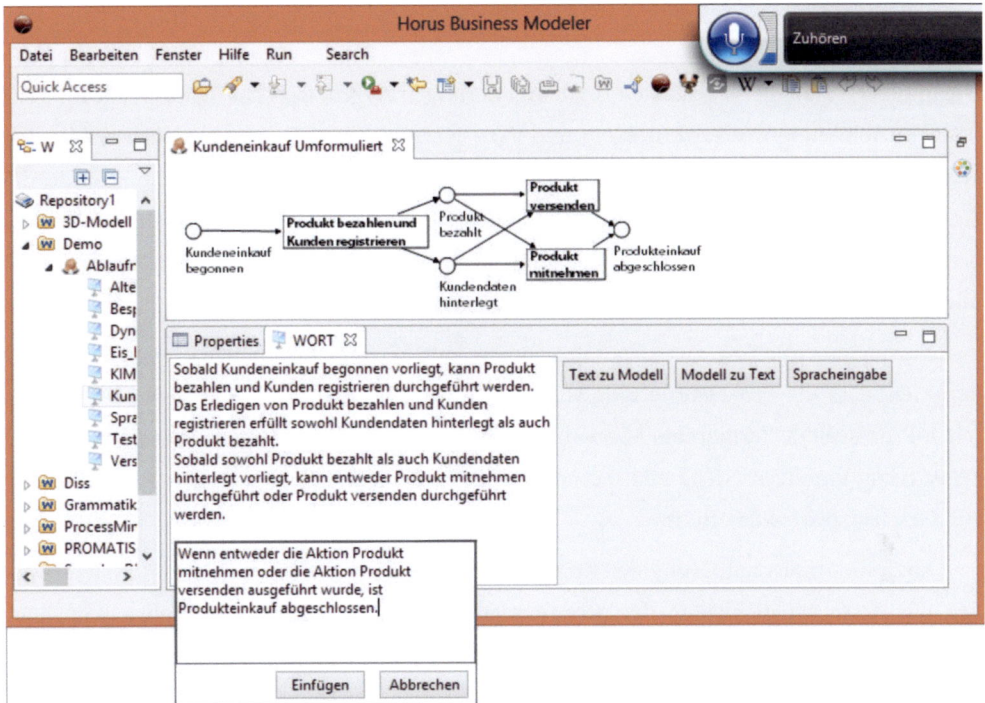

Abb. 6.21: Einsprechen der Prozesstexte über die Diktierzwischenablage

Zur Verbesserung der Bedienung ist zudem die durch Sprachkommando aufrufbare Funktion „Modell zu Text" dem Add-In hinzugefügt. Dies erlaubt ohne Nutzung der Maus oder Tastatur, aus einem zuvor geöffneten Petri-Netz die Prozesstextbeschreibung zu erzeugen. Die Implementierung nutzt hierfür die durch die Maussteuerung vorimplementierte Selektionsfunktion, mit der durch Auswahl des Netzes das Textfeld mit dem Prozesstext ausgefüllt wird. Dadurch wird bei Aktivierung der Modell-zu-Text Funktion jeder Knoten des Modells automatisch selektiert. Eine sprachliche Steuerung ohne diese Funktion müsste zunächst die Zeichenfläche durch Mausraster-Steuerung aktivieren und dann entweder im Menü „Alle auswählen" aufrufen oder via Sprachkommando den Tastendruck Steuerungstaste und A-Taste auslösen.

Es können zudem vorerstellte Prozessmodelle durch Sprachaufruf ihres jeweiligen Namen und des Doppelklick-Sprachkommandos geöffnet werden. Daher ist eine sinnvolle Benennung der Prozessmodelle für eine umfassende Sprachsteuerung in Horus hilfreich.

6.5.   Fazit

Die in diesem Kapitel vorgestellten Implementierungen zeigen, dass das Konzept zur bidirektionalen Abbildung von Prozesstexten und Petri-Netz-basierten Prozessmodellen erfolgreich angewandt werden kann. Aufgrund der formalen Beschreibung des Konzepts konnte die Software-Entwicklung direkt aus der Theorie deduziert werden. Eventuelle konzeptuelle Änderungen sollten in dem formalen Konzept durchgeführt werden, sodass die Änderungen folgerichtig in der Implementierung nachgezogen werden können.

Die Implementierung zur Geschäftsprozessmodellierungs-Komponente zeigt wie angenommen, dass die Prozesstexte eine verwendbare Erweiterung zur bisherigen rein graphischen Prozessmodellierung sein können. Damit lässt sich das Szenario zur Prozesshandbuchgenerierung umsetzen (siehe 3.5). Ferner ist das Szenario zur dialogbasierten Modellierung von Geschäftsprozessen erfüllt.

Durch die Implementierung der Komponente in einem IT-Kommunikationssystem werden die ersten Möglichkeiten der prozessorientierten Kommunikation sichtbar. Mit einer folgenden Anbindung der Kalenderfunktionen der genutzten Groupware ist das Szenario zur überbetrieblichen Terminvereinbarung mit Ressourcenabsprache umsetzbar.

Die Anbindung der Spracherkennung zeigt, dass innovative Steuerungsmöglichkeiten durch das Konzept ermöglicht werden. Es ist hierdurch nun möglich, mit Sprachsteuerung Prozesse zu modellieren und beispielsweise auf eine Roboterablaufsteuerung zu übertragen.

7. Zusammenfassung und Ausblick

Dieses Kapitel führt die Ergebnisse der Arbeit zusammen und hebt den geleisteten Forschungsbeitrag hervor. Mit kritischem Blick werden die Grenzen dieses Beitrags betrachtet. So können abschließend neue und weiterführende Fragenstellungen im Ausblick skizziert werden.

7.1. Zusammenfassung

In dieser Arbeit wurde eine bisher unbeachtete Möglichkeit, die digitale Kommunikation von Menschen mit einem prozessorientierten Vorgehen auf natürliche Weise zu vereinen, erarbeitet. Die daraus erwachsenden vielfältigen Chancen waren zentraler Antrieb der Arbeit. Dazu wurde zuerst der Spalt zwischen den oft als polar dargestellten kommunikationsgetriebenen und prozessgetriebenen Arbeitsweisen beschrieben. Die Gestaltung einer sprachbasierten Verbindung, die von beiden Seiten aus erreichbar sei, war das Ziel der Arbeit. Damit sollten sowohl Verbesserungen der bisherigen digitalen Kommunikation verfolgt werden als auch neuartige Einsatzmöglichkeiten der Prozessmodellierung entwickelt werden, sodass die Vorteile beider Arbeitsweisen vereinbar wurden.

Zur Verfolgung dieses Ziels wurden zunächst zentrale Begriffe zum Geschäftsprozessmanagement, der digitalen Kommunikation und der bisherige Stand der Forschung und Technik erläutert. Durch Verknüpfung dieser Begriffe mit Praxisbeispielen und Szenarien konnte sukzessive eine deutschsprachige Textdarstellung von Prozessmodellen entworfen werden. Die zunächst nicht formalisierte Gestaltung wurde bisherigen und alternativen Textdarstellungen gegenübergestellt. Zur weiteren Formalisierung und damit IT-gestützten Verarbeitung wurde ein Vorgehen erarbeitet, das die verfügbaren und genutzten Techniken berücksichtigte. Zudem wurden aus den Szenarien Anforderungen zur Formalisierung abgeleitet, die übergreifend eine Notwendigkeit zur Hin- und Rücktransformation zwischen Prozesstexten und Prozessmodellen aufzeigte. Die Beschriftungen von Elementen in Prozessmodellen erforderten die Analyse ihrer Besonderheiten und führten zu Empfehlungen der Gestaltung durch Beschriftungsregeln.

Die Formalisierung der Prozesstexterzeugung und Rücktransformationsmöglichkeit wurde durch ein eigenes Konzept vorgestellt. Es wurden umfassende Überlegungen getroffen, die einerseits die präzise Wandlung definieren und andererseits die Möglichkeiten zur auf Menschen ausgerichteten Verständnisverbesserung berücksichtigen. In der Transformationsrichtung von bestehenden graphischen Prozessmodellen beinhaltete dies die Formalisierung, welche Kernmerkmale der Modelle identifiziert werden mussten, welche sinnvolle Zusammenfassungen zur Redundanzverringerung gefunden werden mussten und wie die Reihenfolge bestimmt werden konnte. In der entgegenrichteten Transformationsrichtung musste eine Grammatik erarbeitet werden, mit deren Hilfe eine automatisierte Parsingmethode entwickelt werden konnte. In dieser Transformationsrichtung stand insbesondere die Anpassbarkeit im Vordergrund, sowohl um wichtige Prozessmodellerweiterungen zu unterstützen als auch um sprachliche Optionen zu ermöglichen. Anhand von Beispielen wurden die hierfür notwendigen Lösungsansätze präsentiert und mit möglichen Alternativen verglichen.

Anschließend erfolgte eine empirische Untersuchung, mit deren Hilfe primär die Formulierungsvarianten (Synonymkonstruktionen) ermittelt und in eine Rangfolge überführt wurden. Die Untersuchung setzte zuerst Experteninterviews ein, um nachfolgend eine zielgerichtete Online-Umfrage entwickeln zu können. Aus der Umfrageanalyse wurden die Formulierungsfavoriten bestimmt. Ein Unterbau der Analyse war die algorithmische Ermittlung von Synonymkonstruktionen zur Erreichung diversifizierter Formulierungen. Auch sekundäre Fragestellungen wurden bearbeitet, um einerseits relevante Erweiterungen zu identifizieren und andererseits die generelle Nützlichkeit zu bewerten. Hier zeigte sich, dass die 164 Befragungsteilnehmer die Grundidee positiv auffassten. Die Ergebnisse der Befragung wurden allgemein für nachfolgende Implementierungen aufgearbeitet.

Auf Basis der formalen Definition des eigenen Konzepts konnten drei Szenariospezifische Implementierungen umgesetzt und darüber hinaus ein detaillierter Entwurf zu einem universellen Werkzeug angefertigt werden. Die drei lauffähigen Implementierungen bewiesen die Anwendbarkeit des Konzepts. Zuerst wurde die Erweiterung eines Geschäftsprozessmodellierungswerkzeugs um die bidirektionale Transformation zwischen den darin bekannten Geschäftsprozessmodellen und den dazu eingefügten Prozesstexten implementiert. Diese Implementierung konnte in wichtigen Teilen wiederverwendet werden, um auf einer technologisch ungleichen Plattform die Erweiterung eines E-Mail-basierten IT-Kommunikationssystems umzusetzen. In diesem Szenario stand die Darstellung der Kommunikationsinhalte als Prozess im Vordergrund. Die dritte Implementierung konnte das Szenario zur (auditiv) sprachgesteuerten graphischen Prozessmodellierung realisieren. Die Umsetzung erfolgte über eine austauschbare Standard-Spracherkennungssoftware, für die das Geschäftsprozessmodellierungswerkzeug durch Erweiterungen angepasst wurde.

7.2. Beitrag

Die vorliegende Arbeit leistet einen grundlegenden Gesamtbeitrag

- für das Geschäftsprozessmanagement,
- für die geregelte Aktivitätsdurchführung in IT-Kommunikationssystemen und
- für die Verbindung der bisher als zu verschieden angenommenen zwei Arbeitsweisen, die getrieben sind einerseits durch die Prozessorientierung und anderseits durch die digitale Kommunikation.

Die wechselweise Transformation von Prozessmodellen und deutschsprachigen Texten ermöglicht eine Verständigung zwischen Menschen über Abläufe unabhängig von ihrer Vorerfahrung. Dabei können die Vorteile des Geschäftsprozessmanagements in automatisierter Weise einfließen, da die maschinelle Verarbeitungsmöglichkeit der Abläufe erhalten bleibt. Das vorgestellte Konzept zeugt von Universalität, die durch die divergenten Szenarien keine Einschränkung erfährt, sondern vielmehr nur beispielhaft damit dargestellt werden konnte. Es ist zu erwarten, dass eine Vielzahl verschiedener Einsatzmöglichkeiten durch die neu geschaffene Grundlage ermöglicht wird, die in dieser Arbeit bisher nicht erdacht wurden.

Im Speziellen wurden die folgenden Einzelbeiträge entwickelt und zum Gesamtbeitrag zusammengeführt.

- Es konnte ein Vorgehen zur systematischen Formalisierung der zunächst intuitiv erdachten Beschreibungstexte auf Basis der Inschriften von Petri-Netz-Modellen erstellt werden. Ein Transfer des Vorgehens für andere graphische Modellierungssprachen ist ableitbar.
- Es wurde eine grammatikalische Betrachtung deutscher Inschriften für Geschäftsprozessmodelle auf Petri-Netz-Basis durchgeführt. Daraus wurden Regeln abgeleitet, die nicht nur für das vorgestellte Gesamtverfahren günstige Formulierungen erzeugen, sondern auch eine Vereinheitlichung der Elementbeschriftung begründen können.
- Die Darstellung der Text-zu-Modell-Transformation durch eine ausführbare Grammatik unterstützte sowohl die einfache Anpassbarkeit für neue Synonymkonstruktio-

nen als auch die Wiederverwendbarkeit für vielfältige Implementierungen. Eine Abwägung zum Einsatz von Trennzeichen ergänzt die Möglichkeiten der Transformation für spezielle Anwendungsfälle.

- Die formale Beschreibung der Modell-zu-Text-Transformation konnte nicht nur die Maschinenverarbeitung garantieren, sondern zudem auch wichtige sprachliche Eigenschaften berücksichtigen. Darunter fällt sowohl die Verringerung inhaltlicher Redundanz zur Verbesserung der Lesbarkeit durch Kantenzusammenführungen als auch die Berechnung der Satzreihenfolge, um implizit enthaltene Informationen offensichtlicher zu gestalten. Die Erweiterungsmöglichkeiten sind individuell betrachtet worden und Alternativen wurden miteinander verglichen.

- Es wurden Messkriterien erarbeitet, um verschiedene Formulierungen für gleiche Sachverhalte miteinander zu vergleichen. Für den Anwendungsfall wurden davon verschiedene Kriterien ausgewählt, angepasst und durchgeführt, sodass zuvor systematisch ermittelte Formulierungen in eine Rangfolge gesetzt werden konnten. So konnten Empfehlungen für verschiedene Implementierungen entwickelt werden.

- Es wurde die Funktionsfähigkeit des Konzepts anhand von Implementierungen für drei verschiedene Anwendungsfälle demonstriert. Dies umfasst den Einsatz aus Sicht der Geschäftsprozessmodellierung, den Einsatz aus Sicht der digitalen Kommunikation und den Einsatz in Verbindung mit einer Spracheingabefunktion. Zur Darlegung einer integrierten Prozessausführungsunterstützung wurde ein Entwurf für ein Spezialwerkzeug skizziert.

7.3. Grenzen und kritische Betrachtung

Es wurden zur Verfolgung der Zielsetzung Annahmen und Entscheidungen getroffen, die für möglicherweise nicht berücksichtigte Szenarien eine Hürde oder Grenze darstellen können.

Der Fokus der Arbeit auf Geschäftsprozesse kann eine Einschränkung darstellen, die auf allgemeine Beschreibungsmodelle für Abläufe möglicherweise nicht immer übertragbar ist. Das Szenario zur Robotersteuerung weicht bereits vom Kern der Geschäftsprozesse ab, kann aber auch nicht als Abstraktion von der Geschäftsprozessmodellierung eine Vollständigkeit erreichen. Sofern durch Petri-Netze Abläufe beschrieben werden können, sollte eine Übertragbarkeit auf andere Fokussierungen möglich sein.

Es ist nicht gelungen, eine formale, integrierte Darstellung beider Transformationsrichtungen so zu erstellen, dass schematische Änderungen der Formulierungen beidseitig automatisch abgestimmt werden können. Daher bedeutet eine Formulierungsänderung durch die hier vorgestellte Umsetzung sowohl in der Modell-zu-Text-Transformation als auch in der Text-zu-Modell-Transformation Anpassungsarbeit. Zumindest für synonymkonstruktions-freie Umsetzungen mit häufigerem Änderungsbedarf ist der Implementierungsaufwand dadurch erhöht.

Die Überführung der Modelle basiert, wie es in der Grundannahme beschrieben wurde, auf Inschriften und Kontrollfluss. Da die eindeutige und vollständige Rückführbarkeit eine Hauptanforderung darstellt, konnten größere, aber häufiger wiederkehrende Ablaufmuster nicht als stark verkürzte Textdarstellungen zusammengefasst werden. Dabei würden andern-falls Inschriften von Elementen übersprungen werden, sodass die Rücktransformation nicht korrekt möglich geworden wäre. Sprachliche Redundanzen durch Wiederholung von In-schriften waren davon nicht betroffen.

Aus gleichen Gründen wurde der Einsatz von statistischen Verfahren (maschinelles Ler-nen) nicht betrachtet. Die rein regelbasierte Konzeption des Verfahrens kann eine unter Er-füllung der Regeln garantiert richtige Transformation durchführen. Andererseits könnten statistische Verfahren Abweichungen von den Regeln toleranter begegnen und eigenständig Regeln zur Transformation erlernen. Sofern der Umgang mit fehlerhaften Transformationen behandelt würde, könnte so die Anpassung an ein jeweiliges Einsatzszenario automatisch erreicht werden.

Die Anordnung der Prozesselemente in graphischen Prozessmodellen, die aus Texten ge-neriert werden, ist durch automatische Anordnungsalgorithmen umgesetzt. Es kann eine manuell erstellte Anordnung in einem Prozessmodell nicht in die Textform übertragen wer-den. Daher kann aus der Textform eine individuelle Anordnung auch nicht wieder abgeleitet werden. Die Strategie der Nutzung von automatischen Algorithmen zur Anordnung von Graphen kann jedoch zu einer einheitlicheren Darstellung vieler Prozessmodelle führen.

Die Betrachtung von Sicherheitsmechanismen, um beispielsweise die Identität der Kom-munikationsteilnehmer sicherzustellen, ist in der Arbeit nicht berücksichtigt. Es wurde davon ausgegangen, dass die Absicherung bereits mit den durch das Konzept verbundenen Syste-men erfüllt ist. Für neuartige Einsatzszenarien sollte eine Analyse der Sicherheitsaspekte ein-bezogen werden.

Die Akzeptanz und die Verständlichkeit des Konzepts wurden für verschiedene Szenarien nicht umfassend überprüft. Es wurde mithilfe einer Online-Umfrage die erwartete Nützlichkeit befragt und diese wurde positiv bewertet. Ebenfalls wurde keine Übertragung des Konzepts auf andere Notationen zur Prozessmodellierung durchgeführt.

7.4. Ausblick

Das vorgestellte Konzept und dessen Implementierungen bilden die Grundlage für weiterführende Forschungsfragen und praxisrelevante Werkzeugerweiterungen.

Die Überführung des Konzepts für andere Sprachen, insbesondere der englischen Sprache, ist beabsichtigt. Durch die in vielen Fällen seltener notwendige Flexion von Wörtern im Englischen ist eine weniger rigorose Regelung von Inschriften zu erwarten. Die Übertragung der Konzepte von Grammatik-Umgebungen mit Mehrsprachen-Unterstützung wie dem Grammatical Framework (siehe 3.8) könnte eine abstraktere Darstellung der grundlegenden Grammatik unabhängig von der konkreten Sprache erzielen. So ließen sich in weiterer Folge automatische Übersetzungen in unterschiedlichen Sprachen von Prozessmodellen und den daraus erzeugbaren Prozesstexten erzeugen.

Die Objektmodellierung in Kombination mit der Prozessmodellierung erlaubt eine integrierte Betrachtung der Abläufe und ihrer dafür notwendigen Daten in Form von hierarchisch aufgebauten Geschäftsobjekten. Über eine bidirektionale Text-Abbildung der Schemen und Instanzen von Objektmodellen könnten in Zukunft die in den Abläufen notwendigen Informationen mit IT-Kommunikationssystemen geregelt übertragen werden. Dadurch könnten nicht nur Abläufe und Geschäftsobjekte über textuelle Beschreibungen modelliert werden, sondern insbesondere auch Prozesse inklusive der für die Aktivitätsbearbeitung notwendigen Daten ausgeführt werden. Aufgrund der Universalität der Textform lassen sich durch diesen Schritt externe Organisationen anbinden, die eine Wandlung in die eigenen prozessunterstützenden Systeme überführen. Da die Übermittlung in unmissverständlicher Sprache stattfindet, kann beim Organisationsübergang überprüft werden, ob ungewünschte Organisationsgeheimnisse enthalten sind. Dazu müsste jeder Kommunikationsvorgang manuell abgeschlossen werden, könnte aber dennoch von einer Werkzeugunterstützung vorerstellt und weiterverarbeitet werden.

Die Verbindung von Lexika und Ontologie-Bibliotheken könnte eine Flexibilisierung der möglichen Formulierungen erwirken. Die folglich weitreichende Synonymgestaltung könnte einerseits für die eigentliche Satzformulierung eingesetzt werden oder andererseits die Flexionsbestimmung der Inschriften lockern. Allerdings sollten dadurch neu entstehende Konflikte, die die Eindeutigkeit gefährden, identifiziert und vermieden werden.

Noch gravierender wäre die Ergänzung des Konzepts mit statistischen Verfahren. Dazu gäbe es verschiedene Anknüpfungspunkte. Es wäre denkbar, von der Kommunikationsseite zu beginnen und so die vollkommen frei gestalteten Nachrichten als Basis für die Identifikation und Erstellung der Prozessmodelle zu verwenden. Dazu würde eine große Datenbasis zur Analyse notwendig sein und es müssten fehlerhafte Ergebnisse toleriert werden können. Es könnte damit eine maximale Freiheit der Formulierung von natürlicher Sprache erlaubt werden. Ebenfalls denkbar ist, dass aus manuell erstellten freien Beschreibungen von Prozessmodellen automatisch die wichtigsten Formulierungskonstruktionen ermittelt würden. Die ermittelten Formulierungskonstruktionen könnten als Grundlage des hier erstellten Konzepts dienen, sodass die Fehlerfreiheit weiter garantiert werden kann. Dies könnte die vereinfachte Anpassung an neue Szenarien erlauben.

Eine Untersuchung zur Übertragbarkeit des Konzepts auf andere Prozessmodellierungssprachen könnte die Unterschiede zwischen den Sprachen möglicherweise klar verbalisieren. Sollten Modelle zu gleichen Prozessen in verschiedenen Modellierungssprachen gleiche Texte erzeugen, dann könnte damit die gleiche grafische Ausdrucksmächtigkeit der Modellierungssprachen abgeleitet werden, da die Bidirektionalität im Konzept von zentraler Bedeutung ist. Des Weiteren wäre damit eine automatische Wandlung von Prozessmodellen zwischen verschiedenen unterstützten Prozessmodellierungssprachen direkt gegeben. Sollten Differenzen zwischen den erstellten Texten existieren, können Ursachenanalysen die Besonderheiten der untersuchten Prozessmodellierungssprachen aufzeigen. Weiterführend könnte überprüft werden, ob eine Prozessmodellierungssprache ohne Spezialisierungsanpassungen (wie z. B. Petri-Netze) als abstrakte Metaprozessmodellierungssprache für hochspezialisierte Modellierungssprachen (wie z. B. BPMN) eingesetzt werden kann.

Eine empirische Untersuchung soll feststellen, wie hoch die Verständnisunterschiede der einzelnen Texte besonders für Personen mit keiner oder geringer Vorerfahrung von graphischen Prozessmodellen im Vergleich und in Kombination mit den generierten Prozesstexten ist. Des Weiteren sollte untersucht werden, inwiefern sich Abweichungen in der Auffassung von bereits früher modellierten Prozessen in der Praxis ergeben, wenn diese als Textdarstellung vorliegen.

Das ursprüngliche Prozessmodellierungswerkzeug, das in der Implementierung dieser Arbeit verwendet wurde, ist bereits mehrjährig im Produktiveinsatz. So kann in nächster Folge eine Anwenderstudie durchgeführt werden, die auf aussagekräftige Ergebnisse und zur Einsatzfähigkeit und Akzeptanz hoffen lässt. Ferner können Anwenderrückmeldungen gesammelt werden und das Werkzeug und dessen Erweiterung bedarfsgerecht angepasst werden. Eine technische Verbesserung kann Aspekte wie den mobilen Einsatz durch Sprachsteuerung verfolgen. Desgleichen kann eine Benutzungsoberflächenverbesserung eine Verbindung von (unvollständigen) Teilsätzen mit deren graphischen Modellelementen erzeugen. So kann eine wechselseitige Veränderung von Prozessmodellen durch Modifikation sowohl an den Prozesstexten als auch an deren graphischen Darstellungen im gleichen Arbeitsschritt erreicht werden. Die Prozessmodellierung kann dadurch zugänglicher werden und die Erlernung der Prozesstextformulierungen sollte sich damit vereinfachen lassen.

Da die Anordnung der Prozesselemente bisher ausgeklammert wurde, kann neben der bereits umgesetzten Nutzung einer automatischen Anordnung auch ein Konzept entwickelt werden, um die Anordnung in die Prozesstexte einfließen zu lassen. Möglich erscheint dazu weniger die Erweiterung der bisherigen Satzstruktur sondern vielmehr eine Ergänzung um einen nachgestellten Zusatztext, der relative Positionen der Elemente beschreibt. Sinnvoller erscheint jedoch die kurze Angabe einfacher Parameterbegriffe, die die grundsätzliche Anordnungsstrategie eines automatischen Algorithmus steuern kann (beispielsweise Horizontal-/Vertikalanordnung).

Literaturverzeichnis

[AaH02]   Wil M.P. van der Aalst und Kees M. van Hee, *Workflow Management: Models, Methods, and Systems.*: MIT Press, 2002.

[Aal04]   Wil M.P. van der Aalst, *Business Process Management Demystified: A Tutorial on Models, Systems and Standards for Workflow Management* in *Lectures on Concurrency and Petri Nets.*: Springer, SS. 1-65, 2004.

[Aal09]   Wil M.P. van der Aalst, *Business Process Management* in *Encyclopedia of Database Systems*, Ling Liu und M. Tamer Özsu, Hrsg. USA: Springer, Kap. B, SS. 289-293, 2009.

[Aal12]   Wil M.P. van der Aalst, *A Decade of Business Process Management Conferences: Personal Reflections on a Developing Discipline* in *Proceedings of the International Conference on Business Process Management (BPM '12)*, Tallinn, SS. 1-16, 2012.

[Aal98]   Wil M. P. van der Aalst, *The Application of Petri Nets to Workflow Management* in *Journal of Circuits, Systems, and Computers*, Band 8, Nr. 1, SS. 21-66, Februar 1998.

[AcP12]   Giuseppe Aceto und Antonio Pescapè, *On the recent use of email through traffic and network analysis: the impact of OSNs, new trends, and other communication platforms* in *NewsletterACM SIGMETRICS Performance Evaluation Review*, Band 39, Nr. 4, SS. 61-70, April 2012.

[AdS92]   Geert Adriaens und Dirk Schreors, *From COGRAM to ALCOGRAM: toward a controlled English grammar checker* in *Proceedings of the 14th conference on Computational linguistics - Volume 2*, Nantes, Frankreich, SS. 595-601, 1992.

[AFC11]   Pasquale Arpaia, Lucio Fiscarelli, Guiseppe La Commara, und Carlo Petrone, *A Model-Driven Domain-Specific Scripting Language for Measurement-System Frameworks* in *IEEE Transactions on Instrumentation and Measurement*, Band 60, Nr. 12, SS. 3756-3766, Dezember 2011.

[AHK03]   Wil M.P. van der Aalst, Arthur H.M. Hofstede, Bartek Kiepuszewski, und Alistair P. Barros, *Workflow Patterns* in *Distributed and Parallel Databases*, Band 14, Nr. 1, SS. 5-51, Juli 2003.

[AnR09]   Krasimir Angelov und Aarne Ranta, *Implementing controlled languages in GF* in *Proceedings of the 2009 conference on Controlled natural language*, Marettimo, Italien, SS. 82-101, 2009.

[Att08]   Peter Atteslander, *Methoden der empirischen Sozialforschung*, Aufl. 12. Berlin: Erich Schmidt Verlag, 2008.

[BaG10]   Randolph T. Barker und Kim Gower, *Strategic Application of Storytelling in Organizations: Toward Effective Communication in a Diverse World* in *Journal of Business Communication*, Band 47, Nr. 3, SS. 295-312, Juli 2010.

[BaK90]   Z.A. Banaszak und B.H. Krogh, *Deadlock avoidance in flexible manufacturing systems with concurrently competing process flows* in *IEEE Transactions on Robotics and Automation*, Band 6, Nr. 6, SS. 724-734, Juni 1990.

[BaR09]   David Bawden und Lyn Robinson, *The dark side of information: overload, anxiety and other paradoxes and pathologies* in *Journal of Information Science*, Band 35, Nr. 2, SS. 180-191, April 2009.

[BaS89]   Liam J. Bannon und Kjeld Schmidt, *CSCW: Four Characters in Search of a Context* in *Proceedings of the First European Conference on Computer Supported Cooperative Work*, London, SS. 358-372, 1989.

[Bau90]   Bernd Baumgarten, *Petri-Netze - Grundlagen und Anwendungen*, Aufl. 1.: BI Wissenschaftsverlag, 1990.

[BaV84]   Richard Bamberger und Erich Vanecek, *Lesen, verstehen, lernen, schreiben*. Wien, Österreich: Jugend u. Volk, 1984.

[Baz11]   Carla Bazzanella, *Redundancy, repetition, and intensity in discourse* in *Language Sciences*, Band 33, Nr. 2, SS. 243-254, März 2011.

[BCM03] Michael L. Bernard, Barbara S. Chaparro, Melissa M. Mills, und Charles G. Halcomb, *Comparing the effects of text size and format on the readibility of computer-displayed Times New Roman and Arial text* in International Journal of Human-Computer Studies, Band 59, Nr. 6, S. 823–835, Dezember 2003.

[BCS13] Paolo Baldan, Nicoletta Cocco, und Marta Simeoni, *Representing and comparing metabolic pathways as Petri nets with MPath2PN and CoMeta* in 4th International Workshop on Interactions between Computer Science and Biology (CS2Bio'13), Florenz, Italien, S. 1, 2013.

[Ber00] Abraham Bernstein, *How Can Cooperative Work Tools Support Dynamic Group Processes? Bridging the Specificity Frontier* in ACM conference on Computer supported cooperative work, New York, SS. 279 - 288, 2000.

[Ber97] Hal Berghel, *Email—the good, the bad, and the ugly* in Communications of the ACM, Band 40, Nr. 4, SS. 11-15, April 1997.

[BHK10] Michael Bernstein, Lichan Hong, Sanjay Kairam, Ed H. Chi, und Bongwon Suh, *A torrent of tweets: Managing information overload in online social streams* in ACM Conference on Human Factors in Computing Systems (CHI) Workshop on Microblogging: What and How Can We Learn From It?, Atlanta, S. 4, 2010.

[BKR11] Jörg Becker, Martin Kugele, und Michael Rosemann, Hrsg., *Process Management: A Guide for the Design of Business Processes*, Aufl. 2.: Springer, 2011.

[BLB11] Imran S. Bajwa, Mark G. Lee, und Behzad Bordbar, *SBVR Business Rules Generation from Natural Language Specification* in AAAI Spring Symposium: AI for Business Agility, Technical Report SS-11-03, Stanford, California, 2011.

[BNA11] Imran S. Bajwa, M. Asif Naeem, Ahsan A. Chaudhri, und Shahzad Ali, *A Controlled Natural Language Interface to Class Models* in 13th International Conference on Enterprise Information Systems (ICEIS 2011), Beijing, China, SS. 102-110, 2011.

[BNS05] Victoria Bellotti, Nicolas Ducheneaut, Mark Howard, Ian Smith, und Rebecca E. Grinter, *Quality versus quantity: e-mail-centric task management and its relation with overload* in Human-Computer Interaction, Band 20, Nr. 1, SS. 89-138, Juni 2005.

[BrF09] Thorsten Brants und Alex Franz. (2009, Oktober) Web 1T 5-gram, 10 European Languages, Linguistic Data Consortium, Philadelphia. [Online]. http://catalog.ldc.upenn.edu/LDC2009T25

[BRS95] Jörg Becker, Michael Rosemann, und Reinhard Schütte, *Grundsätze ordnungsmäßiger Modellierung* in *Wirtschaftsinformatik*, Band 37, Nr. 5, SS. 435-445, 1995.

[BuJ05] David A. Burke und Kristofer Johannisson, *Translating Formal Software Specifications to Natural Language* in *Logical Aspects of Computational Linguistics*, Bordeaux, France, SS. 51-66, 2005.

[CFH09] Krzysztof Czarnecki et al., *Bidirectional Transformations: A Cross-Discipline Perspective* in *Proceedings of the 2nd International Conference on Theory and Practice of Model Transformations* in *Theory and Practice of Model Transformations*, Zürich, Schweiz, SS. 260-283, 2009.

[ChH93] Søren Christensen und Niels D. Hansen, *Coloured Petri nets extended with place capacities, test arcs and inhibitor arcs* in *Application and Theory of Petri Nets*, Marco Ajmone Marsan, Hrsg., SS. 186-205, 1993.

[CoL12] Hugo Costelha und Pedro Lima, *Robot task plan representation by Petri nets: modelling, identification, analysis and execution* in *Autonomous Robots*, Band 33, Nr. 4, SS. 337-360, November 2012.

[CPR10] Jordi Cabot, Raquel Pau, und Ruth Raventos, *From UML/OCL to SBVR specifications: A challenging transformation* in *Information Systems*, Band 35, Nr. 4, SS. 417-440, Juni 2010.

[Cra07] Robert T. Craig, *Pragmatism in the Field of Communication Theory* in *Communication Theory*, Band 17, Nr. 2, SS. 125-145, Mai 2007.

[Cra99] Robert T. Craig, *Communication Theory as a Field* in *Communication Theory*, Band 9, Nr. 2, SS. 119-161, Mai 1999.

[CuH07] Matthew Curland und Terry Halpin, *Model Driven Development with NORMA* in *Proceedings of the 40th Hawaii International Conference on System Sciences*, Hawaii, USA, S. 286, 2007.

[Dan70]   Frank E.X. Dance, *The "Concept" of Communication* in *Journal of Communication*, Band 20, Nr. 2, SS. 201-210, Juni 1970.

[DaP89]   Jürgen Dassow und Gheorghe Paun, *Regulated rewriting in formal language theory*, Aufl. Monographs in Theoretical Computer Science. An EATCS Series, Vol. 18, Wilfried Brauer, Grzegorz Rozenberg, und Arto Salomaa, Hrsg. Berlin, Deutschland: Springer, 1989, Band 18.

[Dar79]   Steven Darian, *The role of redundancy in language and language teaching* in *System*, Band 7, Nr. 1, SS. 47-59, März 1979.

[Den82]   Peter J. Denning, *ACM president's letter: electronic junk* in *Communications of the ACM*, Band 25, Nr. 3, SS. 163-165, März 1982.

[DeW11]   Derek Dean und Caroline Webb, *Recovering from information overload* in *McKinsey Quarterly*, Band 1, Nr. 1, SS. 80-88, January 2011.

[Die07]   Andreas Diekmann, *Empirische Sozialforschung: Grundlagen, Methoden, Anwendungen*. Reinbeck: Rowohlt, 2007.

[DKO11]   Frank Dengler, Agnes Koschmider, Andreas Oberweis, und Huayu Zhang, *Social Software for Coordination of Collaborative Process Activities* in *Business Process Management Workshops*, Michael Muehlen und Jianwen Su, Hrsg.: Springer, SS. 396-407, 2011.

[DOS10]   Seniz Demir et al., *Interactive SIGHT into information graphics* in *Proceedings of the 2010 International Cross Disciplinary Conference on Web Accessibility (W4A)*, Raleigh, 2010.

[Dou10]   Fred Douglis, *It's All About the (Social) Network* in *Internet Computing, IEEE*, Band 14, Nr. 1, SS. 4-6, Januar 2010.

[DüF13]   Christa Dürscheid und Carmen Frehner, *Email communication* in *Pragmatics of Computer-Mediated Communication*, Susan C. Herring, Dieter Stein, und Tuija Virtanen, Hrsg. Berlin, Deutschland: DE GRUYTER, Kap. 2, SS. 35-54, 2013.

[Dys04]   Mary C. Dyson, *How physical text layout affects reading from screen* in *Behaviour & Information Technology*, Band 23, Nr. 6, SS. 377-393, Juni 2004.

[EFK08]   Raimund Eder, Antonella Filieri, Thomas Kurz, Thomas J. Heistracher, und Miriam Pezzuto, *Model-transformation-based Software Generation utilizing Natural language notations* in *2nd IEEE International Conference on Digital Ecosystems and Technologies (DEST 2008)*, Phitsanulok, Thailand, SS. 306-312, 2008.

[EGR91]   Clarence A. Ellis, Simon J. Gibbs, und Gail Rein, *Groupware: some issues and experiences* in *Communications of the ACM*, Band 34, Nr. 1, SS. 39-58, Januar 1991.

[FMP11]   Fabian Friedrich, Jan Mendling, und Frank Puhlmann, *Process model generation from natural language text* in *CAiSE'11 Proceedings of the 23rd international conference on Advanced information systems engineering*, London, SS. 482-496, 2011.

[FVL07]   Leo Ferres et al., *Improving accessibility to statistical graphs: the iGraph-Lite system* in *Assets '07 Proceedings of the 9th international ACM SIGACCESS conference on Computers and accessibility*, Tempe, SS. 67-74, 2007.

[GaN00]   Emden R. Gansner und Stephen C. North, *An open graph visualization system and its applications to software engineering* in *Software: Practice and Experience*, Band 30, Nr. 11, SS. 1202-1233, August 2000.

[GCM11]   Charles F. Greenbacker, Sandra Carberry, und Kathleen F. McCoy, *A corpus of human-written summaries of line graphs* in *Proceedings of the UCNLG+Eval: Language Generation and Evaluation Workshop*, Edinburgh, SS. 23-27, 2011.

[Gim00]   Julio C. Gimenez, *Business e-mail communication: some emerging tendencies in register* in *English for Specific Purposes*, Band 19, Nr. 3, S. 237–251, September 2000.

[GML04]   Arthur C. Graesser, Danielle S. McNamara, Max M. Louwerse, und Zhiqiang Cai, *Coh-Metrix:Analysis of text on cohesion and language* in *Behavior Research Methods, Instruments, & Computers*, Band 36, Nr. 2, SS. 193-202, Mai 2004.

[GMP97]   Antonietta Grasso, Jean-Luc Meunier, Daniele Pagani, und Remo Pareschi, *Distributed Coordination and Workflow on the World Wide Web* in *Computer Supported Cooperative Work (CSCW)*, Band 6, Nr. 2-3, SS. 175-200, 1997.

[Gri06]   Robert Grimm, *Better extensibility through modular syntax* in *Proceedings of the 2006 ACM SIGPLAN conference on Programming language design and implementation*, Ottawa, Canada, SS. 38-51, 2006.

[Gri12]   Em Griffin, *A First Look at Communication Theory*, Aufl. 8th. New York, NY, USA: McGraw-Hill, 2012.

[Hac75]   Michel H. T. Hack, *Petri Net Languages*, Project MAC, MIT, Computation Structures Group Memo 124, 1975.

[HaJ09]   Joseph M. Hall und Eric M. Johnson, *When Should a Process Be Art, Not Science?* in *Harvard Business Review*, Band 87, Nr. 3, SS. 58-65, März 2009.

[HCK07] Janez Hrastnik, Jorge Cardoso, und Frank Kappe, *The Business Process Knowledge Framework* in *Proceedings of the Ninth International Conference on Enterprise Information Systems (ICEIS)*, Madeira, SS. 517-520, 2007.

[HiH13]   Soichiro Hidaka, Zhenjiang Hu, Kazuhiro Inaba, Hiroyuki Kato, und Keisuke Nakano, *GRoundTram: An Integrated Framework for Developing Well-Behaved Bidirectional Model Transformations* in *Progress in Informatics*, Band 10, Nr. 1, SS. 131-148, März 2013.

[Hil98]   Robin Hill, *What sample size is 'enough' in internet survey research* in *Interpersonal Computing and Technology: An electronic journal for the 21st century*, Band 6, Nr. 3-4, SS. 1-12, Oktober 1998.

[HiW97]   J. C. Hill und P. C. Wright, *From text to Petri Nets: the difficulties of describing accident scenarios formally* in *Design, Specification and Verification of Interactive Systems*, Granada, Spanien, SS. 161-176, 1997.

[Hoa85]   C. A. R. Hoare, *Communicating sequential processes*. Upper Saddle River, USA: Prentice-Hall, 1985.

[Hun85]   Sharon Hunnicutt, *Intelligibility versus redundancy-conditions of dependency* in *Language and Speech*, Band 28, Nr. 1, SS. 47-56, Januar 1985.

[JaB96]   Stefan Jablonski und Christoph Bussler, *Workflow Management: Modeling Concepts, Architecture and Implementation.*: International Thomson Computer Press, 1996.

[JuM00]   Daniel Jurafsky und James H. Martin, *Speech and Language Processing: An Introduction to Natural Language Processing, Computational Linguistics, and Speech Recognition.*: Prentice Hall, 2000.

[KaV09]   Thomas Karagiannis und Milan Vojnovic, *Behavioral profiles for advanced email features* in *WWW '09 Proceedings of the 18th international conference on World wide web*, Madrid, SS. 711-720, 2009.

[KaV10]   Lennart C.L. Kats und Eelco Visser, *The spoofax language workbench: rules for declarative specification of languages and IDEs* in *Proceedings of the ACM international conference on Object oriented programming systems languages and applications*, New York, USA, SS. 444-463, 2010.

[KFR75]   J. Peter Kincaid, Robert P. Fishburne, Richard L. Rogers, und Brad S. Chissom, *Derivation of New Readability Formulas (Automated Readability Index, Fog Count and Flesch Reading Ease Formula) for Navy Enlisted Personnel*, Humanities and History, Chief of Naval Technical Training, Millington, Tennessee, Research Branch Report 8-75, 1975.

[KLL09]   Ryan K. L. Ko, Stephen S. G. Lee, und Eng W. Lee, *Business process management (BPM) standards: a survey* in *Business Process Management Journal*, Band 15, Nr. 5, SS. 744-791, September 2009.

[KlM03]   Dan Klein und Christopher D. Manning, *Fast Exact Inference with a Factored Model for Natural Language Parsing* in *Advances in Neural Information Processing Systems 15 (NIPS 2002)*, Cambridge, SS. 3-10, 2003.

[KoM05]   Agnes Koschmider und Marco Mevius, *A petri net based approach for process model driven deduction of BPEL code* in *Proceedings of the 2005 OTM Confederated international conference on On the Move to Meaningful Internet Systems*, Agia Napa, SS. 495-505, 2005.

[KSN92]   Gerhard Keller, August-Wilhelm Scheer, und Markus Nüttgens, *Semantische Prozeßmodellierung auf der Grundlage "Ereignisgesteuerter Prozeßketten (EPK)"*, Wirtschaftsinformatik, Instituts für Wirtschaftsinformatik (IWi), Universität des Saarlandes, Saarbrücken, Heft 89, 1992.

[Law04]   Ramon Lawrence, *The space efficiency of XML* in *Information and Software Technology*, Band 46, Nr. 11, SS. 753-759, September 2004.

[Len03]   Kirsten Lenz, *Modellierung und Ausführung von E-Business-Prozessen mit XML-Netzen*. Frankfurt am Main, 2003.

[LeO03]   Kirsten Lenz und Andreas Oberweis, *Interorganizational Business Process Management With XML Nets* in *Petri Net Technology for Communication-Based Systems, Advances in Petri Nets*, Hartmut Ehrig et al., Hrsg., Band 2472, SS. 243-263, 2003.

[LHZ13]   Wei-zhen Liao, Kai-hu Hou, Yu-jie Zheng, und Xiao-ling He, *Modeling and Simulation of Troubleshooting Process for Automobile Based on Petri Net and Flexsim* in *19th International Conference on Industrial Engineering and Engineering Management*, Bangkok, Thailand, SS. 1141-1153, 2013.

[LiP13]   Ang Li und Jin-yun Pu, *Damaged Ship Anti-flooding Decision Plan Intelligent Generation System Based on Petri Net and Heuristic Color Genetic Algorithm* in *Advanced Materials Research*, Band 706-708, SS. 1866-1870, Juni 2013.

[LMA12]   Yuri Lin et al., *Syntactic annotations for the Google Books Ngram Corpus* in *Proceedings of the ACL 2012 System Demonstrations*, Stroudsburg, USA, SS. 169-174, 2012.

[LMP12]   Henrik Leopold, Jan Mendling, und Artem Polyvyanyy, *Generating Natural Language Texts from Business Process Models* in *LNCS 7328, 24th International Conference on Advanced Information Systems Engineering* , Gdańsk, Poland, SS. 64-79, 2012.

[LTS08]   Christoph Loeser et al., *IT-Supported Integration of Semi-Autonomous Mobile Machines and Processes into Business and Service Models* in *Proceedings of the 10th International Conference on Information Integration and Web-based Applications & Services*, Linz, Austria, SS. 617-621, 2008.

[MAA08]   Farid Meziane, Nikos Athanasakis, und Sophia Ananiadou, *Generating Natural Language specifications from UML class diagrams* in *Requirements Engineering*, Band 13, Nr. 1, SS. 1-18, Januar 2008.

[MaB12]   Saleem Malik und Imran S. Bajwa, *Back to Origin: Transformation of Business Process Models to Business Rules* in *LNBIP Proceedings of BPM 2012 Workshops*, Tallinn, Estonia, SS. 611-622, 2012.

[MaM10] Rita S. Mano und Gustavo S. Mesch, *E-mail characteristics, work performance and distress* in *Computers in Human Behavior*, Band 26, Nr. 1, SS. 61-69, Januar 2010.

[Mau13] Tim Maurer, *Geschäftsprozessmodellierung durch Spracherkennung und Evaluation geeigneter Satzstrukturen*, Fakultät für Wirtschaftswissenschaften, Institut für Angewandte Informatik und Formale Beschreibungsverfahren, Karlsruhe, Masterarbeit 2013.

[May13] Horst O. Mayer, *Interview und Schriftliche Befragung: Grundlagen und Methoden Empirischer Sozialforschung*, Aufl. 6. München: Oldenbourg, 2013.

[MBM13] Giulio Milighetti, Christian Bauer, Helge-Björn Kuntze, und Ralf Mikut, *Flexible diskret-kontinuierliche Überwachung und Regelung humanoider Roboter* in *Automatisierungstechnik*, Band 61, Nr. 1, SS. 16-26, Januar 2013.

[McN04] Scott McPeak und George C. Necula, *Elkhound: A Fast, Practical GLR Parser Generator* in *Compiler Construction, Lecture Notes in Computer Science*, Evelyn Duesterwald, Hrsg.: Springer, Kap. 2985, SS. 73-88, 2004.

[Mil95] George A. Miller, *WordNet: A Lexical Database for English* in *Communications of the ACM*, Band 38, Nr. 11, SS. 39-41, November 1995.

[MLF08] Marian van der Meulen et al., *When a Graph is Poorer Than 100 Words: A Comparison of Computerised Natural Language Generation, Human Generated Descriptions and Graphical Displays In Neonatal Intensive Care* in *Applied Cognitive Psychology*, Band 24, Nr. 1, SS. 77-89, Dezember 2008.

[MoR95] Ugo Montanari und Francesca Rossi, *Contextual nets* in *Acta Informatica*, Band 32, Nr. 6, SS. 545-596, Juni 1995.

[MoT98] John P. T. Mo und Bryan C. K. Tang, *Petri net modelling and design of task oriented messaging system for robot control* in *Computers & Industrial Engineering*, Band 34, Nr. 4, SS. 729-742, September 1998.

[MSN04] Bernard Marr, Gianni Schiuma, und Andy Neely, *Intellectual capital – defining key performance indicators for organizational knowledge assets* in *Business Process Management Journal*, Band 10, Nr. 5, SS. 551-569, 2004.

[MTJ10] Hafedh Mili et al., *Business process modeling languages: Sorting through the alphabet soup* in *ACM Computing Surveys (CSUR)*, Band 43, Nr. 1, SS. 1-56, November 2010.

[Nij77] Anton Nijholt, *On the Covering of Left Recursive Grammars* in *Conference Record of the Fourth ACM Symposium on Principles of Programming Languages*, Los Angeles, USA, SS. 86-96, 1977.

[NiT09] Joaquín Nicolás und Ambrosio Toval, *On the generation of requirements specifications from software engineering models: A systematic literature review* in *Information and Software Technology*, Band 51, Nr. 9, SS. 1291-1307, September 2009.

[Obe96] Andreas Oberweis, *Modellierung und Ausführung von Workflows mit Petri-Netzen.*: Teubner Verlag, 1996.

[OFR12] Avner Ottensooser, Alan Feketea, Hajo A. Reijers, Jan Mendling, und Con Menictas, *Making sense of business process descriptions: An experimental comparison of graphical and textual notations* in *The Journal of Systems and Software*, Band 85, Nr. 3, SS. 596-606, März 2012.

[OWS94] Andreas Oberweis, Wolffried Stucky, und Thomas Wendel, *Teamwork coordination in a distributed software development environment* in *Innovationen bei Rechen- und Kommunikationssystemen, Informatik aktuell*, SS. 423-429, 1994.

[PaF11] Terence Parr und Kathleen Fisher, *LL(*): the foundation of the ANTLR parser generator* in *Proceedings of the 32nd ACM SIGPLAN conference on Programming language design and implementation*, San Jose, USA, SS. 425-436, 2011.

[Par62] Emanuel Parzen, *Stochastic processes*. Oakland, USA: Holden-Day, Inc., 1962.

[Pet77] James L. Peterson, *Petri Nets* in *ACM Computing Surveys (CSUR)*, Band 9, Nr. 3, SS. 223-252, September 1977.

[Pet81] James L. Peterson, *Petri Net Theory and the Modeling of Systems*. Englewood Cliffs, USA: Prentice-Hall, 1981.

[PPZ12]   Jakob Pinggera, Thomas Porcham, Stefan Zugal, und Barbara Weber, *LiProMo-Literate Process Modeling* in *Proceedings of the CAiSE'12 Forum at the 24th International Conference on Advanced Information Systems Engineering (CAiSE)*, Gdansk, SS. 163-170, 2012.

[Rab89]   Lawrence R. Rabiner, *A tutorial on hidden Markov models and selected applications in speech recognition* in *Proceedings of the IEEE*, Band 77, Nr. 2, SS. 257-286, Februar 1989.

[RaJ93]   Lawrence Rabiner und Biing-Hwang Juang, *Fundamentals of Speech Recognition.*: Prentice-Hall, 1993.

[RaO10]   István Ráth, András Ökrös, und Dániel Varró, *Synchronization of abstract and concrete syntax in domain-specific modeling languages* in *Software & Systems Modeling*, Band 9, Nr. 4, SS. 453-471, September 2010.

[ReD97]   Ehud Reiter und Robert Dale, *Building applied natural language generation systems* in *Natural Language Engineering*, Band 3, Nr. 1, SS. 57-87, März 1997.

[Rei82]   Wolfgang Reisig, *Petrinetze. Eine Einführung.*: Springer, 1982.

[ReM11]   Hajo A. Reijers und Jan Mendling, *A Study Into the Factors That Influence the Understandability of Business Process Models* in *Systems, Man and Cybernetics, Part A: Systems and Humans*, Band 41, Nr. 3, SS. 449-462, Mai 2011.

[RHK13]   Alexander Richter, Julia Heidemann, Mathias Klier, und Sebastian Behrendt, *Success Measurement of Enterprise Social Networks* in *11. Internationale Tagung Wirtschaftsinformatik*, Leipzig, S. 20, 2013.

[RiS04]   Cornelia Richter-von Hagen und Wolffried Stucky, *Business-Process- und Workflow-Management*, Aufl. 1. Wiesbaden: Teubner, 2004.

[RiT09]   Kai Riemer und Stefan Taing, *Unified Communications* in *Business & Information Systems Engineering*, Band 1, Nr. 4, SS. 326-330, August 2009.

[SCU11]   David Sumecki, Maxwell Chipulu, und Ojiako Udechukwu, *Email overload: Exploring the moderating role of the perception of email as a 'business critical' tool* in *International Journal of Information Management*, Band 31, Nr. 5, SS. 407-414, Oktober 2011.

[SDS13]   Neena Shrivastava, Reena Dwivedi, Divya Sharma, Goshali Dwivedi, und Dr. R Prasad, *Stochastic Petri Net Modeling of Biosynthesis of Tetracycline* in *International Journal of Scientific & Engineering Research*, Band 4, Nr. 5, SS. 814-820, Mai 2013.

[ShB13]   Bikram Sharda und Amarnath Barnerjee, *Robust manufacturing system design using multi objective genetic algorithms, Petri nets and Bayesian uncertainty representation* in *Journal of Manufacturing Systems*, Band 32, Nr. 2, SS. 315-324, April 2013.

[Shi85]   Stuart M. Shieber, *Evidence against the context-freeness of natural language* in *Linguistics and Philosophy*, Band 8, Nr. 3, SS. 333-343, August 1985.

[SVO11]   Frank Schönthaler, Gottfried Vossen, Andreas Oberweis, und Thomas Karle, *Geschäftsprozesse für Business Communities - Modellierungssprachen, Methoden, Werkzeuge*. München, Deutschland: Oldenbourg, 2011.

[TCC13]   Namrata Tomar, Olivia Choudhury, Ankush Chakrabarty, und Rajat K. De, *An integrated pathway system modeling of Saccharomyces cerevisiae HOG pathway: a Petri net based approach* in *Molecular Biology Reports*, Band 40, Nr. 2, SS. 1103-1125, Februar 2013.

[TuR01]   Kenneth J. Turner und Iain A. Robin, *An interactive visual protocol simulator* in *Computer Standards & Interfaces*, Band 23, Nr. 4, SS. 279-310, September 2001.

[VSY98]   Walter Vogler, Alex Semenov, und Alex Yakovlev, *Unfolding and finite prefix for nets with read arcs* in *CONCUR'98 Concurrency Theory*, Davide Sangiorgi und Robert Simone, Hrsg., SS. 501-516, 1998.

[WCC13]   Shinq-Jen Wu, Wei-Yong Chen, Chia-Hsien Chou, und Cheng-Tao Wu, *Prototype of integrated pseudo-dynamic crosstalk network for cancer molecular mechanism* in *Mathematical Biosciences*, Band 243, Nr. 1, SS. 81-98, Mai 2013.

[Web02]   Michael Weber, *Allgemeine Konzepte zur software-technischen Unterstützung verschiedener Petrinetz-Typen*, Informatik, Humboldt-Universität zu Berlin, Mathematisch-Naturwissenschaftliche Fakultät II, Berlin, Dissertation 2002.

[Wes12]   Mathias Weske, *Business Process Management: Concepts, Languages, Architectures*, Aufl. 2.: Springer, 2012.

[Whi11] Steve Whittaker, *Personal information management: From information consumption to curation* in *Annual Review of Information Science and Technology*, Band 45, Nr. 1, SS. 1-62, Januar 2011.

[WIM13] J. W. Wang, Raja Ram Muddada W. H. Ip, J. L. Huang, und W. J. Zhang, *On Petri net implementation of proactive resilient holistic supply chain networks* in *The International Journal of Advanced Manufacturing Technology*, Band Online First Article, SS. 1-11, Mai 2013.

[WKT91] Fei Yue Wang, Konstantinos J. Kyriakopoulos, Athanasios Tsolkas, und George N. Saridis, *A Petri-net coordination model for an intelligent mobile robot* in *IEEE Transactions on Systems, Man and Cybernetics*, Band 21, Nr. 4, SS. 777-789, Juli 1991.

[WTV10] Kuansan Wang, Christopher Thrasher, Evelyne Viegas, Xiaolong Li, und Bo-june (Paul) Hsu, *An Overview of Microsoft Web N-gram Corpus and Applications* in *Human Language Technologies: Conference of the North American Chapter of the Association of Computational Linguistics (NAACL)*, Los Angeles, USA, SS. 45-48, 2010.

Stichwortverzeichnis